Wolfgang Marschall

Eine Luftmatratze muss her!

Impressum

Bibliografische Information der Deutschen Nationalbibliothek
Die Deutsche Nationalbibliothek verzeichnet diese Publikation
in der Deutschen Nationalbibliografie; detaillierte bibliografische
Daten sind im Internet über http://dnb.d-nb.de abrufbar.

Lektorat: Anja Zachhuber
Grafik und Produktion: Nadine Kaschnig-Löbel
Druck: PBtisk a.s., Pribram
Gedruckt in Tschechien

ISBN 978-3-7025-0994-1

www.pustet.at

Im Gegensatz zu den Originaltexten der 1950er- und 1960er-Jahre, in denen die Verwendung der männlichen Form tatsächlich nur diese meinte, soll die männliche Form in den zeitgenössischen Passagen aus Gründen der leichteren Lesbarkeit für beide Geschlechter gelten.
Alter, Beruf, Name und Anschrift wurden in den allermeisten Fällen so stark abgeändert, dass die Anonymität der in der Rieder Volkszeitung genannten Personen absolut gewährleistet ist. Nur in ganz wenigen Fällen werden die originalen Namen, Orte und Berufe genannt, aber nur dort, wo die Nennung des Namens keinen wie immer gearteten Nachteil für die genannte Person bedeutet.

Bildnachweis: Rieder Volkszeitung

Wolfgang Marschall

Eine Luftmatratze muss her!

Dorfwirtschaftswunder 1950

VERLAG ANTON PUSTET

Inhalt

Nichts ist so aktuell wie eine vorvorgestrige Zeitung.

Die Rieder Volkszeitung berichtet:

Keine Gefahr für Menschen durch Pflanzenschutzmittel
Terramycin – ein neues Antibiotikum fördert die Mastleistung der Tiere
Konkurrenzkampf zwischen Traktor und Pferd
Abgase haben auch ihre Vorteile. Auf der Welt wird es wärmer.
Ersetzen Atomstrahlen den Schlaf?
Erstes Atomkraftwerk in Österreich für das Innviertel?
Feldzug gegen „Halbstarke“
Natürliches Glutamat für die Suppe
Plastik-Allzweckeinkaufstasche mit vielen netten Mustern
Hat die „dumme“ Frau größere Heiratschancen?
Weltrekord halten die Innviertler beim Verzehr von Schweinefleisch

Vorbemerkung

Über die Menschen in Österreich brach ab 1950 das sogenannte Wirtschaftswunder herein. Über die dörfliche Bevölkerung noch ungeheuer heftiger als über die an gewisse Modernitäten schon gewohnten Bewohner einer Großstadt. Die Umwälzungen im Dorf waren die abruptesten und radikalsten. Jäh veränderten sich die Lebensweisen und Lebensumstände der dörflichen Bewohner. Ein jeder Landmensch war betroffen. Ich wuchs in jener Zeit im Innviertel auf, in Waldzell, ein herkömmliches Dorf wie alle herkömmlichen Dörfer damals.

Das Innviertel wurde zum Wirtschaftswunder-Vorzeigeland im Zeitraum von 1950 bis 1970. Hauptverantwortlich waren die direkte Nachbarschaft zum stürmisch grenzüberschreitenden deutschen Wirtschaftswunder und die unwiderstehlichen Einflüsse aus Amerika – das Innviertel lag bis zum Staatsvertrag 1955 in der US-Besatzungszone. So richtig potenziert und verbreitet wurde das Wirtschaftswunder aber erst auf Druck der *Rieder Volkszeitung*. Sie war das einzige Blatt auf der Innviertler Medienflur und ihr Erscheinen war äußerst mitentscheidend, dass Innviertler rasch zu wirtschaftswunderlichen Menschen wurden. Nicht wenige Spannungen taten sich dabei auf, die Zeitung und die Leser wurden hin- und hergerissen zwischen beharrender Tradition und ungeduldiger Moderne. Wobei „Innviertel" wurde bald überall, „Innviertel" steht stellvertretend für jedes ländliche Gebiet in Österreich, wo das Wirtschaftswunder je nach Region mit mehr oder minder größerer oder kleinerer Intensität oder Verspätung ankam.
Die *Rieder Volkszeitung* ist aber auch die allerkundigste Zeitzeugin der damaligen Innviertler Geistesgegenwart. Von ihr erhielt ich ausführlich die erhoffte Auskunft über die Wirtschaftswunderzeit am Land. Ich bekam eine Ahnung, wie und warum das Damals zum Heute werden konnte. Und auch, warum das Heute zumindest sich dort und da schon wieder zum Damals zurückentwickelt.
Denn nichts ist so aktuell und aufschlussreich wie eine vorvorgestrige Zeitung.

Wolfgang Marschall

Das Innviertel

Das Innviertel um 1950 war ein einschichtiges Land und einschichtig waren seine Leute. Still und starr lag es da, Vergangenes hatte einen jahrhundertelangen Atem. Der Innviertler lebte im Hinterwald. Nur selten hat er ihn verlassen. Lichtjahre entfernt waren Wien und alles, was Großstädte seit Jahrzehnten an modernem Fortschritt hatten. Unendlich war der Unterschied zwischen der großen Stadt und den Landgebieten. Der Stadtmensch und der Landmensch wussten noch wenig voneinander. Das Innviertel war Bauernland. Obwohl große und kleine Mägde und Knechte und Häuslleute bei Weitem in der Mehrzahl waren. Die Luft im Innviertel war rein, das Wasser klar, Lautstärke und Farben waren unverfälscht natürlich.
1816 erst kam das Innviertel endgültig zu Österreich, vorher war es jahrhundertelang bayerisch. Das wirkte nach, so schnell vollzog sich im Innviertel nicht der Wandel. Im tiefen Inneren war das Wir-Gefühl der Innviertler blau-weiß, Rot-Weiß-Rot war nur die dünne, schwache Außenfarbe. Jedes Innviertler Dorf war eine eigene Welt, das Innviertel war ihr Universum. Innviertlerisch war ein eigener Dialekt. Und der war wieder aufgesplittet in zahlreiche dörfliche Biotope. Die Sprachschattierungen punzierten – in dem Moment, wo einer den Mund auftat, wusste man, wo er herkam. Es war beileibe nicht egal, ob man in Dunzing oder Gunzing, in Fossing oder Grausgrub, in Aschbrechting, Eberschwang, Ebersau, Hohenzell, Kappeln, Hinterholz, Wappeltsham, Warmanstadl, Langstadl, Ursprung, Fleischhacken, Wöppelhub, Durchham, Kuglung, Rampfen, Flohleiten, Maribach, Messenbach, Atzing, Hilprechting, Unering, Dulmading, Gimpling, Ramading, Holzerding, Emprechting, Riegerting, Ornading, Helmerding, Willmering oder womöglich gar in Knechtsgern geboren wurde, aufwuchs und verstarb. Überall beherrschten die alten Bräuche und die alten Sitten die Dorfbewohner. Ewig gültige bäuerliche Lebensart und strenges, unverrückbares Patriarchat sorgten verlässlich für Belehrungen und Enge.
Das Katholische war omnipräsent, bestimmte unfehlbar gesellschaftliches Leben. In Zechen vereinigten sich die Bauern, sie gingen gemeinsam fort und feierten zusammen. Dampf abgelassen haben sie meist alkoholisiert bei groß angelegten Zechenraufereien, wo eine Zeche die andere bis auf das rote Blut bekämpfte. Schule hielt fest am Ort, ließ Dörfler nur handverlesen zur Auswärtsbildung an Hauptschule oder Gymnasium in die Stadt Ried entkommen. Hauptsächlich Arzt-, Lehrer- oder Beamtenkinder waren die dafür Auserwählten. Jeweils vier Jahre Unter- und Oberstufe Volksschule waren für die übrigen Dorfkinder vorgesehen. Hauptlehrziel war der tüchtige Arbeiter für das Land und im Religionsunterricht die unterwürfige Hausfrau. Landluft machte noch immer nicht wirklich frei. Dorfhörige blieben die Innviertler im wahrsten Sinn des Wortes.

Die Isolierung war groß in dieser dörflichen Welt. In Privathaushalten gab es keine Telefone, neue UKW-Radios waren um 1950 Minderheitsprogramme, Fernsehen existierte nur in den USA und selbst der Postfuchs kam nur spärlich.

Ab 1. Juli 1958: Viermal wöchentlich Post

Ab 1. Juli wird es in ganz Österreich keinen Postzustellbezirk mehr geben, in dem nicht mindestens viermal wöchentlich Briefe und Karten, Pakete und sonstige Sendungen ihre Empfänger erreichen. Schon mit 1. Mai wurde überall die mindestens dreimalige Postzustellung pro Woche eingeführt. Bis 30. Juni werden auch die letzten 1.013 Landzustellungsbezirke auf die viermalige Zustellung umgestellt sein. Diese für manche Gegenden sehr spürbare und sehnsüchtigst herbeigewünschte Modernisierung stellt bekanntlich eine Art Entschädigung für die totale Sonntagssperre der Postämter dar.

Die Rieder Volkszeitung

Die *Rieder Zeitung* war ein besonderes Blatt. Eindeutig war sie die beste Wochenzeitung von allen. Es gab sie schon seit 1880. Damit gehörte sie zu den ältesten Zeitungen im Land. Ein Macht- und Druckwerk stellte das Rieder Blatt dar, hatte Autorität, gleichauf mit Lehrern und mit Pfarrern. Mit 25.000 Stück erschien sie den Innviertlern pro Woche 1950, mehr Wachstum noch brachten die Folgejahre. Viel Zeitung für die paar Zigtausend Menschen. Dichterer Blätterwald wuchs nicht annähernd sonst wo in der Provinz. Uneingeschränkt einzige Lieblingszeitung war die *Rieder Volkszeitung* für ausnahmslos alle Dörfler. Sie fühlten sich wohl in dieser Zeitungsechokammer.

Der Leser unseres Blattes wird immer rasch und richtig informiert.

Die Innviertler glaubten ihrem Wochenblatt aufs Wort, ein strenger Eingottglaube herrschte im Innviertel zeitungsmäßig. Und was die Zeitung meinte, wurde von jedem Einzelnen gemeint.
Bis zum Ende der 60er-Jahre blieb die *Rieder Volkszeitung* ein Innviertler Presse-Unikat, kein anderes Blatt auf weiter Flur, Tageszeitungen überhaupt Fehlanzeige. Mit ihrer Zeitung waren die Innviertler Leser stets voraus, Trendsetter war sie ab 1950. Schreibkräftig trieb sie die Modernisierungswelle voran. Mit Fortschritt nach dem Vorbild USA und Deutschland bedrängte sie vehement die Leute. Ihre

Breitenwirkung und ihre Glaubwürdigkeit potenzierten die Auswirkungen des Wirtschaftswunders. So wurde das Innviertel führendes Wirtschaftswunderland. Ohne die engagierte Wochenzeitung wäre es nicht geworden, was es wurde.
Die *Rieder Zeitung* brachte buchstäblich allen was. Von ihr erfuhren die Dörfler die jeweils neuesten Neuigkeiten. Dazu graste die Rieder Wochenzeitung hinaus in die benachbarten Bezirke Schärding, Braunau, Vöcklabruck und Grieskirchen.
Die *Rieder Volkszeitung* war ein besonderes Blatt, provinziell im besten Sinn des Wortes, professionell gemacht von professionellen Journalisten, aufgebaut wie eine Tageszeitung. Ganz vorne zwei, drei Seiten in- und ausländische Politik, das reichte dem Innviertler leicht an Information für seine ganze Lesewoche. „Wer Rieder Zeitung liest, hat Anschluß an das Weltgeschehen." Da gab es die „Politische Wochenschau", ein internationaler und nationaler politischer Überblick, „Interessantes aus der Welt", „Rund um die Republik" mit Meldungen aus den Bundesländern, „Letzte Meldungen" und Leitartikel. Im Mittelteil erzählte der „Spiegel der Heimat" Näheres über die nähere Umgebung. Ein Fortsetzungsroman „Auf der Ofenbänk", mundartliche Gedichte, Kurzgeschichten, Heimatkundliches und die für Innviertler nicht unwichtige „Bayrische Chronik" stillten den allgemeinen Lesehunger. Ein bisschen meist lokaler Sport spielte sich ebenfalls dort ab, Dorffußball und örtliche Meisterschaften mit den Skiern. Reiseberichte zeigten die unbekannte Welt außerhalb des Dorfes.

Long Island. Die Insel vor den Toren einer Weltstadt
Alaska – Land mit großer Zukunft
Dalmatien – Land der 600 Inseln
Das Geheimnis des Indianerpfeilgiftes enträtselt
Orientalische Reiseskizzen. Abenteuer in Kairo
Der größte Schwarze Markt der Welt auf der Fahrt nach Damaskus

Religiöse Spalten waren eifrig beseelt volksmissionarisch tätig. Den weitaus meisten Platz forderte aber das Lokale. Ausführlich waren die Radio-, TV- und Kinoprogramme.
Ganz hinten waren der Stellenmarkt, Krims-Krams-Angebote, Tauschartikel, Warnungen und „Das Aktuelle Todestelegramm".

Suche Mädchen für alles, nicht unter 20, das sich auch im Geschäft verwenden läßt. Gasthof Mayr, Ried, Volksfeststraße 3.

Pferdeknecht, welcher Wert auf einen Dauerposten mit guter Verpflegung hält, zu einem Pferd mit drei Joch Landwirtschaft, für 1. 2. 1950 gesucht. Lohn nach Übereinkommen.

Magd zum sofortigen Eintritt für Geschäftshaus in Ried mit drei Kühen gesucht. Mädchen aus christlicher Familie mit selbständigen Kochkenntnissen und gutem Jahreszeugnis zu einer vierköpfigen Familie bei bekannt guter Behandlung gesucht. Nur fleißige, ehrliche, selbständige Kräfte mögen sofort schreiben.

Melker oder Melkerin zum sofortigen Eintritt gesucht. Nähere Abmachung persönlich. Franz Müller, Greifing, Altheim.

Selbständiges Mädchen für alles, ehrlich und reinlich, nicht unter 18 Jahren, wird aufgenommen. Tischlerei Gruber, Aurolzmünster, Eitzingerstraße 3.

Gesucht zum 1. 9. Menschenskind vom Lande, das Freude hat an bäuerlicher Wirtschaft und dazu die nötigen Kräfte mitbringt. Grundkenntnisse im Waschen, Putzen, Kochen, Nähen erwünscht. Angebote unter „Arbeit mit Freude", Nummer 1310 an die Verwaltung.

Tausch

Zither, gut erhalten, wird gegen Ziehharmonika nicht unter 32 Bässen vertauscht. Wertausgleich. Elisabeth R., Hohenzell

Fett, ausgelassenes, wird gegen duftende Kernseife sofort eingetauscht (auch Postversand). Benelux-Präparate, Ried Kellergasse

10.000 Mauerziegel gegen Bauholz zu vertauschen. Maier, Hohenzell

Mehrere Polster gegen Tuchent zu vertauschen oder zu verkaufen. Adresse in der Verwaltung unter 779.

Birkenbesen werden gegen Heu vertauscht. Adresse in der Verwaltung unter 779.

Käufe

Korbkinderwagen sehr gut erhalten, mit neuem Dach, preiswert abzugeben. Adresse in der Verwaltung unter Nummer 507.

Starker Radlbock um 120 S zu verkaufen. Neumayr, Neugasse 3, Ried.

Im Rückwärtsteil suchte der Bauer die Bauersfrau, Todesanzeigen zeigten ihre Trauer, heiß brodelte die verleumderische Gerüchteküche.

Heirat

Landwirt mit Vermögen sucht Einheirat in mittlere Landwirtschaft. Alter 38/170. Zuschrift an Verwaltung.

Meistersohn vom Land, 21 und 1,70, sucht zwecks späterer Übernahme des väterlichen Betriebes die Bekanntschaft eines katholischen Mädchens, 16–22, welches arbeitsfreudig und sittenrein ist, mit zirka S 25.000–50.000. Zuschriften mit Lebenslauf und Photo erbeten an W.H., postlagernd Mattighofen, Oberösterreich

Warnung

Gebe der Bevölkerung von Neuhofen und Umgebung bekannt, daß die über mich verbreiteten Gerüchte in keiner Weise der Wahrheit entsprechen. Warne daher vor jeder weiteren Verbreitung. Ich werde jeden gerichtlich belangen, der solche Unwahrheiten verbreitet. Josef Stranzinger, Pramet, Dorfstraße 3 (1957)

Ich warne Herrn Michael Staudinger, Ried, Hauptplatz 5, über mich und meinen Schwiegervater Georg Hattinger Unwahrheiten und falsche Gerüchte zu verbreiten, da ich sonst gerichtliche Hilfe in Anspruch nehme. Georg Berger, Eberschwang, Ortsstraße 3 (1956)

Ich, Fritz Egger, wohnhaft in Neuhofen, Hauptstraße 4, erkläre hiermit, daß das von mir über die Firma Hinterholtzer weiterverbreitete Gerücht, die Firma stehe sich finanziell sehr schlecht, es seien ihr bereits Waren gepfändet und weggeführt worden, nicht den Tatsachen entspricht. Ich widerrufe hiermit ausdrücklich und danke der Firma Hinterholtzer, daß sie davon Abstand genommen hat, die Angelegenheit gerichtlich zu verfolgen. (1958)

Wöchentlich einmal am Donnerstag kam die Wochenzeitung heraus, von Lesern sehnsüchtigst erwartet. Die Zeitung war ein Großformat, damit sie die vielen Wörter und Sätze fassen konnte. Bis auf den letzten Punkt und Beistrich waren die Seiten vollgeschrieben. Selten wurde die Buchstabenflut von fetten Überschriften unterbrochen. Bis 1951 schrieb die Zeitung in Antiqua-Schrift. Sie mutete schnörkelhaft an, monumental, antiquiert, streng, moralisierend, alten Bibeln und Gebetbüchern nicht zufällig sehr ähnlich. Über Antiqua gab es kein schnelles Drüberlesen. Uneingeschränkte, andächtige Aufmerksamkeit forderte sie ein, das spiegelte die pädagogische Zeitungsabsicht wider.
1951 wurde das Blatt schriftmäßig einer Verjüngungskur unterzogen. Die neuen Lettern waren entschnörkelt, schlicht, linear, leichter und schneller lesbar.

Moderner trat die Zeitung auf, trotzdem wirkte sie schon wieder alt verglichen mit der Helvetica, dem neuesten Schriftbild der stark amerikanisch beeinflussten Inserate. Helvetica war offen, prägnant, jung, rational, funktional, freundlich und auf den ersten Blick erfassbar.
Eine Zeitung für Leser war das Innviertler Wochenblatt, unlesbar war sie für den Schauer. Von kaum einem Foto wurde der Text gestört. Bilder wurden zwar mit den Jahren etwas mehr, doch niemals lenkten sie vom Wort ab. Nichtssagend blieben sie, nebelig grau und lieblos abgelichtet. Vor Bildern hatten die Zeitungsherausgeber eine Heidenangst, oberflächlich, trivial, zu seicht erschienen ihnen die Zeitungsfotos. Die Zeitung war wie alle Zeitungen damals schwarz-weiß. Umgekehrt tat Zeitungsfarbe gar nicht not. Die Leser hatten Fantasie genug, malten sich ihre Zeitungsbuntheit selber.
Die *Rieder Zeitung* war ein besonderes Blatt. Vom US-Zeitgeist und dem Katholischen geprägt, prägte sie dementsprechend weiter. Setzte sich gleichzeitig und gleichermaßen für Modernisierung, Fortschritt und alte Werte ein, machte die Innviertler schneller und nachhaltiger, fortschrittlicher und moderner. Doch vordergründig nur war ihr Trommeln für die neue Zeit. Hintergründig geschah das in der Hauptsache als Selbstnutz. Es war so ähnlich wie beim alten Wein in neuen Schläuchen. Alles sollte sich ändern, damit alles blieb, oder noch besser würde wie ganz früher. Was Frauen und Jugendliche anging, war sie besonders hintergründig. Geschickt ging sie in ihren Intentionen vor. Kein Leser war verstimmt, lange bemerkte keiner die wahre Zeitungsabsicht.

Das Katholische in der Zeitung

Eigentlich wegen des Katholischen wurde die Zeitung vom OÖ Landesverlag in Linz herausgegeben. „*Katholisch und konservativ*“ stand auf den Druckfahnen der *Rieder Zeitung.*

Christlich und konservativ
Es erhebt sich die Frage, ob es in unserer Zeit noch aktuell, noch modern ist – und es mag manche geben, die es als überflüssig erachten, heute eine betont christliche Zeitung herauszugeben. Und es mögen noch mehr der Auffassung sein, eine konservative Zeitung sei in unserer gegenwärtigen Epoche der sich überstürzenden Fortschritte auf allen Gebieten des Wissens überholt, sei rückschrittlich, hoffnungslos unmodern, geradezu ein Anachronismus. Wir teilen diese Auffassung nicht, wir sind im Gegenteil der Meinung, daß heute, 1966, eine

christlich-konservative Presse wenigstens ebenso notwendig ist wie vor 75 oder 100 Jahren. Eine von überzeugt christlicher Haltung überzeugte Presse scheint uns heute deshalb notwendig, weil der Verlust an christlicher Substanz immer deutlicher fühlbar wird, in der die Lebenshaltung des Menschen in weiten Bereichen völlig achristlich geworden ist. Viele Christen führen ein Doppelleben, in dem keine Übereinstimmung mehr herrscht zwischen dem Bekenntnis im Gotteshaus und dem Leben, das sie außerhalb praktizieren. Gerade in der heutigen Zeit scheint uns besonders wesentlich, eine aufgeschlossen-konservative Haltung einzunehmen, weil in hohem Maß die Gefahr besteht, daß der Mensch den Boden unter sich und zum Gestern verliert und traditions-, heimat- und orientierungslos wird. (1966)

Wir haben die Vertretung der Interessen der christlichen Bevölkerung unseres Landes auf unsere Fahnen geschrieben. (1964)

Alle, die in der engeren Heimat für die Rieder Volkszeitung arbeiten, leisten auch für die gesamte christliche Presse in unserem Vaterlande ein Stück Mitarbeit. Wenn wir unsere Aufgabe erfüllen auf dem Kampfplatz der Presse, dann werden wir nicht nur unseren eigenen Interessen dienen, dann werden wir unserem Vaterlande und der Weltkirche dienen und damit dem Frieden und der Aufrechterhaltung einer wahrhaft christlichen Kultur auf der ganzen Welt. Konsistorialrat Dechant Riepl aus Ried sprach über jene Presse, die heute im katholischen Sinne in die Tiefe wirkt. Dazu gehört auch die Rieder Volkszeitung, die unser Innviertel mit einem christlichen Gesicht zu versehen hat. Wir dürfen diesen Wert unserer Volkszeitung nicht übersehen.

Las sich das mit der wahrhaft christlichen Kultur auf der ganzen Welt für Nicht-Innviertler leicht verstörend, so nicht für den OÖ Landesverlag, für ihn war das Innviertel die Welt, für die er seinen Missionsdauerauftrag hatte. Seit tausend Jahren gut war die Innviertler Bevölkerung größtenteils immer brav katholisch. Damit das so blieb, disziplinierte mediale Volkskatholisierung ihre Leser. Ins Trockene brachte sie damit ihre Schäfchen. Die *Rieder Volkszeitung* war nämlich um einige Dunkeltöne schwärzer als viele andere Blätter. Tiefschwarz eingefärbt wurde die Leserschar.
Viel schrieb die Zeitung den Dörflern im Einklang mit der Kirche vor. Strenge Kasteiung zur Fastenzeit, Freitag als Fleischlostag, Tanzverbot zwischen dem 25. November und dem 6. Jänner. „Kathrein stellt den Tanz ein", vermeldete die selbst ernannte Kirchenzeitung. Fastenpredigt, Volksmission, religiöse Wochen, Primiz, Prozessionen, Bittgänge, Andachten, Einkehrtage, Beichtlehren, katholische Bewegungen jeden Alters und Geschlechts, Hochämter – viel Zeitungsraum benötigten die religiösen Rituale.

Rieder Volkszeitung

Bezugspreise: Einzelnummer S 1.20 Zusendung durch die Post: Vierteljährlich S 15.—, ganzjährlich S 58.—

Erscheint jeden Donnerstag
Redaktion: Ried im Innkreis, Wohlmayrgasse 6 / Fernsprecher Nr. 8
Verwaltung: Ried im Innkreis, Bahnhofstraße 7 / Fernsprecher Nr. 9

Schluß der Inseraten-Annahme am Montag um 5 Uhr nachmittags, für Kleine Anzeigen Dienstag mittags

Nr. 37 — Ried i. I., Donnerstag, 11. September 1952 — 62. Jahrgang

Erschließt eure Herzen Gott und der Menschlichkeit!

Oesterreichischer Katholikentag 1952

Hunderttausende auf dem Wege zu festlichem Bekenntnisse

In diesen Tagen vollzieht sich für uns Katholiken in Oesterreich ein Geschehnis, das an Bedeutung alle bisherigen Begebenheiten des Jahres in den Schatten stellt: **der Oesterreichische Katholikentag 1952.** — Neunzehn Jahre, die für viele unter uns zeitweise voll der bittersten Erlebnisse waren, müssen wir rückschauend überspringen, um ein gleiches Fanal im „Allgemeinen Katholikentage

selbst, Tage strenger Selbstprüfung, Tage der Sammlung zu gemeinsamen Vorhaben und Taten. Die auf ihnen gefundenen Lösungen haben wohltuend ins praktische Leben eingegriffen und damit auch außerhalb der katholischen Kreise Anklang und Widerhall gefunden. Der Kirche ist es bei diesen Tagungen nie um ihre eigenen Belange allein gegangen, stets hat sie sich bei solchen Anlässen auch um verschiedentlich Bedrängte angenommen. So waren z. B. die Forderungen des ersten österreichischen Katholikentages u. a. auf eine Beschränkung der Verschuldbarkeit bäuerlichen Besitzes, auf die Errichtung von Bauern- und Gewerbekammern, auf eine gründliche Revision der Gewerbeordnung usw. abgestellt. Alle ihre Anregungen haben sich dann in der Gesetzgebung der folgenden Jahre praktisch ausgewirkt. Der nächste Katholikentag vom 29. April bis 2. Mai 1889 aber befaßte sich unter anderem mit Fragen, die vor allem den Arbeitern sehr am Herzen lagen. So trat er für ein Verbot der Nachtarbeit der Frauen in den Fabriken, für eine Herab-

Versammelten eindrücklich auch zu den Fernstehend[e] sprechen wird. Wie mächtig und imposant haben sich [b]ei uns in Oberösterreich im Vorjahre die „Katholikenta[ge] im kleinen" ausgenommen, die in Rohrbach, Leonfelde[n], Grein, Puchheim, Kremsmünster, Bad Ischl, Steyr, We[ls] und Ried unter wirklicher Massenbeteiligung erfolgte[n]. Heerschauen waren sie, Andacht und Begeisterung brac[h]ten sie, Mut und Zuversicht senkten sie in abertause[nde] Menschenherzen, die die Widerwärtigkeiten der Ze[it] müde, schlapp oder gleichgültig gemacht hatten. Um w[ie]viel mächtiger noch aber müssen die Impulse sein, d[ie] von der derzeitigen gesamtösterreichischen Veranstaltu[ng] in Wien ausgehen, zu der die Katholiken aus allen Bu[n]desländern geeilt sind, um die Macht des Katholizism[us] nach außen persönlich veranschaulichen zu helfen, d[ie] Verbundenheit der Katholiken untereinander, den B[i]schöfen und dem Papste gegenüber zu bekunden, e[in] Treuebekenntnis zum katholischen Glauben abzulege[n], einen Beitrag zur Verwirklichung der katholischen Grun[d]sätze im öffentlichen Leben zu leisten und eine Solida[...]

Waldzell. Volksmission.
Am 9. Oktober begann eine Volksmission. Sie wurde von den Redemptoristen-Patres aus Attnang-Puchheim gehalten. Die Missionäre wurden Samstag abends im Pfarrhof feierlich empfangen und von der Musikkapelle und einer Abordnung des Pfarrkirchenrats zur Kirche geleitet. Die erste große Beteiligung brachte der Tag der Alten, an dem alles, was noch irgendwie gehen konnte, zur Kirche gebracht wurde. Einen tiefen Eindruck hinterließ am Mittwoch abends die Totenfeier. Der Höhepunkt der Missionswoche war dann der Donnerstag mit einer Abendmesse, Sakramentsfeier und überaus zahlreichem Kommunionempfang. Strahlendes Wetter herrschte Samstag nachmittags und strahlende Kinderaugen von über 350 Kindern beherrschten die Kirche anläßlich der Kindersegnung. Abgeschlossen wurde diese Feier durch einen Reigen der weißen Mädchen. Der Sonntag sah in der Früh eine Generalkommunion der ganzen Pfarrfamilie vor. Nachmittags verabschiedeten sich die Patres. In herzlichen Worten bedankte sich Mayr-Zweimüller und mit dem päpstlichen Segen klang die Mission aus. Sie war ein sehr schöner Erfolg. (1958)

Taufkirchen/Pram. Das Treueversprechen am vergangenen Sonntag abends, das gegen 60 Jungscharbuben und -mädel in der Kirche leisteten, war eine sehr erhebende Feier. Zu der schmucken Tracht der Mädchen, die Buben alle gleich angezogen,

zogen sie mit flatternden Wimpeln geführt von Kooperator Berger und den eifrigen Helferinnen vom Pfarramt zur Kirche. Nach der Ansprache legten sie in die Hand des Jungscharseelsorgers das Versprechen der Treue ab und erhielten Abzeichen und Ausweis.

Pattigham. Katholische Aktion gegen Sonntagsschändung. In Anbetracht der Tatsache, daß da und dort der Sonntag sogar durch Mähen entheiligt wird, haben die Männer der Katholischen Aktion den Pfarrseelsorger um Bekanntgabe folgender Stellungnahmen von der Kanzel aus ersucht: „Die katholischen Männer der Pfarre sind dagegen, daß an Sonntagen Mäharbeiten verrichtet werden. Sie treten vielmehr entschieden dafür ein, daß der Sonntag so geheiligt wird, wie es die Väter und Vorfahren getan haben." (1954)

Lohnsburg. Missionserneuerung. Die Missionserneuerung durch die Redemptoristen P. Alfred Bäcker und P. Lang brachte der Gemeinde kostbare Gnadentage. Die wortgewaltigen Prediger wußten das bei der Mission vor anderthalb Jahren in die Herzen der Gläubigen entfachte Feuer aufs Neue zu beleben. Eingeleitet wurde die Gnadenwoche mit Standesvorträgen für Frauen und Mädchen und für Männer und Burschen, bei der ein Missionar über „christliche Kindererziehung" sprach. Hervorzuheben sind die Tauferneuerung mit der ersten großen Abendpredigt und die Firmerneuerung. Auch die Predigt über die hl. Krankenölung und die Voraussetzung eines guten Todes machten großen Eindruck. Eine gewaltige Lichterprozession bewegte sich am Samstag durch den Ort und endete am Kirchenplatz, wo auch ein schön geschmückter Altar aufgestellt war. Mit der Generalkommunion aller Stände und dem päpstlichen Segen wurde am Sonntag die Missionserneuerung beendet. Während der Missionstage wurden 998 Beichten gehört und 3.200 Kommunionen ausgeteilt. (1959)

Die Innviertler kannten ihre Sünden noch, die schweren und die leichten. Ungern gern folgten sie der verbindlichen Zeitungsaufforderung zur Beichte. Ungern, weil unangenehm, der Ortspfarrer im Beichtstuhl erkannte trotz Abgedunkeltheit und holzvergittertem Fensterchen natürlich einen jeden seiner Beichtlinge persönlich. Gern, weil die katholische Beichte günstig war. Im Schnellwaschgang gab es nach dem Herunterplappern der Vergehen und dem anschließenden reuelosen Lippenbekenntnis in Form von ein paar hingemurmelten Vaterunsern die von jeder Sündenlast befreiende Absolution. Die Seele wurde in einem Aufwaschen blütenweiß, die Beichte war Persilschein für Wiederholungstäter. „Verlässliche" wurden deshalb die schweren Sünden im Volksmund genannt. Im Gegensatz zu den lässlichen, den leichten, die man wegen Geringfügigkeit für sich behalten konnte.

Rottenbach. Kirchliches.
Am Freitag, 16. Mai 1952, wird im Anschluß an die Maiandacht um halb 8 Uhr die Standeslehre für die Männer gehalten, am Samstag ist Kommuniontag für die Männer. Um ¾ 6 Uhr abends trifft der hochwürdigste Herr Bischof Dr. Zauner ein. Um 6 Uhr Kinderandacht in der Kirche, um 7 Uhr feierlicher Einzug und Empfang zur Maiandacht mit Predigt. Am Sonntag wird der Bischof den Frühgottesdienst halten und anschließend das heilige Sakrament der Firmung spenden. Die Katholiken mögen zur Visitation recht zahlreich die Sakramente empfangen. Besonders möge die Beichtgelegenheit am Freitag und Samstag ausgenützt werden, weil ein Kapuzinerpater Aushilfe leistet.

Kirchdorf am Inn. Osterbeichttage 1960. Am Aschermittwoch um 3 und halb 4 Kinderbeichte, Donnerstag: 8 Uhr Kinderkommunionmesse, Freitag: Abendmesse. Samstag: um halb 3 Uhr Beichtvortrag für Verheiratete, um 7 Uhr abends Beichtlehre für Burschen, um halb 8 Uhr Abend Messe (Burschen). Sonntag, halb 7 Beichtamt der Verheirateten, um halb 9 Uhr Pfarrgottesdienst, um 2 Uhr nachmittags Beichtsegen, um halb 3 Uhr Beichtlehre für die Mädchen und ledige Frauenpersonen, um halb 4 Uhr Kommunionmesse derselben.

Bei der Eröffnung des Konzils 1964 forderte Papst Johannes XXIII.: „Gaudete Mater Ecclesiae“, „Freue dich, Mutter Kirche“. Die römische Freude hielt sich sowohl bei Lesern als auch bei manchen Zeitungsmachern teilweise noch in engen Grenzen. Zu lax, zu unlateinisch, zu deutsch der Gottesdienst, zu schrill, zu jugendlich, zu überaus barmherzig, zu wenig strafend war der Gott.

Eröffnung II. Vatikanum. Durch Johannes XXIII. (21. Ökumenisches Konzil)
Barmherzigkeit der Strenge vorziehen.
Die Kirche soll das Heilmittel der Barmherzigkeit der Strenge vorziehen. Die Kirche solle den Nöten der modernen Zeit dadurch entgegen kommen, daß sie den Wert der kirchlichen Lehre aufzeigt und nicht Verdammung ausspricht. Brüderlichkeit ist das Gebot der Stunde.

Erste Jazz-Messe im Innviertel
Eberschwang – modern gestaltete Einladung mit Königskrone und Boogie-Woogie-Tänzern kündeten für Christkönig 1965, 16 Uhr, die erste Jazz-Messe mit anschließendem 5-Uhr-Tee und Tanz im Pfarrsaal. Die Jugend war begeistert, die Alten neugierig, und in Musikerkreisen entspannen sich bald heftige Diskussionen. Der Organist stand vor der schwierigen Aufgabe, die Erwartungen der Modernen zu erfüllen und die Konservativen nicht zu erschrecken. Was daher die überaus zahlreichen Kirchenbesucher zu hören bekamen, war keine ausgesprochene

Jazz-Messe, sondern eine Jugendmesse mit gemäßigten modernen Rhythmen. Vielleicht kann doch die Verarbeitung gewisser Stilelemente der Jazzmusik und der Negro-Spirituals in der Messe dem jungen Menschen von heute helfen, leichter einen Weg, eine Brücke von seiner Welt zu Gott zu finden.

Leserbrief: Jazzmesse-Pro/Contra
Gottesdienst nicht nur für die Lauten
Die Jazzmesse wird heute dort und da von der Jugend verlangt. Wenn sie nun in der Kirche sind, haben sie auch hier das Verlangen diese Art der Musik zu hören und dabei sind sie beim Text gar nicht wählerisch. Sie empfinden es gar nicht mehr, daß Jazz unserer Art eigentlich fremd ist. Mit solch tollen Weisen in Wort und Musik kann man Gott nicht loben, sondern eher beleidigen. Die Jazz-Bewegung allgemein, die auch in den kirchlichen Raum hereinspielt, ist eigentlich ein Rückfall ins Primitive. Unsere herrlichen klassischen Kirchenlieder müßten auch heute noch unsere Jugend ansprechen. Von einer solchen Geschmacksverwirrung soll man die Jugend abbringen. Der böse Feind ist überall am Werk, um die Christen in Irrtum zu führen und durcheinander zu bringen. Was müssen sich ältere Katholiken noch alles gefallen lassen. Die Welt ist in die Kirche eingedrungen.

Die Meinung des Lesers: Die Liturgiereform und der Landkirchenchor
Das, was jetzt unsere Konzilväter vorschreiben, darüber glaube ich, wird so mancher Organist und Sänger den Kopf schütteln. Wenn man bedenkt, daß es bei uns auf dem Lande durch Generationen hindurch üblich war, daß zum Beispiel wenn ein Musiker sich trauen ließ, die Musikkapelle dabei die Messe von Schubert oder Haydn spielte, die ja für Blech sehr gut klingen und deren Mitwirkung sich auch bei anderen größeren kirchlichen Veranstaltungen immer großer Beliebtheit erfreute. Ich glaube, es wird kaum einen Komponisten geben, der die jetzigen neuen Kirchengesänge für Blechmusik intonieren kann. So würde auch der Blasmusik der Weg zu kirchlichen Feiern und Veranstaltungen versperrt werden. Außerdem ist zu befürchten, ob sich nicht mancher Kirchenchorsänger oder manche Sängerin sagt, zu diesen Gesängen braucht man ja keine Stimme zu besitzen.
Ein Organist aus dem Innviertel

Was früher Sünde war, war jetzt egal, nicht wenige sehnten sich nach alter sittenstrenger Ordnung.

Kritik an der Fastenordnung. An die Kirche müße heute der dringende Wunsch gerichtet werden, die unzeitgemäße Art der Fastenordnung durch eine dem modernen Menschen angepaßte abzulösen. Zur diesjährigen Fastenerziehung klärte der Vorsitzende der Bayerischen Arbeitsgemeinschaft für Volksgesundung und

Jugendschutz, Prälat Kern, der Konsum müße auch von der Kirche als volkswirtschaftliche Notwendigkeit anerkannt werden. Prälat Kern schlägt vor, die Fastenordnung vom bisher üblichen „Ernährungsfasten" auf „Genußfasten" umzustellen. Beim Freitagsgebot sei zu bedenken, daß diese Tage in der modernen Gesellschaft zum „Geldausgabetag" mit dem Hauptkonsum der Woche geworden ist. Bei der Suche nach einer zeitgemäßen Konsumaskese stoße man ferner auf die Schwierigkeit der Abgrenzung der Genußmittel. Vieles was früher als Genußmittel galt, gehört heute zum täglichen Bedarf, um den gesteigerten Arbeitsanforderungen gewachsen zu sein. Viele Menschen müßten sich in der modernen Arbeitswelt durch Kaffee und Rauchwaren „fit" halten. Auch die Askese des christlichen Lebens stoße dort auf eine Grenze, wo sich beispielsweise der Mensch an verantwortungsvoller Stelle im Betrieb keine Kopfschmerzen leisten könne. Christliche Askese dürfe nicht Selbstzweck sein, keine Art Fakirtum. Es komme heute bei der modernen Fastenerziehung darauf an, sich beim Konsum die geistige Freiheit zu erhalten und sich einzuschränken mit dem Bewußtsein, notleidenden Menschen zu helfen.

Nicht einmal vor dem Tod machte die konziliare Nivellierung halt. Sogar auf der letzten Fahrt gab es nun ausnahmslos für alle Gläubigen nur noch die allgemeine Klasse. Das christliche Begräbnis zeichnete nicht mehr pompös die Musterfrommen aus, so viel gleichmacherische Nüchternheit nach dem Tod verleidete nicht wenigen schon zu Lebzeiten ihr Sterben.

Ried. Mit Jänner 1965 werden die so genannten „Klassenleichen", im Volksmund auch „schöne Leichen" genannt, abgeschafft und kirchlicherseits die Begräbnisse nach einheitlichem Ritus gestaltet. In Hinkunft wird nur ein Priester die Aussegnung des Verstorbenen vornehmen, also ohne feierliche Assistenz.

Renovierung am Friedhof
Kürzlich wurde am städtischen Friedhof Ried der Ausbau eines neuen Sezierraumes beendet. Der bisherige Sezierraum war sehr unzureichend zwischen den Aufbahrungsräumen der 1. und 2. Klasse eingezwängt, außerdem mußten die Trauergäste bei Begräbnissen der 1. Klasse am Sezierraum vorbeigehen.

49 Prozent der österreichischen Jugend besuchen die Sonntagsmesse
Von den männlichen Jugendlichen erklärten 42 Prozent und von den jungen Mädchen 55 Prozent, daß sie den Sonntagsgottesdienst besuchen. Die häufigsten Kirchenbesucher waren unter der Landjugend (75 Prozent) und bei den im elterlichen Haushalt lebenden Mädchen zu finden, die wenigsten unter den Jungarbeitern (30 Prozent). Es zeigt sich, daß die Kirche umso häufiger am Sonntag besucht wird, je kleiner der Ort ist. (1958)

Zehn Jahre später schaute die jugendliche Gläubigkeit am Dorf schon anders aus. Zurück ging sie mit zunehmendem Genuss des Wirtschaftswunders. Jugendliche stornierten ihre Teilnahme am Sonntagsgottesdienst, an der Maiandacht, an der Rorate und am Bittumzug um Wiesen und um Felder. Chemische Spritzmittel, Mastfutter, Kunstdünger ersetzten die Sankt-Leonhard-Gebete. Selbst Ostern wurde vom Osterhasen ausgehoppelt. Süße Versuchungen versauerten christliche Feste.

Frohe Ostern 1962 mit fachring
Osterhase, gefüllte Vollmilchschokolade: 2 Stück im Cello-Beutel S 6,–
Venezia Osterschokolade mit feiner Füllung: 200g-Tafel S 6,–

Riesen-Sitzhase
Der große Schoko-Osterhase in buntem Stanniol

Allein selig machend wurde das konsumierte Diesseitsglück, die Hoffnung auf ein besseres Jenseitsleben löste sich auf im dünner werdenden Weihrauchnebel.

Osterhasen als Geschäftsreklame
Wenn schon jetzt zu Beginn der Fastenzeit in gewissen Geschäften Naschereien in Form von Osterhasen, Ostereiern, Henderln aus Schokolade und andere „Osterfreuden" aufliegen und unsere Kinder zum Naschen verleiten, dann geht diese „Geschäftstüchtigkeit" doch entschieden zu weit. Schon Wochen vor dem Sankt-Nikolaus-Tag drohen scheußliche Krampusfratzen aus den Auslagen und daher müssen jetzt 7 Wochen vor Ostern „liebliche" Dinge den Kindern das Geld aus der Tasche ziehen. Es wird heute viel über die Jugend geschimpft, dabei übersieht man nur zu leicht die Unarten mancher Erwachsener, die eben dieser Jugend nicht immer ein gutes Beispiel geben.

Das Politische und das Amerikanische in der Zeitung

Die *Rieder Zeitung* war das Innviertler ÖVP-Zentralorgan. Sie deutete die Zeit für ihre Leser. In ideologischem Gleichschritt kamen die Zeitung und die Österreichische Volkspartei daher. Vom „Vätererbe unserer christlich-abendländischen Kultur“ stand im klerikal angehauchten Parteiprogramm des Jahres 1958. Der Leser erfuhr punktgenau, wohin er sein schwarzes Kreuzchen machen musste. Die Innviertlerin automatisch auch, weil sie kein eigenes Stimmverhalten hatte. Die *Rieder Zeitung* war ein politisch schwarzes Loch, was nicht der ÖVP-Ideologie entsprach, verschluckte sie für alle Zeiten. Die *Rieder Zeitung* war ein parteiisches Blatt, machte andere Parteien schlecht, ein rotes Tuch war das Rote Wien, heimischen Sozis ging es nicht viel besser.

Ein frischer Wind weht durchs Land
Große Begeisterung bei den Wahlversammlungen Dr. Gleißners
Es ist überaus erfreulich bei einer Rundfahrt durch das Land zu sehen, wie überall – besonders aber bei uns in Oberösterreich – die Kandidatur unseres Landeshauptmanns Dr. Gleißner zum Bundespräsident aufgenommen wird. Es ist förmlich, als ob ein Sturm der Begeisterung durch ganz Österreich ginge, daß

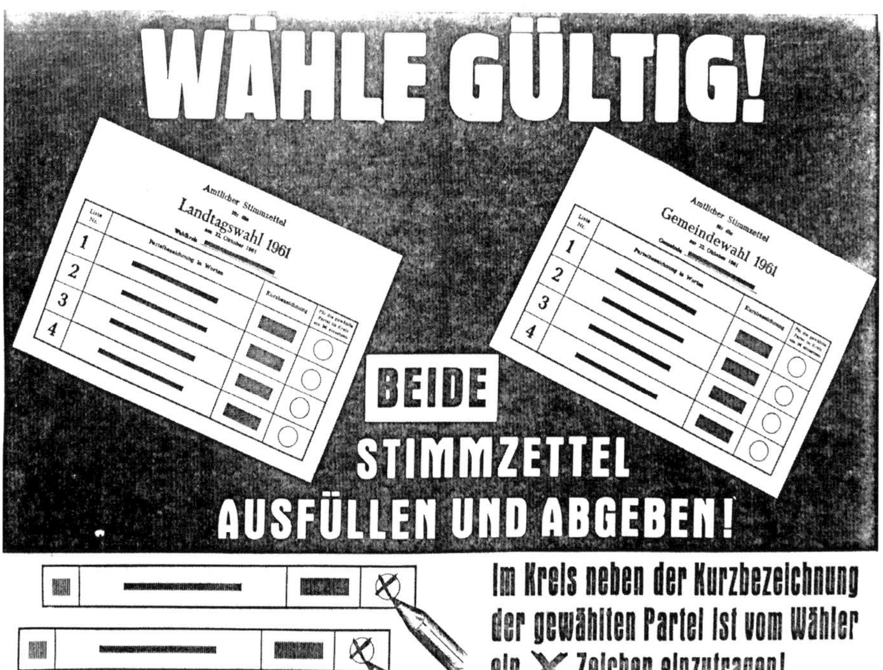

endlich einmal der Mann an die Spitze des Staates gestellt werden soll, dem schon lange nicht nur die Herzen zugeflogen sind, sondern der auch das Vertrauen aller genießt, gleichgültig in welchem Parteienlager sie bisher gestanden sind.

Wer Österreich liebt, wählt Dr. Gleißner
Der zweite Wahlgang am Sonntag von einschneidender Bedeutung für Österreichs Zukunft
Mit der ÖVP freie Fahrt in eine glückliche Zukunft
Parlamentsarbeit von der SPÖ blockiert
Sozialistendank: „Bundeskanzler Raab nix gut"
Enteignungspläne spuken in Sozialistenköpfen

Die Zeit um 1950 war nicht froh. Der heiße Krieg war aus, dafür kam nun ein kalter neuer. Gegen die USA hatten nicht wenige Innviertler aus verschiedensten Gründen ihre Vorbehalte. Die einen hatten Fortschrittsangst, die anderen haben die Niederlage noch immer nicht verkraftet, die sogenannten US-Besatzungsmächte sah niemand gern auf Dauer. Der Landesverlag hingegen war über sie hocherfreut, bekam er doch von den amerikanischen Behörden die notwendige Lizenz zum Zeitungsdruck. Stimmungsumschwung und Zeichnen eines nur positiven Amerikabilds erwarteten die sich im Gegenzug von der Zeitung. Das fiel den Zeitungsmachern mehr als leicht, waren sie doch uneingeschränkt amerikabegeistert. Der „Russe" lag an der Innviertler Donaugrenze zum Mühlviertel hin ganz nahe zum Herübergreifen. Extrem war die Kommunismusangst und die vor dessen gottlosem Atheismus.

Christliche Welt
In einem Hirtenbrief der Erzbischöfe und Bischöfe Österreichs heißt es, das vatikanische Dekret sei kein politisches Manifest der Kirche, sondern ein religiöses Dokument und eine Wiederholung der schon von früheren Päpsten verurteilten Lehren des atheistischen Kommunismus, eine Warnung der Gläubigen vor einer gottfeindlichen Lehre. Wenn auch die kommunistischen Führer versicherten, daß sie die Religion nicht bekämpften, so erwiesen sie sich doch in Wirklichkeit durch ihre Lehre und ihr Handeln als erbitterte Feinde Gottes, der Religion und der Kirche. Wo der Kommunismus zur Herrschaft gelangt sei, habe er sich mit allen Mitteln bemüht, die christliche Religion und Kultur radikal zu zerstören.

Nur mit den USA konnte die Rettung des christlichen Abendlands gelingen. Die *Rieder Zeitung* war His Masters Voice. Aus tiefster Überzeugung betete sie bedenkenlos und ungefiltert nach, was aus Amerika so daherkam. Für die Herausgeber waren die USA das Gelobte Land, das Land der Auserwählten und des ausschließlich Guten. Zumindest für die erste Zeit. Der amerikanische Traum gaukelte in

Hollywoodfilmen, in Zeitungsinseraten Glück durch Konsum und nie mehr endenden paradiesischen Wohlstand vor. Ehemals amerikadistanzierte Dörfler arrangierten sich mit diesen gefälligen Seiten der USA. Eine groß angelegte Amerikanisierung der Innviertler setzte ein, die *Rieder Zeitung* erfüllte ihren Auftrag.
Je amerikafreundlicher sich die Innviertler Bevölkerung gab, desto ablehnender Amerika gegenüber wurden die Zeitungsmacher. Das Amerikanische brachte vielfach nicht das, was sie sich vom Amerikanischen erhofften. Der American Way of Life führte die Dörfler auf Abwege statt auf den Pfad der Tugend. Nun war aber die Kuh schon einmal aus dem Stall und konnte selbst mit noch so straff angezogenen Zeitungszügeln nicht mehr eingefangen werden. Im Gegenteil, die Schlinge zog sich um die Zeitung zu. Alles, was aus Amerika kam, wirkte in Zukunft einfach besser.

Das Lokale

Eigentlich wegen des Katholischen erschien die Rieder Wochenzeitung. Ganz eigentlich lasen die Innviertler sie aber wegen des Lokalen. Nur das Lokale war für sie das Zeitungswahre. Dichtestes soziales Netzwerk baute die *Rieder Zeitung* auf mit Zigtausend guten Freunden. Toteste Leichen grub sie aus, ihre Augen und Ohren hatte sie überall. In jedem Dorf saß ein Spion, das war der sogenannte Ortsberichterstatter. Den Innviertlern gefiel die Totalüberwachung gut.
Das Mitteilungsbedürfnis des Innviertel-Kuriers befriedigte restlos die Erwartungshaltungen ihrer Käufer. Die *Rieder Zeitung* wusste um vieles mehr als Dorfarzt, Ortspfarrer, Wirt und Friseur zusammen. Die große Leserwissbegier war jedoch mehr als bloße Neugier oder Sensationslust. Den Menschen waren die Mitmenschen nicht egal, aufrichtig war meist ihre Anteilnahme. Weil alle kannten sich irgendwie. Ihre Verwandtschaft bis in die verzweigtesten Wurzeln sowieso, Bauern kannten sich, Knechte und Mägde, die einzelnen Zechen wussten voneinander. Niemand war unbekannt im Land. Die laufend notwendige Informationsauffrischung besorgten jeden Donnerstag die Lokalberichte.
Weltberühmt im Innviertel war, wer wenigstens einmal in seinem Leben in der Wochenzeitung vorkam. Für jeden Innviertler war sie ein guter Freund, alle waren per du mit ihr, alle riefen sie liebevoll nur *Riada Ratschn*. Gelesenes wurde gleich weitererzählt. Emotional mundfaul und nüchtern waren die Innviertler normalerweise. Richtig redselig wurden sie, wenn sie lebendig schilderten, was sie gerade von ihrem Haus- und Hofblatt erfahren hatten. Die Wochenzeitung stand für Zusammenhalt, überlebenswichtig war sie für die intakte Dorfgemeinschaft. Gleichwertigkeit schrieb die *Riada Ratschn* groß. Alltägliches und Einmaliges waren absolut gleichberechtigt.

Nichts war zu unbedeutend und zu klein, als dass es nicht gebührend ausgebreitet wurde. Die Firmung war gleichbedeutend dem Silobau, der neue Zechprobst dem neuen Landeshauptmann, das Hochwasser der Fahnenweihe, die Kartoffelkäferplage der Blinddarmoperation, die Priesterweihe der Verrenkung des rechten Ellenbogens.

Ried. Es wurde ein Schraubenschlüssel (Franzose) verloren. Es wird ersucht, ihn bei der Polizei abzugeben. (1950)

Wessen Armbanduhr fehlt?
Anfang Februar wurde auf einer Wiese in der Nähe der Skisprungschanze in Dundeck, Gemeinde Waldzell, eine wertvolle Herrenarmbanduhr gefunden. Bisher hat sich ihr Besitzer noch nicht gemeldet. Es ist anzunehmen, daß sie einem Zuschauer des damaligen Skispringens gehören muß. Ob sie ihm abgeht? (1951)

Kirchdorf. Dem Franz Maier wurde eine Uhr gestohlen.

Waldzell. Der „Grünoberklub" ist nach 20-jährigem Dornröschenschlaf wieder erwacht. Die Wiedergründung fand allerseits besten Anklang und es haben sich gleich über 30 Teilnehmer gemeldet. Der Grünoberklub ist eine „Wohltätigkeitsorganisation", der die Männer wöchentlich einmal von der häuslichen Tyrannei befreit. Als Stammlokal wurde wieder das Gasthaus Schachinger gewählt.

Ried. Noch einmal die Ruhestörer!
Zu unserer vorwöchigen Notiz erhalten wir nachstehende Zuschrift:
Nicht immer ist es nächtlicher Straßenlärm, der die Ruhe stört und die Nerven überbeansprucht. Ganz abgesehen von den Radios, die mit einer Lautstärke aus den verschiedenen Wohnungen tönen, daß auch benachbarte Gassen genug davon zu hören bekommen, sind da noch die unentwegten Klavier-Enthusiasten, die glauben ihren Mitmenschen einen unübertrefflichen Kunstgenuß zu bieten, wenn sie tagtäglich, ganz besonders aber in den Abendstunden und Sonntags bei geöffneten Fenstern stundenlang Fingerübungen, endlose Passagen und stets die gleichen Musikstücke bei überaus reichlicher Pedalbenützung zum Besten geben. Es ist geradezu eine Qual für die Bewohner der umliegenden Gebäude, dies anhören zu müssen. Es treibe jeder was er will, doch so daß andere davon möglichst wenig hören.

Ried. Vor zwei Jahren ging der Umbau des Post- und Telegrafen-Amtes am Roßmarkt zu Ende. Es wurde an alles gedacht, damit die Arbeiten rasch und rationell vor sich gehen. Die Post will aber auch die Fahrzeuge erneuern. Es ist ein Unding, beispielsweise die Pakete via offenes Fenster in den Zustellwagen zu befördern.

Weil die Benzinrosse der Dieselkraft weichen müssen, erhielt am Montag das Postamt Ried einen neuen Paket-Zustellwagen. Aber alle Freuden sind dahin, denn der neue Paketwagen kann nicht beim Tor hinein. Traurig steht das neue Fahrzeug vor dem neuen Gebäude auf dem alten Gehsteig. Es nützt nichts: Fenster auf, Pakete raus, Pakete rein, so wie es früher war.

Tumeltsham
Der Maskenball des Musikvereines beim Kirchenwirt erfreute sich eines massenhaften Besuches; vielleicht hat er manchen auch den letzten Groschen gekostet. Doch fürs Vergnügen opfert man gern alles.

Mettmach. Maus zerstörte ein Radio
Schon längere Zeit bemerkte man bei einem Bauern, daß das Radio nicht mehr recht funktionierte, wozu es zu einem Fachmann auf Reparatur gebracht wurde, welcher darin eine tote Maus feststellte, welche verschiedene Drähte durchbissen hatte. Der angerichtete Schaden betrug nicht weniger als 250 Schilling. So wirkt sich die vielbesprochene Mäuseplage sogar schon auf die Radioapparate aus.

Für die *Riada Ratschn* gehörte es sich, die Leserschaft auch mit großen Verbrechen zu erschüttern.

Schildorn. Verscheuchte Einbrecher
Vergangene Woche versuchten Diebe beim Mayer in Schildorn einen Einbruch, um zu dem am Vortage geschlachteten Schwein zu gelangen, wurden aber von den Hausleuten gehört und verschwanden beim Aufdrehen des Lichtes. Wie wußten die Einbrecher vom Schweineschlachten? Oder waren es die gleichen, die im Vorjahre die Hühnerställe beim Binder und beim Seppen zum Teil mit Erfolg heimsuchten, aber dann bei öfterer Wiederholung doch verscheucht wurden?

Mehrnbach. Er stahl nur eine Jause
In der Nacht zum 29. April 1956 drang ein unbekannter Täter in das Anwesen des Kleinlandwirtes Maximilian Scherzer in Renetsham ein und stahl in der Küche einen halben Laib Brot und den größten Teil eines dort aufbewahrten Kuchens. Als Andenken an den Besuch ließ er seine desolaten Socken zurück.

Kallham. Sakrilegischer Kircheneinbruch
Am 28. Februar 1959 in der Nacht brachen unbekannte Kirchenräuber nach Erbrechen der südlichen Kirchentür in unsere Pfarrkirche ein und stahlen aus dem Tabernakel einen Speisekelch, wobei sie die heiligen Hostien zurückließen und eine Monstranz, mit welcher sie die große Hostie mitnahmen.

Ärztliche Zeitungsbefunde plauderten offenherzig jedes Arztgeheimnis aus. Medizinische Eingriffe in allen blutigen Details ließen das Leserblut erstarren.

Gurten. Der Hilfsarbeiter Karl Hofer zog sich einen schweren Oberschenkelhalsbruch zu. Der Bruch mußte auf operativem Weg eingerichtet und anschließend genagelt werden, wobei auch der Oberschenkelschaft mit dem Schenkelhalsnagel verschraubt wurde. Da für diesen komplizierten Eingriff ein Spezialinstrumentarium nötig war, stellte der Leiter des neuen Linzer Unfallkrankenhauses, Primarius Doktor Böhler, das hier fehlende Gerät zur Verfügung und nahm mit Primarius Doktor Doberer die Operation gemeinsam vor. Der Verletzte benötigte mehrere Bluttransfusionen und hat den Eingriff gut überstanden.

Sankt Martin. Der Kraftfahrer Johann Hattinger hat sich beim Fußballspiel eine Prellung des rechten Sprunggelenks zugezogen.

Riegerting. Den Daumen gequetscht hat sich am 26. August 1961 der Einlasser der Dreschgesellschaft Johann Stranzinger. Er mußte sich in Spitalsbehandlung begeben.

Mettmach. Fuß-Amputation.
Dem 62jährigen Franz Schuster, Maier-Bauer, Mettmach, mußte im Krankenhaus Salzburg der rechte Fuß unterhalb des Knies abgenommen werden. Dem Mann wendet sich allgemein tiefes Mitgefühl zu, da er im noch erhaltenen linken Fuß schon länger leidend ist.

Taiskirchen. Schwere Operation.
Die im weitesten Umkreis bekannte Schneiderin Johanna Mühleder erkrankte schwer und mußte in das Schärdinger Krankenhaus eingeliefert werden, wo man an ihr in der vergangenen Woche eine schwierige Gallensteinoperation vornahm. Gegenwärtig befindet sich Mühleder auf dem Weg der Besserung.

Lohnsburg. Böser Nadelstich.
Eine im Kleid stecken gelassene Nähnadel drang dem 11jährigen Landwirtskind Magdalena Müller aus Gunzing 7 in das linke Knie und brach dort ab. Das abgebrochene Nadelstück mußte auf operativem Weg entfernt werden.

Eggerding. Eine „Blinddarm-Epidemie" scheint wieder auszubrechen. Innerhalb einer Woche wurden zwei Personen und zwar Margarethe Maier und Franziska Wimmer operiert.

Immer galt für die Zeitungsmacher die allerhöchste Transparenz. Rein nichts kehrten sie unter ihren bedruckten Teppich. Vor- und Zuname wurden ausdrücklich genannt, genaue Wohnadresse, Beruf, Familienstand und weitere zweckdienliche Hinweise identifizierten eindeutig jeden Täter. Schutzlos war jeder seiner Zeitung ausgeliefert. Ein anonymer Karl M. ohne exakte Wohnadresse, Beruf, persönliche Daten oder mit keinem genauen Krankheitsbild wäre der sichere Zeitungstod gewesen. „Unfälle der Woche", „Führerscheinentzüge wegen Alkohol" oder auch so standen ganz oben auf der Leserhitparade.

Führerscheinentzüge der Woche
Die Bezirkshauptmannschaft Ried hat nachstehenden Personen den Führerschein entzogen:
Wegen des Verschuldens eines Verkehrsunfalls in alkoholisiertem Zustand: dem Landarbeiter Franz Strasser, Neuhofen, Rampfen 2, vom 29. Juli 1960–14. April 1961, dem Landwirt Georg Müller aus Neuhofen, Mitterding 9, vom 7. November 1959–21. April 1960, Sattlermeister Franz Enzinger, Waldzell, Teufenbach 3, vom 28. August 1960–14. Mai 1961, dem Hilfsarbeiter Georg Eder aus Neuhofen, Straß 4, vom 26. Juli 1960–14. Juni 1961.
Wegen Verschulden eines Verkehrsunfalls:
Dem Kraftfahrer Franz Vorauer aus Neuhofen, Edling 2, vom 30. Oktober 1959–12. März 1960, dem Landwirt Wilhelm Erler, Pramet, Hof 17, dem Kraftfahrer Franz Spieler aus Waldzell, Wirmling 3, dem Hilfsarbeiter Martin Müller aus Eberschwang, Mühring 9, dem Gastwirt Karl Maier aus Mehrnbach, Gstetten 7, dem Bundesbahnbediensteten Fritz Vierlinger aus Eggerding, Stocket 9, und dem Tischlergehilfen Georg Erlinger aus Eberschwang, Stelzen 7.

Unfälle der Woche
Die Hausangestellte Elisabeth Mairinger, Ried, Hauptplatz 21, stürzte am 23. April 1960 über die Stiege und renkte sich den rechten Ellenbogen aus. Der Landarbeiter Franz Emprechtinger, Lohnsburg, Salzburgerstraße 5, erlitt eine Ellbogenausrenkung und einen Bluterguß links. Am 24. April fiel der Landwirt Georg Aichinger, Oberach 9 (Altheim) bei einem Zusammenstoß mit einem Motorrad vom Sozius und brach sich den rechten Unterarm. Am 26. April stürzte Maria Strasser, Knechtsgern 7 (Waldzell), mit dem Fahrrad und renkte sich die linke Schulter aus.

Einen Rippenbruch zog sich am 23. Juli der 43jährige Landarbeiter Johann Hohensinn aus Obernberg, Marktplatz 4, zu, als er im dunklen Vorhaus stürzte. Von einer Heufuhre stürzte am 25. Juli die 23jährige Landarbeiterin Maria Gittmayer aus Hohenzell. Sie verhängte sich dabei an einem Eisengitter und verletzte sich am rechten Oberschenkel. Ein Fensterstock vom ersten Stockwerk fiel am 20. Juli dem 31jährigen Maurer Leopold Brandstätter aus Neuhofen Langstraß auf den Fuß. Mit einem Wadenbeinbruch mußte er in das Krankenhaus Ried gebracht werden.

Taiskirchen. In der Vorwoche verunglückte der Tischlermeister Franz Koller in der Ortschaft Mitterding bei der Einfahrt ins Gasthaus in einem Anfall von Unwohlsein durch Umkippen des Wagens, wobei er einige Meter mitgeschleift wurde und eine Rißwunde am Kopf und Verrenkungen am Körper erlitt.

Mehrnbach. Ein Schwein lief in das Vorderrad des Motorradfahrers Georg Huber, wobei dieser zu Sturz kam, schwer lädiert blieb er liegen. Er kann heute bandagiert wieder gehen, das Rüsseltier ließ sein Leben.

Zugedeckt wurde nichts, stattdessen aufgeblättert alles. Eine Schreibhemmung hatte die sonst so offenherzige Zeitung aber schon. Frau wurde nach Möglichkeit verschwiegen. Meist nur bei Unfällen und Begräbnissen wurde sie namentlich genannt, wobei Nachrufe dringende Aufrufe zur Nachahmung für Ehefrauen waren.

Waldzell. Begräbnis.
Unter auffallend großer Beteiligung wurde am Mittwoch voriger Woche die weithin bekannte und hochgeachtete Schneidermeisterin Theresia Würzl beerdigt. An ihr hat die Familie eine wahrhaft gute, opferbereite Mutter und Gattin verloren. Mit ihr hat leider nur allzu früh ein edles, treues Mutterherz zu schlagen aufgehört.

Selbst bei der Geburt waren die Frauen nicht dabei, sogar die oblag ausschließlich den Männern.

Geburten
Franz Maier, Tischlergehilfe in Kopfing, wurde eine Franziska am 21. März 1954 geboren, Karl Huber, Gemeindebeamter in Utzenaich, ein Manfred am 24. März 1954, Alois Mühlegger, Postangestellter in Ried, ein Franz am 29. März 1954.
Ein Stammhalter wurde am 9. April 1954 dem Käser Franz Mairinger in Neuhofen geboren.

Schildorn. Geboren wurde am 14. Juni 1953 der Bauerstochter Maria Wimplinger aus Ebersau, Schildorn, ein Johann.

Wurde eine Gebärende doch erwähnt, war es gern eine ledige Mutter. Weitum publik wurde ihr Fehltritt damit vor der Ehe.

Die Inserate

Im Lauf der 50er-Jahre schlichen sich immer häufiger Inserate zwischen die dichtgedrängten Zeilen des Lokalen – für Innviertler die einzigen Sendboten des aufkeimenden Wirtschaftswunders. Larissa, Blendax, Henko, Pril, Ferguson, Coca-Cola, Simca, Certina, Wipp, Borgward, Dixan, Claas, Dash, Weißer Riese, Sprite, Junghans, DeBeukelaer, Bluna, Arista, Aurofac, Minerva, Miluvit, Chlorodont, feh, Tempo, Sunil, Vauxhall, Fanta, Allianz, Provimi, Babcock oder Libella. Noch nie hatten die Innviertler etwas davon gehört, Vorstellungen dazu fehlten völlig. Inseraten-Begriffe waren für Innviertler inhaltsleer oder sie hatten eine ganz andere Bedeutung. Sandwich hieß jetzt das Jausenbrot, der Uhu flog nicht mehr auf den Baum, Bravo hatte Applausverbot, wenigstens waren die Schartner Bomben friedlich. Hamburger essen mutete kannibalisch an, mit Miluvit, nicht mit Minerva sollte man kleine Kinder füttern, Nilfisk kam nicht aus Afrika, Omo hatte mit Großmutter nichts zu tun, sprudelnde Erfrischungsquelle war nunmehr Coca-Cola und nicht Wasser. Englisch kam Dörflern ziemlich spanisch vor, bald jedoch verkauften sich englische Namen bestens. Soletti waren immer und überall dabei und waren trotzdem keine Ortsberichterstatter. Die Produkt-Inserate kamen den Zeitungsbekehrungsabsichten recht. Vermittelten sie doch dem Innviertler die kulturelle und moralische Überlegenheit des Westens. Überhaupt taten sich die Inserate leicht wegen der Fastenzeit, die jahrelang vorausging. Die Gier machte die Augen größer, als der Hunger war. Obwohl es den Innviertlern nie annähernd so schlecht ging wie den „großen" Städtern, befürchteten auch sie, vor vollen Inseratentöpfen zu kurz zu kommen. Die Angst aß immer noch ängstlich mit. Befürchtungen waren nicht vom Tisch, dass sich die Konsumwerbeseiten von heute auf morgen rasch wieder leeren könnten.

Ausschließlich vom Innviertel-Blatt kam Durchblick in dieser babylonischen Sprachverwirrung. Pfingstwunderlich zeitungsaufgeklärt sprachen die Innviertler bald in allen möglichen Werbesprachen. Das mühsam Erlernte aber gab es meist nicht zu kaufen. Das gab es nur auf dem Papier der Zeitung. Dorfkrämer führten noch selten Inseratenwaren. Inserate erschienen anscheinend umsonst, langfristig waren sie jedoch nicht vergebens. Denn aus beschriebenem Bedarf entstand bald unbeschreibliches Bedürfnis. Das Lesen von Inseraten schüttete Glückshormone aus. Das Glück schien endlich für den normalen Dörfler käuflich.

Unbedarft wie der Innviertler war, war er ein dankbares Werbeopfer, Inseratenfotos und -sprüchen hilflos und ohne innere Abwehrkräfte ausgeliefert. Noch mehr galt das für die Innviertler Frau. Die Inserate umgarnten sie mit psychologisch-amerikanischen Methoden. Mit dem für Innviertler höchst ungebräuchlichen „Sie" redete sie süßlich lächelnd die Inseratenwerbedame an. Die Innviertlerin fühlte sich ungewohnt anerkannt, respektiert und direkt etwas hinaufgehoben. Einerseits empfand sie das so. Weil am Innviertler Bauernhof herrschte das strenge Befehlston-Du, der Bauernhofalltag kannte kein seliges Dauerlächeln. Andererseits fühlte sich dieses „Sie“ verbunden mit der subtil-übertriebenen Freundlichkeit der dominanten Werbefrau so an wie eine stille Drohung. „Sie“ und das Lächeln duldeten keinen Widerspruch, Willenlosigkeit beim Einkaufen war die Folge.

Das Zweitformat

Wegen des Katholischen gab man die *Rieder Zeitung* heraus, wegen des Lokalen las man sie, wegen ihrer Nachhaltigkeit wurde sie weder verbrannt noch weggeworfen. Die *Rieder Zeitung* war ein sehr nachhaltiges Blatt. Deshalb wurde sie auch in ihrem neuen Zweitformat von allen liebend gern zur Hand genommen. Sie war zwar nun ganz inhaltsleer, gerade aber deswegen umso attraktiver. Die Druckerschwärze färbte nicht mehr ab, als zart einschmeichelnd wurde ihr Papier empfunden. Von Natur aus geduldig, Zeitungspapier sowieso, mutierte die ausgelesene *Rieder Zeitung* zur allseits beliebten Nachlektüre. 100.000 Stück und mehr erreichte sie locker in der Woche. Abgelaufene Seiten übereinander zusammengelegt und immer wieder neu gefaltet, mit einem scharfen Küchenmesser in Papierquadrate zurechtgeschnitten, und ritsch ratsch wurde aus einer alten Zeitung eine Neuausgabe. Überall kam sie hin. Überall kam sie gut an. Am allerstillsten Plumpsklo wurde sie noch Blatt für Blatt interessiert durchstudiert und aufgeblättert. Besonders geschätzt wurde sie wegen ihrer hintergründigen Berichterstattung. Wisch und gleich auch schon wieder weg, so zukunftsweisend war die „neue“ Wochenzeitung.

Das Geld und die Zeit

Die Zeit im Innviertel stand eher still, als dass sie sich bewegte. „Gott gab die Zeit, von Eile hat er nichts gesagt“, las man auf Stickdeckchen an den Wänden. Im Leben ging es langsam zu, genauso wie die Menschen gingen oder sprachen. Die Zeit am Land war ein dehnbarer Begriff. Pünktlichkeit hatte nicht die geringste Eile. Zeit war nie knapp, weil sie noch kaum bemessen wurde. Die Sonnenuhr, die Kirchturmuhr maßen die Zeit eher in Stunden als Sekunden. So etwas wie eine Vorstufe von Eile kam höchstens auf beim Bimmeln des Hofglöckleins als Einladung zur Jause oder zum Mittagessen. Oder beim Zusammenläuten für die Sonntagsmesse.

Gelaufen ist aber auch da nur sie. Er hingegen lief nie. Ein Innviertler Bauer konnte nämlich gar nicht laufen. Wenn er so tat, als liefe er, stampfte er im Stand nur immer schneller mit den Füßen.
Es gab nicht Zeitverlust, nicht Zeitgewinn, es hatte alles seine Zeit, das Arbeiten, Essen, Beten, Schlafen und das Zusammensitzen für ein „Eichterl". Niemand vertrieb gewaltsam seine Zeit, geschweige denn, dass er sie einfach totschlug.
Bar zu viel Bargeldes war fast ein jeder Mann im Ort. Frauen besaßen ohnehin keines. Kaum einmal ging irgendwer auf die Kassa. Trotzdem hatte ein jedes Dorf schon seine Raika. Meist war sie in irgendeinem Extrazimmer untergebracht, in Waldzell war das in der Gemeindestube. Der dortige Sekretär war gleichzeitig auch Kassenleiter, anderswo war das ein Bauer oder Lehrer.

St. Georgen. Raiffeisenkasse. Mit 1. Jänner hat Oberlehrer Hermann Edtbauer die Buch- und Kassenführergeschäfte der Raiffeisenkasse St. Georgen übernommen. Durch 50 Jahre hindurch wurde die Arbeit zuerst von Georg Wiesbauer, später von seinem Sohn Karl geleistet, wofür diesen beiden der Dank der Sparer für ihre geleistete Arbeit nicht vorenthalten werden sollte.

Nur sonntags zwei, drei Stunden nach dem Gottesdienst hatte die dörfliche Raika ihre Öffnungszeiten. Bis 1956 gab es in Waldzell diese sogenannte Sonntagskasse. Danach wurde zusätzlich auf Wochentage – Dienstag und Donnerstag, 16 bis 18.30 Uhr, Samstag 17 bis 19 Uhr – umgestellt, am Sonntag – 7.30 bis 11.30 Uhr – blieb aber weiterhin geöffnet. Woanders war das in etwa ebenso.

Pramet. Raiffeisenkasse.
In der letzten Vorstandssitzung wurde der Beschluß gefaßt, zur weiteren Belebung des Geldverkehrs außer Sonntag auch am Dienstag, Donnerstag und Freitag von 18–19 Uhr Kassastunden abzuhalten. In dringenden Fällen kann die Kassa auch an anderen Tagen in Anspruch genommen werden.

Der zunehmende Geldverkehr erforderte zusätzliche wochentägliche Öffnungszeiten. Als Ausgleich wurden überall Mitte der 1950er-Jahre die sonntäglichen Kassastunden eingestellt. Bevölkerungsunverständnis folgte. Für viele blieb der Sonntag der einzige Tag, an dem sie wegen des Mess- und Gasthausbesuchs das Dorfzentrum aufsuchten. Einkaufen konnte man aber weiterhin am Tag des Herrn, im Gegensatz zur Sonntagskassa blieben die dörflichen Krämer offen.

Protest gegen Sonntagssperre der Raiffeisenkasse
Taiskirchen. Großen Unwillen rief es bei der Bevölkerung von Taiskirchen hervor, als bekannt wurde, daß die Raiffeisenkasse den Sonntagsdienst einstellen muß.

Bürgermeister Wageneder rief eine Gemeindeversammlung ein, zu der sich trotz Schneeverwehung so viele Besitzer und Haushaltsvorstände einfanden, daß der Versammlungsraum nicht alle Besucher fassen konnte.
Eine Reihe von Sprechern wandte sich energisch gegen die verfügte Sonntagssperre der Dorfbank. Einerseits spreche man immer wieder von der Arbeitsüberlastung der bäuerlichen Bevölkerung, andererseits treffe man Maßnahmen, die dem Landwirt nicht unerhebliche Mehrarbeit aufbürden.

Eingelegt wurde nicht viel, noch weniger wurde ausgeliehen. Überdies brauchte man dazu meistens einen Bürgen. Fremdgeldausleihe gehörte sich nicht am Land, am allerwenigsten für einen Innviertler Bauern. An allen Ecken und Enden wurde gespart. Lieber die alten Kleider öfter flicken als Geld für neue von der Raika borgen. Innviertler hatten viel gemein mit der sparsamen Lebensart der Schotten. Überhaupt war dem Landwirt bedrucktes Geld noch immer nicht vollkommen geheuer. In Naturalien rechnete er insgeheim weiter ab, da wusste er wenigstens sicher, was er hatte. Bei den übrigen Dörflern war die Geldskepsis bis Mitte 1950 ebenfalls groß. Dass Geld wieder abschlägt, war allgemein die Befürchtung.
„Time is money" vernahmen die Zeitungsmacher aus den USA. Schnell konnten sie die Dollars überzeugen, dass Zeit in Geld gewechselt werden müsse. Kapitalistischer Fortschritt ging nur pekuniär. Bigott frömmelte es aus Michigan ins Innviertel herüber. Zum Himmel stank dort Geld nicht mehr, im Gegenteil, nur die, die mit viel Reichtum glänzen konnten, kamen beim Jüngsten Gericht sicher ins ewige Paradies. Nur sie waren die von Gott Auserwählten.
Just vom katholischen Blatt wurden helvetische Protestanten nach gut 400 Jahren Glaubenszwist weißgewaschen. Zwingli und Calvin, die evangelischen Anführer aus der Schweiz, waren nun einmal die Mitbegründer des amerikanischen Kapitalismus. Mehr Geld verdienen erschien der bisher eher geldfeindlichen *Rieder Zeitung* jetzt gut, kein Sterbenswörtchen mehr über das biblische Kamel, von wegen zu enges Nadelöhr für Superreiche. Gott und gleichzeitig Mammon konnten und sollten die Innviertler so wie die Amerikaner dienen. Der Geldzweck heiligte bis vor Kurzem absolut undenkbare Mittel.
„In God we trust" stand nicht grundlos auf dem begehrten Dollarschein. „Geld machen" winkte als Vorbild aus den USA. Hocherfreut zeigte sich die Wochenzeitung über alljährlich noch bessere Dorf-Raika-Erfolgsbilanzen.
Ihre kapitalistische Erfolgsstory veröffentlichte die inoffizielle Innviertler Raiffeisen-Zeitung gern, so wie auf der Raika in Waldzell kam es in allen Innviertler Kassen zur wunderbaren Geldvermehrung.

Waldzell. Die Raiffeisenkasse hielt am 24. Februar im Gasthaus Mairinger ihre Jahreshauptversammlung für das Geschäftsjahr 1956 ab. Dem Geschäftsbericht war zu entnehmen, daß die Kasse sowohl 1956 als auch im laufenden Jahr 1957 weitere Fortschritte machte und einwandfrei geführt wurde. Der Umsatz beträgt im Geschäftsjahr rund 31 Millionen S. Die Einlagen sind seit 1956 um 657.000 S gestiegen und erreichen damit zum gegenwärtigen Zeitpunkt fast 3 Millionen S. Dank dieser günstigen Einlagenentwicklung ist die Genossenschaft in der Lage, die vertretbaren Kreditwünsche befriedigen zu können.

Auch in Waldzell geht's aufwärts
Die Raiffeisenkasse Waldzell hielt am 18. Februar ihre Jahreshauptversammlung ab. Der Umsatz betrug Ende 1959 54 Millionen Schilling und wird bis Ende dieses Jahres eine Höhe von 70 Millionen erreichen. Die Gesamteinlagen erreichten 1959 5,9 Millionen Schilling und stiegen gegenüber dem Vorjahr neuerlich um 1,3 Millionen Schilling. Gegenwärtig kann die Raiffeisenkasse Waldzell sogar auf einen Einlagenstand von über 6 Millionen Schilling verweisen. Durch diese günstige Entwicklung konnten die Kreditwünsche der Bevölkerung laufend befriedigt werden. Die Darlehen und Kredite betrugen Ende 1959 3,3 Millionen Schilling und stiegen bis jetzt auf 3,8 Millionen.

Die Bank des Landvolkes
In der Raiffeisenkasse Frankenburg betrugen Ende 1950 die Spareinlagen rund 800.000 S, bis Oktober 1952 haben sie sich beinahe verdoppelt auf 1.626.000 S. Die Liquidität der Kasse wurde nach den Stürmen der Nachkriegszeit wieder hergestellt und beträgt heute 37 Prozent der Gesamteinlagen. Die Kasse hat Reserven von 80.000 S, zu denen von 24.000 S an Mitgliederanteilen kommen, sodaß sie über ein Eigenkapital von 104.000 S verfügt. Zusammenfassend ist zu sagen, daß die Raiffeisenkasse Frankenburg unter den 286 Kassen des Landes Oberösterreich eine der bestgeführten und größten ist und den Namen „Dorfbank“ voll und ganz verdient.
Leider läßt die Einführung des bargeldlosen Verkehrs besonders auf dem Lande noch viel zu wünschen übrig, weil viele der Meinung sind, nur was sie bar zahlen, gilt. Die Kassen würden durch vermehrte Einlagen an Bedeutung in der Wirtschaft ungeheuer gewinnen und das finanzielle Rückgrat der Landwirtschaft darstellen.

Geld überflutete das Land. Wie Manna fiel es anscheinend kostenlos vom Himmel, obwohl mit 7 Prozent verzinst. Aber darüber verlor man kaum eine Zeitungszeile. Kein Zeitungsmacher und kein Innviertler wusste in Wirklichkeit genau, warum Geldströme jetzt so überschießend flossen. Einzimmer-Raikas wurden zu klein, Nebenerwerbs-Kassenleiter waren geldzunehmend überfordert, bis etwa 1960 wurden überall hauptberufliche verpflichtet. Neue Ortsgeldtempel zeigten kapitalistischen Fortschritt an. Groß war die Freude bei der „Raika-Zeitung“.

Neues Raiffeisenkassen-Gebäude in Eberschwang
Der Sonntagmorgen begann mit einem musikalischen Weckruf der Ortsmusik und Platzkonzert. Am Nachmittag fand die Eröffnung und Einweihung statt. Anschließend wurde der Bau zur allgemeinen Besichtigung freigegeben. Beim Eintritt erwartet einen ein großer, freundlich gestalteter Raum, der als Warteraum dient. Der Kassenraum ist hell und freundlich, die Einrichtung modern und geschmackvoll, so ist auch der Sitzungsraum gestaltet.

Bargeldlos durch den Tag und Schlaf im Geld verdienen ohne schuften. Das inserierten Banken stark. Doch Pfandbrief-, Wertpapier- und Giro-Werbung wirkte nur äußerst zögerlich beim Durchschnittsleser. Nicht einmal die sonst so große Überzeugungskraft der Zeitung konnte den Geldinstituten weiterhelfen.

Mehrnbach. Bargeldloser Geldverkehr.
Durch den bei unserer Raiffeisenkasse neu eingeführten Eilgiro-Verkehr ist es nun auch von Mehrnbach aus möglich, Überweisungen von Geldbeträgen an Raiffeisenkassen in 1.750 verschiedenen Orten Österreichs raschest durchzuführen.

Kurzfristige Gelder nicht zu Hause lassen, sondern auf ein Girokonto in der Sparkasse geben.

Urlaub, Bekleidung und Fortbewegungsmittel sind bezahlt …
Sie sollten Ihr Geld anlegen und dieses Geld für Sie arbeiten lassen. Eine gute Form der Geldanlage ist der Kauf von Wertpapieren. Es gibt viele Arten von Wertpapieren und eine der sichersten ist der Pfandbrief.
Pfandbrief sparen ist eine sichere Geldanlage, und wenn Sie heute einen bestimmten Betrag in 6,5 prozentigen Pfandbriefen anlegen und auch die Zinsenerträge immer wieder laufend investieren, wird sich Ihr Kapital in 10 Jahren mit Zinsen und Zinseszinsen verdoppeln. Wenn Sie mehr Geld aus Ihrem Geld machen wollen, wenden Sie sich an die Informationsstelle für Wertpapiere.

Möchten Sie gerne Aktionär sein?
Der Besitz von Aktien muß nicht unbedingt schlaflose Nächte bereiten. Aktien bringen zwar mehr Risiko als andere Wertpapierformen mit sich, haben dafür aber auch die Chance auf hohe Dividenden und große Kursgewinne.

Unüberlesbar tickende Inseraten-Armbanduhren trieben die Innviertler zusehends an. Nicht ohne Grund waren die meisten Zeitungsuhren Schweizer Chronometer, pünktlich, exakt, wasserdicht und humorlos. Bei Geld kannte Kapitalismus keinen Spaß. Ihre sündig aufreizende Langsamkeit und notorische Unpünktlichkeit sollte den Innviertlern der Zeitungsuhrendruck ein für allemal vertreiben. Bald hatte fast jeder seine eigene Uhr, die Uhr wurde mit der Idee der Selbstbefreiung eng verbunden. In Wirklichkeit taktete sie die Dörfler unbarmherzig ein. Nun lernte selbst der Bauer laufen.

Helvetia – Die meistgekaufte wasserdichte Schweizer Markenuhr in Österreich. S 560,–
Die Welt vertraut auf Helvetia.

Certina Bristol – zuverlässig und präzise wie jede andere Certina.

OMEGA in Gold, 14 Karat. Schilling 2.250,–
Edelstahl Schilling 870,–
Dallinger, Uhrmachermeister Ried
Weltberühmt durch ihren Präzisionsrekord. Junghans-Chronometer, ab 700,– Schilling
Meisterwerk hoher Präzision, stoß- und wassergeschützt, sekundengenau einstellbar. Goldgehäuse 1.990,– Schilling, Edelstahlgehäuse 900,– Schilling

Persönlich nahm der Innviertler nun seine Zeit, privatisierte sie, und damit war sie nicht mehr göttlich. Die Uhren lenkten vom Glauben ab. Ständige Hingucker wurden sie für die jungen Leute. Süchtig wurden sie nach der sekündlichen Zeit. Tischgebet, Predigt, Hochamt, Litanei zogen sich wie Kaugummi, der jetzt gerade aufkam. Durch immerwährendes Hinstarren auf die Uhr verrannen selbst Sekunden zäh und langsam. Die jungen Uhrenbesitzer konnten die Andachtsenden kaum erwarten. An Versunkenheit im Gebet war keinesfalls mehr zu denken. Nichtsahnend stellte selbst die Kirche um auf neue Zeiten.

Wippenham. Die neue elektrische Turmuhr ist angekommen. So hieß dieser Tage die freudige Botschaft, die von Mund zu Mund ging. Die Firma Schauer aus Wien entsandte zwei Monteure, die das neue Werk zur Aufstellung brachten und zum Leben erweckten. Sie zeigt uns nämlich mit ihren 2 Zifferblättern, die gegen Süd und Nord gerichtet sind, nicht bloß die richtige Zeit an, sondern sie schlägt auch die Stunden, Viertel- und Halbstunden. Auch bei Nacht läßt sie uns die Zeit ablesen. Denn so schön dies alles ist, auch die Kosten sind ganz schön, kostet doch die Uhr circa 24.000,– S.

Schnell geriet der Heilige Geist unter zeitlichen Druck bei der Firmung. Im Firmuhrenvergleich verlor er stark an Strahlkraft. Die jugendliche Begeisterung für ihn ging zurück. Erleuchtet und gefirmt fühlten sich Firmlinge nur noch durch teure Markenuhren. Die Paten schwitzten jetzt noch mehr, noch mehr schwitzte die Zeitung. Komm, Heiliger Geist, oder kauf die Certina-Uhr! Das Pfingstuhreninitiationsritual wurde für Zeitungsmacher das erste von zahlreichen weiteren Dilemmas. Einerseits forcierten sie christlich-pfingstliche Firmungstradition, andererseits die Säkularisierungsuhren.

Ist es nicht eine menschliche Dankespflicht, einmal zu Pfingsten auch die göttliche Schöpfungstat der Sprache zu würdigen? Unsere Gedankenlosigkeit diesem Geschenk gegenüber ist beschämend. Grenzenlos viel Geist und Weisheit ist von Gottes Geist ins Weltall hineingeatmet worden. Die großen christlichen Mysterienfeste sind da, um uns aus unserer schläfrigen Stubenluft herauszuscheuchen in die scharfe Luft des lebendigen Gottes.

Ried. Firmung am 19. 5. 1957
Nach altem Brauch wird der Firmling an seinem Ehrentag beschenkt.
Messbücher und Rosenkränze sind ein würdiges Firmgeschenk!
Meßbücher: Weg des Lebens, Kunstleder, 49,50 bis 138,– S
Schott I und II
Volksschott. Leinen, Leder, 36,– bis 214,– S
Gebetbücher mit verschiedenen Texten und Ausführungen: 33,– bis 41,– S
Dazu die passende Geschenkkassette mit Seidenfütterung von 15,– bis 17,– S
Rosenkränze in allen Ausführungen, 6,75 bis 38,90 S
Rosenkranztascherl 1,26 bis 5,– S
Buchhandlung OÖ Landesverlag Ried

12 Monate Garantie
Firmungsuhren besonders preiswert. Bequeme Teilzahlung.
Portofreier Postversand! Verlangen Sie unseren kostenlosen Katalog
mit preiswerten Damen- und Herrenuhren.
Anker-Uhren

Die Zeit ging rasend schnell dahin. Den letzten Rest an freier Zeit fraßen dann radioaktive Uhren.

> *Original Anker-Uhr, 8.400,– Schilling. Bestellen mit Postkarte! Nachtleuchtend! Modell 300, 290,– Schilling (1956)*

Nicht unerhebliche Mengen von Radium 226, Strontium, Tritium und Promethium mit ihrem mehr oder minder harten Licht machten Zeiger und Zifferblätter dauerstrahlend. Die Radioaktivität leuchtete in der Finsternis, doch niemand hat ihre Gefährlichkeit begriffen. Die Nacht machte die nachtleuchtende Uhr zum Tag, an ungestörten Schlaf war aus Angst vor Erlebnisverlust im tiefsten Traum nicht mehr zu denken.

24 Stunden pro Tag bestrahlten Strontium und Co die Handgelenke. Abenteuerlich hoch waren die Millisievert-Jahreswerte. Beruhigend für den Atomuhrträger war, dass Zeitungsseiten, was Strahlen anging, absolute Sorglosigkeit ausstrahlten.

Strahlungskräfte Segen oder Fluch?
In einem überaus interessanten Vortrag im Festsaal des Rieder Rathauses befaßte sich der Vorstand der Isotopenstation Wien Dr. Ernst Höfer mit dem Problem der gesundheitlichen Aspekte der künstlichen Radioaktivität.
Er ging dabei von der Tatsache aus, daß radioaktive kosmische Strahlen in der Natur ständig vorhanden seien, daß verschiedene Nahrungsmittel und auch andere Stoffe eine geringe Strahlung aussenden, ebenso Fernsehapparate, Leuchtzifferblättchen der Uhren usw. – allerdings in geringsten und für den Menschen völlig unschädlichen Mengen.

Erst Ende der 60er-Jahre waren die selbstleuchtenden Uhren out. Gras wuchs einerseits schnell über sie, weil man sie ordnungsgemäß in die freie Natur entsorgte. Andererseits strahlen sie mit Halbwertszeiten von 1000 Jahren und viel mehr aus Innviertler Müllhalden noch ewig lange untergründig weiter.
Geld, Uhren und Zeitung zeigten mit der Zeit nachhaltige Umerziehungswirkung. Nicht umsonst wurde den Lesern Ausleihen zur Modernisierung ihres Lebens vorgeschrieben. Pumpkapitalismus zog in den bisher knausrigen Innviertler Haushalt ein. Credo an den Kredit, lautete das neue zeitungsbestärkte Glaubensbekenntnis. Ausgeliehen von der Raika in Waldzell haben sich die Waldzeller 1955 1,4, 1965 9 und 1975 26 Millionen Schilling. Und so wie in Waldzell, so wurde überall geliehen. Ausleihen nahmen stark zu, am meisten nicht zufällig bei Bauern. Von 498 Kreditnehmern 1966 in Waldzell mit einer Kreditsumme von 9 Millionen Schilling waren 434 Landwirte, sie liehen sich 6,6 Millionen.

1962/1963 wurden in Oberösterreich für 201 Millionen Schilling Düngemittel gekauft (Kredite Raika, 50 Millionen Schilling). Von 1954 bis 1963: 375 Millionen Schilling wurden ausgegeben für Silobau, Geräteschuppen etc. (50 Prozent finanziert durch Raiffeisen).

Die Raiffeisenorganisation ist der Treibstoff des Landwirtschaftslebens am Land
Die Raiffeisenkassen sind aus dem ländlichen Wirtschaftsleben nicht mehr wegzudenken. Große Leistungen der OÖ Raiffeisenorganisation für die Landbevölkerung. Die Landwirtschaft verdankt es also zu einem sehr wesentlichen Teil der Raiffeisenkasse, wenn sie es heute so weit gebracht hat.

1959 bis 1963: Raiffeisen stellte für den Ankauf landwirtschaftlicher Maschinen und Geräte 520 Millionen Schilling an Krediten zur Verfügung.

Taufkirchen an der Pram
Raiffeisenkasse – Bollwerk der Wirtschaft

Ohne Raika ging nichts am Land. Leitwährung wurde für die Innviertler das Geld. Das kostete Zeit, und die gab es nicht billig.

Das Atom und die Strahlen

Das *US-Atom* kam der Zeitung gerade recht. *Atom* war wie die USA, Brennstoff mit unbegrenzten Möglichkeiten. *Atome* waren kerngesund, spalteten sich ausnahmslos nur friedlich. Vom Atomblitz geblendet waren die Rieder Zeitungsmacher und blendeten daraufhin intensiv die Leute. Kernenergie-Höchstoptimismus strahlte die Zeitung aus, entfachte größtmögliche technische Euphorie, plapperte nach, woran die Amerikaner ganz fest glaubten. Alles, was strahlte, war uneingeschränkt gut und für die Menschen ungefährlich.

Atomkraft für friedliche Zwecke
Zum ersten Mal ist die Atomenergie dem friedlichen Alltagsleben der Menschen nutzbar geworden. In England wurde die Atomenergie-Heizung entwickelt, sie bringt bei dem geheizten Gebäudekomplex gegenüber der bisher verwendeten Kohleheizung eine Einsparung von 2.650 Pfund Sterling pro Jahr an Heizungskosten. 30 Jahre braucht sich niemand um den Atommeiler zu kümmern, der erst 1981 wieder neue Nahrung erhalten muß. Die Atomheizung in Harwell wurde am Montag angestellt, 80 Räume werden beheizt.

Strahlungskräfte – Segen oder Fluch? – Vortrag von Dr. Höfer, Wien
Schutz gegen die durch eine Atombombenexplosion ausgelöste Strahlung
Im engeren Strahlungsbereich gibt es einen wirklichen Schutz kaum; am ehesten noch im Keller eines drei bis vier Stockwerke hohen Gebäudes, dessen Schutt eine Schutzschicht bildet. Etwa zwei, drei Wochen müßten die Menschen in einem verseuchten Gebiet anschließend Nahrungsmittel genießen, die keiner Strahlung ausgesetzt sind. Erst nachher werden die übrigen Nahrungsmittel für den Genuß geeignet. Die durch bei Kernwaffenversuchen entstehenden radioaktiven Abfälle hervorgerufene Gefahr ist laut Dr. Höfer anscheinend nicht so groß. Nach Ansicht führender Wissenschaftler ist nicht zu befürchten, daß die in den vergangenen Jahren durchgeführten Versuche noch Auswirkungen haben werden.

Herzen mit Atomantrieb
Atomkraftbetriebene Herzen werden vielleicht eines Tages ein krankes Herz ersetzen oder ihm die Arbeit abnehmen können, behaupten Forscher der

amerikanischen Atomenergie-Kommission. Vorstudien für so kleine Geräte mit Atomantrieb, die man einem Menschen einsetzen kann, verliefen vielversprechend. Wenn also ein junger Mann künftig in Gegenwart seines Schatzes starkes Herzklopfen bekommt, muß es nicht ein Zeichen der Liebe sein, es könnte auch von einer Störung im Atomkraftwerk in seinem Herzen kommen. (1969)

Wer andächtig Zeitungsatomberichte las, fand einen guten Schlaf, konnte die letzten Zweifel leicht hinunterschlucken.

Sie essen Atomabfälle
Selbstversuche stellen gegenwärtig die Mitglieder eines radio-biologischen Versuchsteams im britischen Atomforschungszentrum „Harwell" an. Sie nehmen kleine Mengen Strontium, den radioaktiven Abfall der Wasserstoffbomben, zu sich. Damit wollen sie die Wirkung dieses Stoffes an sich selbst feststellen. Den freiwilligen Versuchspersonen werden kleine Mengen Strontium 85 ins Essen oder mittels Injektionen in ihre Körper gebracht. Durch Geigerzähler wird dann die Verbreitung des Strontiums in den Organen und Knochen beobachtet. Strontium 85 entspricht etwa dem Strontium 90, verliert jedoch viel rascher seine Radioaktivität.

Ersetzen Atomstrahlen den Schlaf?
Die in den amerikanischen Atomstädten tätigen Menschen stehen unter laufender ärztlicher Beobachtung, um eine etwaige Gesundheitsschädigung zu erkennen und um darüber hinaus wissenschaftliches Material über die Wirkung radioaktiver Strahlen auf den menschlichen Körper zu sammeln. Bei diesen Untersuchungen wurden nun wiederholt merkwürdige Fälle chronischer Schlaflosigkeit festgestellt.
„Sie sehen aber glänzend aus", sagte der Arzt zu einem 36jährigen Elektriker, der schon zum dritten Male in seine Sprechstunde kam, um darüber zu klagen, daß er seit Monaten nur drei bis vier Stunden der Nacht schlafen könne. Der Arzt war zunächst skeptisch und hielt den Patienten für einen Simulanten, der nur krank geschrieben werden wollte.
„Ich fühle mich auch durchaus wohl und keineswegs übermüdet. Aber es ist doch schrecklich, die ganze Nacht wachzuliegen." Andere Arbeiter führten ähnliche Klagen; sie schliefen wenig oder gar nicht, spürten aber keinerlei Beeinträchtigung ihres Wohlbefindens oder ihrer Arbeitskraft.
Man überprüfte vorsichtig und genau diese Angaben und fand sie bestätigt. Als medizinisches Phänomen stellte sich ein junger Laborassistent heraus, der seit drei Tagen keinerlei Schlafbedürfnis gespürt hatte und am vierten Tag so frisch und munter war wie am ersten.
In medizinischen Kreisen neigt man dazu, daß die radioaktiven Strahlen unter gewissen Voraussetzungen eine „Entgiftungswirkung" haben, d.h. daß sie fähig

sind, ihrerseits den Abbau der sich im Körper ansammelnden Gifte in derselben Art zu bewirken, wie es normalerweise der Schlaf tut. Es liegt natürlich nahe, daß man sich mit der Frage beschäftigt, ob man diese Eigenschaften der radioaktiven Strahlen nicht systematisch zum Wohle der Menschheit auswerten kann. Dem steht augenblicklich noch die Tatsache entgegen, daß die entgiftende Wirkung bisher nur in Einzelfällen festgestellt werden konnte und daß also offenbar gewisse subjektive Voraussetzungen erfüllt sein müssen. Immerhin ist der Gedanke verlockend, daß es möglich sein könnte, der Menschheit das Drittel ihres Lebens, das sie jetzt verschläft, dazuzuschenken. (1968)
Die „Atomkraft-Speicherbatterie" wird die gebräuchlichste Energiequelle für Autos, Flugzeuge und die Eisenbahn sein. Diese Prognose steht zwar im Widerspruch zu der heute noch allgemeinen Ansicht, daß zur Gewinnung von Atomenergie wuchtige Reaktoren mit schweren Abschirmungen erforderlich sind, einige Forscher weisen jedoch mit Nachdruck darauf hin, daß das aus Atomenergie-Kleingeneratoren technisch durchaus möglich ist. Man müsse lediglich Isotopen herstellen, die statt der gefährlichen Neutronen und harten Strahlen nur die verhältnismäßig harmlosen Alpha-Teilchen aussenden. Dank der Entwicklung gefahrloser Atommotoren würden wahrscheinlich unsere Nachkommen über unsere Angst vor radioaktivem Atom sich ebenso lustig machen, wie wir die Furcht unserer Großeltern vor der Eisenbahn oder vor Dampfmaschinen belächeln.

Erstes Atomgold, ein Börsenschreck
Erst das Atomzeitalter mußte kommen, um zu zeigen, daß man tatsächlich ein Element in ein anderes verwandeln kann, also auch Blei oder Quecksilber in Gold.

In 20 Jahren: Schiffe und Lokomotiven fahren mit Atomenergie
Der steigende Energiebedarf der Menschheit erfordert dringend die Erschließung neuer Energiequellen; zwei solche Quellen stehen uns heute zur Verfügung, die noch fast unausgenützt sind und um vieles größer als alle Vorräte in Kohle und Erdöl: die Atomenergie und die Sonnenenergie. Früher als die Sonnenenergie wird die Atomenergie, deren Erzeugung zumindest für die nächsten paar Jahrtausende durch Vorräte an spaltbarem Material gesichert ist, für die allgemeine Energieversorgung der Menschheit herangezogen werden. Die amerikanische Atomenergiekommission hat Zahlen angegeben, die die fast unbegrenzten Möglichkeiten der Atomenergie beleuchten: Aus 1 kg Uran kann ebenso viel Energie gewonnen werden wie aus 3.000 t Kohle. Die Kosten würden für das Uran nur 44 Dollar, für die Kohle dagegen 26.500 Dollar betragen. Dieser große Unterschied in den Materialkosten würde den Kapitalaufwand, den die Nutzbarmachung der Atomenergie erfordert, wettmachen.

Die Atomausstellung
Zwei Hauptausstellungsstücke der USA sind der Wannen-Versuchsreaktor und ein fahrbares Atomphysikalisches-chemisches-Laboratorium der amerikanischen Atom-Energiekommission, das die Untersuchung radioaktiver Isotope, Strahlenmessungen und Materialanalysen gestattet. Groß ist die Vielfalt der Reaktormodelle. Es gab Proben zu sehen der atomaren Brennstoffe in der Form, in der sie dem Reaktor zugeführt werden. Vorgestellt wurde das erste 5000-Kilowatt-Atomkraftwerk und atomare Geräte für medizinische und biologische Zwecke. Vielfältig ist das Bild, das die sowjetische Ausstellung von bereits praktischen Anwendungen der Atomenergie im täglichen Leben bietet. Ein atomarer Flaschenzähler – 200 Stück in der Minute –, radioaktive ärztliche Instrumente, die Kennzeichnung von Walzeisen durch Isotopenbestrahlung – die unsichtbare Marke ist später mit Geigerzählern leicht zu entziffern – ein Kobolt-60-Gamma-Strahl-Gerät (stärker als Röntgenstrahlen) für industrielle Verwendung und schließlich ein Riesengerät zur Krebsbehandlung mit Strahlen von Kobalt-60 sind Höhepunkte der sowjetischen Schau. (1955)

„Denn es sollen Berge weichen und Hügel hinfallen und wanken", atomare Visionen waren nicht neu. Sie hatte schon der Prophet Jesaja. Die Bibel hatte wieder einmal recht, die *Rieder Zeitung* fühlte sich in ihrer Haltung pro Atom alttestamentarisch absolut bestätigt.

Atombombe soll Hafenbecken schaffen
Amerikanische Wissenschafter werden in einigen Wochen an die unwirtliche Nordwestküste Alaskas reisen, um dort einen geeigneten Platz für den Bau eines großen Hafens ausfindig zu machen. Das Hafenbecken soll mit einer Atombombe aus dem harten Boden gesprengt werden. Es wird angenommen, daß schon einen Monat nach der Sprengung die Arbeiten aufgenommen werden können. Die Explosion einer Atomladung an der Erdoberfläche, die hunderttausend Tonnen eines normalen Sprengstoffes entspricht, würde einen Krater von 25 Metern Tiefe und 200 Metern Durchmesser reißen. Wird die Ladung in 15 Metern Tiefe gezündet, so erhält der Krater das doppelte Ausmaß. Dies würde schon einen passenden Hafen ergeben. Dieses Projekt wäre die erste große Atomexplosion für nützliche Zwecke, wenn die Russen nicht früher ähnliche Zwecke in Sibirien verwirklichen.

Atomschaufel verändert das Antlitz der Welt
Der technische Fortschritt im Zeichen der Atomkraft bietet unabsehbare Möglichkeiten. Es steht heute schon fest, daß wir Flüße „aufwärts fließen" lassen können. Wir vermögen Seen miteinander zu verbinden, die hunderte von Kilometern getrennt

sind. Wir sind imstande Berge abzutragen und mit Atomschaufeln und Atomminen Gräben auszuwerfen, die zu neuen Flußläufen und Stauwerken werden können. Die Werkzeuge der Zukunft sind entdeckt. Sie werden das Antlitz der Welt grundlegend verändern. Dabei handelt es sich keineswegs um bombastische Träume in ferner Zukunft. Der bekannte Ingenieur Emilio Herrera hat ausgerechnet, daß man ohne weiteres in der Lage sei eine Atomschaufel zu konstruieren, eine Atommine, die die Erde in jeder gewünschten Tiefe und Breite aufreißt und gleichzeitig in der vorhergesehenen Länge, daß es absolut im Bereich der heutigen Forschung liege, eine photonische Bombe zu konstruieren, die in geringer Tiefe unter dem Boden zur Explosion gebracht einen Krater aufzureißen vermöge, dessen Durchmesser zwischen zwei und zwölf Kilometern und dessen Tiefe zwischen 500 und 1500 Metern liegen dürfte. (1957)
Pläne:

- *das Kaspische Meer über das Schwarze Meer mit den Weltmeeren zu verbinden*
- *das Tote Meer mit Hilfe von Atomminen mit dem Mittelmeer zu verbinden (Kanal quer durch Jordanien)*
- *die Halbinsel Florida soll im Norden auf einer solchen Breite durchschnitten werden, daß der Golfstrom an der Ostküste der USA vorbeifließen kann, was eine ungeheure Erwärmung der ganzen nordamerikanischen Küste zur Folge hätte, einschließlich Grönland und Island.*

Die ersten Fahrzeuge, die man in großem Maßstab mit Atomenergie betreiben wird, werden Schiffe und Lokomotiven sein. Neben dem Antrieb aller Schlachtschiffe der USA werden auch viele große Passagier- und Handelsdampfer bereits im Jahr 1975 durch Atomenergie erfolgen. Als zweites Verkehrsmittel wird sich die Eisenbahn die Atomenergie zunutze machen; man wird gewaltige „Atom"-Lokomotiven vor lange, schwere Züge spannen. Auch mit Flugzeug-, Lastwagen- und Omnibusmotoren, die durch Atomenergie betrieben werden, wird experimentiert werden, doch es ist zweifelhaft, ob sie im Jahr 1975 bereits so weit entwickelt sind, daß sie die Standardmaschinen des heutigen Typs ablösen können.

In der Ortschaft Kohleck im Dorf Waldzell gab es bis in die 50er-Jahre hinein glosende Kohlenmeiler. Brennelement war das Holz. Die Kohlenmeiler brüteten schnell. In maximal 14 Tagen Kettenreaktion verwandelten sie das Holz in einen neuen Brennstoff. Große Atommeiler funktionierten nach Zeitungsvorstellung mehr oder minder ebenso und waren daher ebenso unverdächtig. Immerhin arbeitete auch die Sonne schon die längste Zeit problemlos mit Kettenreaktionen. Kernkraftwerke spalteten in Europa Kerne ab 1954 auf, in Russland zuerst, im englischen Sellafield ab 1956, in Deutschland floss erster atomarer Strom ab 1961.
Der Leser las ausschließlich nur von positiv geladenen Neutronen. Einen kernkraftfreundlichen Boden für das Innviertel bereitete die Wochenzeitung auf.

Atomkraft in Österreich wird diskutiert
„Atomkraftwerke haben heute das Stadium der Entwicklung und des Versuchens überwunden", stellte ein leitender Fachmann in einem Vortrag im Jänner 1967 in Wien fest. Aus einer anfänglich vielfältigen Reihe von Vorstellungen haben sich in den letzten Jahren bestimmte Reaktortypen herausgestellt, die heute als erprobt und für die Erzeugung elektrischer Energie geeignet sind. Derartige mit erprobten Reaktoren ausgestattete Kernkraftwerke sind genauso betriebssicher wie die konventionellen. Sie gestatten unter bestimmten Voraussetzungen, die Gestehungskosten der elektrischen Energie gegenüber anderen Rohenergieformen zu senken. Über die Aussichten, auch in Österreich ein Atomkraftwerk in absehbarer Zeit zu bauen, fand vor kurzem eine gründliche Aussprache berufener Herren der österreichischen Elektrizitätswirtschaft und der Industrie mit Experten der AEG statt. Man glaubt, daß ein Bau eines österreichischen Atomkraftwerkes größerer Leistung in absehbarer Zeit spruchreif werden dürfte.

Größte Erwartung strahlte die Titelseite am 28. November 1968 aus. Ein positiver Innviertler Super-GAU stand anscheinend nur knapp vor der Entladung.

Atomkraft für das Innviertel?
Wie kürzlich von der österreichisch-bayerischen Kraftwerk-Gesellschaft zu hören war, ist eine bilaterale Gemeinschaftszusammenarbeit bei der Errichtung von Anlagen auf dem Sektor der Energiegewinnung auch in Zukunft gegeben. Da die Wasserkraft des Inns bereits voll genützt ist, könnte man sich gut vorstellen, im Bereich des Innviertels ein Kernkraftwerk zu errichten, das vor allem für die Aluminiumproduktion günstigen Strom liefern könnte. Fachleute mit langjähriger Erfahrung beim Kraftwerksbau wären dazu berufen, ein weiteres Gemeinschaftskraftwerk an der Grenze entstehen lassen zu können, was sich auch für die Verflechtung der Industriezweige diesseits und jenseits des Inns vorteilhaft auswirken könnte. Über die Situierung wurden noch keine Vorschläge mitgeteilt. Man ist sich jedoch darüber einig, daß es sich um eine große Anlage handeln solle, die billigen Strom liefern könnte. Während bereits ein Atomkraftwerk in Österreich geplant wird, das ungefähr der Wirkung von fünf Innkraftwerken entspricht, sollte das Kernkraftwerk im Innviertel für eine Leistung von 600 bis 1000 Megawatt ausgelegt werden, was zur Folge hätte, daß die Stromkosten um 20 Prozent niedriger lägen als bei einem kleinen Atomkraftwerk. Derzeit ist noch nicht abzusehen, wie schnell sich dieses Projekt verwirklichen läßt, der Gedanke und die Bereitschaft der Fachleute sind jedenfalls einer ernsten Erwägung der zuständigen Stelle wert.

Das Innviertel-Atom wuchs aber nur kurzzeitig in den Zeitungshimmel. Rasch wurden die Erwartungen abgekühlt. Zeitungsbrennstäbe brachen wie Strohfeuer

Atomkraft für das Innviertel?

Schärding. — Wie kürzlich von Seiten der Österreichisch-Bayerischen Kraftwerke-Gesellschaft zu erfahren war, wäre die Gesellschaft, die sich in bilateraler Gemeinschaftsarbeit bei der Errichtung der Kraftwerkskette am Inn so gut bewährt hat, bereit, auch weiterhin auf dem Sektor der Energiegewinnung zusammenzuarbeiten. Da die Wasserkraft des Inns bereits voll genützt ist, könnte man sich gut vorstellen, im Bereich des Innviertels ein Kernkraftwerk zu errichten, das vor allem für die Aluminiumproduktion günstigen Strom liefern könnte.

Fachleute mit langjähriger Erfahrung beim Kraftwerksbau wären dazu berufen, ein weiteres Gemeinschaftswerk an der Grenze erstehen lassen zu können, was sich auch für die Verflechtung der Industriezweige diesseits und jenseits des Inns vorteilhaft auswirken könnte. Über die Situierung wurden noch keine Vorschläge mitgeteilt. Man ist sich jedoch darüber einig, daß es sich um eine große Anlage handeln solle, die billigen Strom liefern könnte. Während bereits ein Atomkraftwerk in Österreich mit rund 500.000 Kilowatt geplant wird, was ungefähr der Leistung von 5 Innkraftwerken entspricht, sollte das Kernkraftwerk im Innviertel für eine Leistung von 600 bis 1000 Megawatt ausgelegt werden, was zur Folge hätte, daß die Stromkosten um 20 Prozent niedriger lägen als bei einem kleinen Kernkraftwerk.

Derzeit ist noch nicht abzusehen, wie schnell sich dieses Projekt verwirklichen läßt, der Gedanke und die Bereitschaft der Fachleute ist jedenfalls eine ernste Erwägung der zuständigen Stellen wert.

zusammen. Ausgebrannt war ein Atomkraftwerk im Innviertel für alle Zeit. Vom geplanten Kernkraftwerk in Tulln erfuhren die Innviertler nichts mehr, da hätten sie am 26. September 1969 die Salzburger Nachrichten lesen müssen.

Kernkraftwerk wird bei Tulln gebaut
Die Kernkraftwerks-Planungsgesellschaft hat nach umfangreichen Vorarbeiten festgehalten, daß das erste österr. Kernkraftwerk aufgrund der Gegebenheiten des Verbundnetzes und der Möglichkeiten der Kühlwasserversorgung in der Nähe von Tulln zu errichten ist. Standorte in anderen Bundesländern wurden zwar untersucht, doch konnte erhoben werden, daß neben den technischen Erwägungen auch die Nähe des Verbraucherzentrums Wien und der somit gegebene geringe Transportverlust zwischen dem Kraftwerk u. den Endkonsumenten zu berücksichtigen ist.

Fürchtet euch nicht!
Der bekannte amerikanische Radiologe Dr. S. J. Hawlev berichtete kürzlich auf einer Tagung der Nordamerikanischen Gesellschaft für Strahlentherapie über neue Anwendungsmöglichkeiten mit Röntgenstrahlung. Abgesehen von bösartigen Geschwülsten, die in der Mehrzahl der Fälle auf Röntgenbestrahlung gut ansprechen, konnten auch Hautkrankheiten […] und Gürtelrose sowie Schleimbeutelentzündungen und Arthritis mit Röntgenstrahlen günstig beeinflußt werden. […] Warzen und Hühneraugen können bereits nach einmaliger Röntgenbestrahlung zum Abfall gebracht werden.

In das kleinste Dorf kam die menschenfreundliche Röntgenstrahlung ganz persönlich. Röntgenzüge donnerten auf Zeitungsschienen durch das Land, obwohl sie eigentlich großdimensionierte Omnibusse waren. Die Röntgenzug-Fahrpläne standen für den jeweiligen Ort donnerstags pünktlich in der Zeitung. Zum Einstieg luden sie nachdrücklich ein, wer strahlend mitfuhr, wurde im Nachhinein belobigt. Röntgen im Bus war eine Reihendurchleuchtung auf kleinste dunkle Flecken wie die Beichte. So wie dort bekam nur der Absolution, der innerlich vollständig gesund war. Kollaterale Schäden waren der Reinheit wegen einkalkuliert. Schirmbildaufnahmen im Röntgenzug benötigten die vielfache Strahlendosis gegenüber Brustkorbaufnahmen auf herkömmlichen Röntgenfilmen. Selbst als es den Röntgenhauptgrund, die Tuberkulose, kaum mehr gab, propagierte die Zeitung die Röntgenzüge unerbittlich weiter.

Waldzell: der Röntgenzug ist am 23. Februar 1966 von 16 bis 20 Uhr und am 24. Februar von 9 bis 12 Uhr in der Gemeinde im Einsatz. Die Bevölkerung wird eingeladen sich diese Gelegenheit einer gründlichen Durchleuchtung nicht entgehen zu lassen.

Waldzell: Der Röntgenzug hatte eine erfreuliche Teilnahme: 591 Personen. (1966)

Röntgenzugpersonal macht Überstunden
Erfreulich groß ist das Interesse an den Reihenuntersuchungen, die der Röntgenzug der OÖ Landesregierung ab Montag in Ried durchführt. In den ersten Tagen waren es oft 100 Personen pro Stunde, die Gewißheit über ihren Gesundheitszustand erlangen wollten. Vor vier Jahren haben sich 4.128 Personen untersuchen lassen. Heuer erwartet man mehr. Besonders den alten Leuten wird empfohlen, sich die Lunge durchleuchten zu lassen. Abgesehen von einer rechtzeitigen Behandlungsmöglichkeit ist zu bedenken, daß bei einer Erkrankung die Umwelt gefährdet werden könnte, weshalb nicht alleine die Jugend, sondern auch ältere und ganz alte Menschen den Röntgenzug besuchen sollten. Die Beteiligung an Reihenuntersuchungen in den einzelnen Gemeinden am Röntgenzug liegt zwischen 28 und 33 Prozent aller jener Personen, die für eine Reihenuntersuchung in Frage kommen. Bis Ende 1965 wurden im Röntgenzug rund 750.000 Röntgen-Schirmbildaufnahmen gemacht. In 27.398 wurden tuberkuloseverdächtige Befunde gemacht, die einer ärztlichen Behandlung bedurften. 59.295 Nebenbefunde wurden gemacht.

Der neue Röntgenzug
Oberösterreich erhielt einen neuen Röntgenzug, der alte war schon 16 Jahre alt. Die OÖ Landesregierung beschloß den Neukauf, einen Gelenkzug. Der Röntgenzug besucht in fünfjährigen Turnussen alle Gemeinden in Oberösterreich. Es ist ein schöner Beweis für die Aufgeschlossenheit und das Verständnis der Bevölkerung,

daß sie sich für diese auf freiwilliger Basis beruhenden Röntgen-Schirmbilduntersuchung so viele interessieren.

Neuer Frühling in neuen Schuhen
Wir bemühen uns, damit wir unseren Kunden im Frühjahr 1955 das Beste bieten können.
Mütter! Der Einkauf von Kinderschuhen ist kein Problem mehr – unser Röntgen-Apparat zeigt genau, ob die Schuhe für die Kinder richtig passen.
Schuhe Berger Ried – Das führende Spezialgeschäft im Innviertel

Bestrahlt wurden nicht nur Handgelenke, bestrahlt wurden auch kleine Kinderfüße. Und weil zeitungsinseriert, galt das von vornherein als unbedenklich. Überall, wo amerikanische Zone war, verbreiteten sich die in den USA seit 1920 gebräuchlichen Foot-O-Scope. In Europa wurden sie Pediskope oder Schuh-Fluoroskope genannt. Die Ausstrahlung auf die Bevölkerung war dieselbe. Der Zulauf zum Pediskop war enorm. Es war eine überwältigende Abstimmung mit den Füßen für die modernen Errungenschaften aus den USA.
Bis weit in die 60er-Jahre hinein stand dieses Wunderkasten-Holzgehäuse in Schuhgeschäften. Das Pediskop war nichts anderes als ein Röntgenapparat für Kinderfüße. Die Kleinen stellten ihre Füße mit ihren Anpassschuhen unten hinein, oben an einem Okular sah man am pultähnlichen Gerät gespenstische bläulich-grau-grüne Kinderfuß-Skelette. Die Bilder waren hochdosiert, zwischen 200 und 750 Millisievert pro Minute betrug eine einzige Röntgenaufnahme des Fußes, etwa das Zwanzigfache der Durchleuchtung eines Brustkorbs. Festgestellt wurde, ob den Kleinen die Schuhe wirklich richtig passten und genügend Platz für ein Hineinwachsen übrig blieb. Es strahlten die Eltern, es strahlte das Kind, vor allem aber strahlten die Verkäuferinnen. Den ganzen Tag über war die Fußröntgenmaschine in Betrieb. X-mal stellten sich die Jugendlichen auch nur so in das Pediskop, einfach zum Spaß ließen sie sich immer wieder röntgen. Niemand drückte deswegen der Schuh, Hauptsache Schuhkaufen bereitete Vergnügen.

Großangriff gegen Tbc in Oberösterreich

Vor dem Landhaus in Linz fand am Samstag in Anwesenheit von Sozialminister Maisel, Landeshauptmann Dr. Gleißner, den Mitgliedern der oberösterreichischen Landesregierung und zahlreichen Ehrengästen die feierliche Inbetriebnahme des ersten Röntgenschirmbildzuges Oberösterreichs statt. Der Röntgenzug wird nunmehr durch ganz Oberösterreich rollen, um den Großteil der Bevölkerung auf die Gesundheit der Lunge und des Herzens zu untersuchen. Dadurch wird es möglich sein, die gefährliche Tbc bereits im Anfangsstadium zu erkennen und früher absolut tödliche Fälle zu heilen. Landeshauptmann Dr. Gleißner verwies bei diesem Anlasse auch auf die sonstige namhafte Förderung sozialer Probleme durch die Landesregierung. So wurden im letzten Landesbudget für ein neues Kinderspital 15 Millionen, für eine Kinder-Sonnenheilstätte 5 Millionen und für den Neubau der Internen Abteilung des Landeskrankenhauses Steyr 10 Millionen Schilling ausgeworfen.

Der Röntgenzug wurde in der Automobilfabrik Gräf & Stift in Wien mit einem Kostenaufwand von rund 400.000 Schilling gebaut. Die Einrichtung aber wurde von der Siemens & Reiniger AG. in Erlangen für 265.000 Schilling geliefert. Es ist nun geplant, den größten Teil der Bevölkerung in Reihenuntersuchungen zu erfassen. Täglich können bis zu 600 Personen durchleuchtet werden. Kommt ein verdächtiger Befund an den Tag, wird der Kranke der zuständigen Tbc-Fürsorgestelle überwiesen, die dann die weitere Behandlung veranlaßt. Der Hauptzweck ist, die Tbc möglichst frühzeitig zu erkennen. Hiezu ist die Röntgenuntersuchung unbedingt erforderlich. In den Bezirken Ried, Braunau und Grieskirchen sind Neubauten für das Gesundheitswesen geplant, die zum Teil bereits heuer fertiggestellt werden sollen.

Daneben laufen wirtschaftliche Hilfsmaßnahmen für die Kranken und deren Familienmitgliedern aus Landesmitteln. 1950 wurden für wirtschaftliche Hilfen 822.000 Schilling und für Behandlungskosten 3.510.300 Schilling verausgabt. 1951 sind 1.3 Millionen Schilling für Wirtschaftshilfen und 5.175.000 Schilling für Behandlungskosten vorgesehen.

Der Film

Ganz großes Kino im Innviertel waren die Hochämter zu Ostern, Weihnachten oder Pfingsten. Barocke Pracht und Herrlichkeit verzauberten die Menschen. Benebelnder Weihrauchduft, Myrrhe, donnernder Orgelklang und engelsgleiche Chöre, goldfunkelnde Statuen, strahlendes Kerzenlicht, dem Volke abgewandte Priester in unverständlichem Latein, Heerscharen ausschließlich männlicher Ministranten. Die katholische Kirche hatte exklusiv die Konzession für so viel festliche Unterhaltung.
Anfang der 50er-Jahre kamen die ersten Kinos in das Dorf. In jedem vierten Dorf gab es bald eines. Als Konkurrenz zum „Messkino" wurden sie trotzdem nicht gesehen. Im Gegenteil, die Zeitung wurde begeisterter Cineast, begrüßte erwartungsfroh ein jedes neue Lichtspielhaus persönlich. Kino sah sie als moralische Lehranstalt „für menschliche Kultur und sittliche Erbauung".

Waldzell. Kinoeröffnung 1956. Am 18. 11. wurde das neu erbaute Kino mit dem Film „Das Lied der hohen Tauern" eröffnet. Schuldirektor Reiter wies darauf in seiner Begrüßungsansprache hin, daß dieses schöne Lichtspieltheater dann seinen Zweck erfüllt, wenn es als Stätte der Kultur erzieherisch wirkt. Er dankte der Bevölkerung für die tatkräftige Mithilfe beim Bau des Kinogebäudes. Im neuen Kino wird Mittwoch, Samstag und Sonntag gespielt. Die laufenden Filme werden jeweils in diesem Blatte unter Kinoprogramme bekanntgegeben.

Wohl kaum irgendwo am Land wurden Zelluloidstreifen mehr verwöhnt und regelmäßiger angekündigt. Wöchentlich einladende Stimmung machten die Kinofilmprogramme in der Zeitung für die Lichtspielhäuser in Altheim, Antiesenhofen, Aspach, Eberschwang, St. Martin, Enzenkirchen, Gaspoltshofen, Gurten, Haag, Waldzell, Mettmach, Obernberg, Raab, Ried, Riedau, Taufkirchen oder Lohnsburg.

Tonfilmpalast Stefan, Ried: Fuzzi, der Revolverheld. Die tätowierte Rose.
Wo der Wildbach rauscht.
Altheim und Antiesenhofen: Sissi
Aspach: Du meine stille Stille (Schweigepflicht)
Enzenkirchen: Die Frau des Hochwaldjägers
Gurten: Charlies Tante
Peuerbach: Das Forsthaus in Tirol
Waldzell: Ulli der Knecht
Kino Hofinger in Ried. Kein Engel ist so rein. Eine lustige Familiengeschichte mit Olga Tschechowa
Eberschwang: Aufstand der Komanchen

Gurten: Tochter der Korsaren
Taufkirchen: Der Rächer von Texas
Rieder Tonfilmpalast Stefan zeigt den lustigsten der Farbfilme „Das Bleichgesicht" mit Bob Hope und Jane Russel. „Immer wenn ich glücklich bin" mit Theo Lingen, Paul Hörbiger, Hans Moser.

Die Filmwelt für die Zeitungsmacher war heil. Der Film war Nahrung für schöne Träumereien. Städter entführte sie aus der städtischen Nachkriegstristesse in idyllischere Regionen, Landmenschen mehr in gute alte Zeiten. Österreichs Heimatfilme spiegelten diese wider, wo ein von Gott eingesetzter Monarch gütig über seine Kinder regierte. Ländlich sittliche Harmonie so weit die keusche Kinoleinwand reichte. Jungfräuliche, züchtig-naive Mädchen überall und ebensolche Förster, Wäscherinnen wuschen die Wäsche froh, Hausfrauen werkten vorbildlich zuhause, Lehrer und Pfarrer waren oberste Instanzen. Die Filmbotschaften ähnelten der der Zeitung.

Echo der Berge. Die Magd von Heiligenblut. Die Winzerin von Langenlois. Almrausch und Edelweiß. Der Förster vom Silberwald. Kaiserjagd im Salzkammergut. Wo die Lerche singt. Und ewig singen die Wälder.

Hollywood-Zelluloid zeigte die beste aller Welten überhaupt. Die USA trieften geradezu vor künstlichen Agfa-Color-Farben. Aus Amerika kam die Hälfte aller Filme bis 1960.

82 Prozent der Filme in Farben
Die Filmgesellschaft Warner Brothers wird 27 von ihren nächsten 33 Filmen in Farbe herstellen, wie der Vizepräsident der Gesellschaft, Jack Warner, in Hollywood bekannt gab. Warner Brothers, die vor 25 Jahren die ersten Tonfilme herstellten, nehmen auch jetzt eine führende Stellung bei der Umstellung auf Farbfilme ein. Sie stellen also 82 Prozent ihrer nächsten Filme in Farbe her, wobei verschiedene Methoden angewandt werden, darunter das von der Gesellschaft selbst entwickelte Verfahren „Warner-Color".

Amerikanische Happiness zeigte ihr blendend weißes Dauerlächeln. Immer besiegte der weiße Mann den primitiven Roten. Rot war sogar im Wilden Westen schlecht. Das Gute blieb immer obenauf. Immer gab es ein zuckersüßes Happy End mit eisgekühltem Cola. Die Filmtherapie zeigte nachhaltig Wirkung. Eingelullt wurde der Kinogeher und die Amerikaner wurden von den Innviertlern zusehends als sympathisch wahrgenommen.

Der Teufel aber schlief nicht, als er mit braven Dörflern brave Kinofilme schaute. Freizügigkeiten schnitt er keck hinein, kurvenreiche Mädchen, den Schmollmund grellrot geschminkt, in hautengen Pullovern, Hotpants und superknappen Minis.

Nacktes Fleisch. Brutale Lust. 00Sex am Wolfgangsee. Josefine, das liebestolle Kätzchen. Liebe einer jungen Witwe. Wilde Spiele – heiße Mädchen. Frau Wirtin hat auch eine Nichte. Liebesnächte in der Taiga. Intim-Report. Engelchen oder die Jungfrau von Bamberg. Die Nichten der Frau Oberst. Unmoralisch liebt man besser. Engelchen mach weiter – hoppe, hoppe Reiter. Heubodengeflüster. Nackt als Falle. Nackt und ohne Hülle. Verbotenes Begehren. Schikurs Nr. Sex – Liebesspiele im Schnee. Die kleinen Nymphen von Paris. Nackte Lebensgier. Die schöne Lügnerin. Rote Haare – freche Lippen. Mit den Waffen einer Frau. Mambo Bar. Perfekt in allen Stellungen. Geißel des Fleisches. Das Bekenntnis der Ina Kahr.

Die Alm war plötzliche voller Sünd'. Selbst brave Heimatfilme verloren jeden Anstand. Hochexplosiv laszive Sexbomben tauchten auf Kinoleinwänden auf. Das bisher so unverdächtige Atom bekam mit dem Atombusen erstmals seit langer Zeit wieder gefährliche Bedeutung. Hollywood entblößte sich schamlos bis auf die nackte Haut. Seine Versuchungen – Stielaugen inklusive – bekam der allerbravste Mann, wenn er Bardot, Mansfield, Monroe oder Edith Elmay als Marilyn aus Ottakring leinwandüberdimensional erblickte.
Die enttäuschte Zeitungshoffnung war groß, dementsprechend ernüchternd das Entsetzen. Die Triebwirkung des schlechten Films, speziell auf den jungen Mann, besorgte all die traditionell immer schon schwer Besorgten. Es ging um nichts weniger als das jugendliche Seelenheil zu retten.

Die verantwortlichen Filmproduzenten sind nicht in der Lage, die Moral zu schützen, stellt Papst Pius XI. in einem Rundschreiben fest. „Es ist allen bekannt, welche üble Wirkung unmoralische Filme im Geiste der Menschen hervorbringen. Sie bieten Gelegenheit zur Sünde, sie führen Jugendliche auf schlechte Wege, sie sind eine Verherrlichung der Leidenschaft." Daher wurden in Zusammenarbeit mit der Katholischen Aktion Filmbüros errichtet, die sich mit der Begutachtung der laufenden Filmproduktionen befassen. In Österreich übt die Katholische Filmkommission diese verantwortliche Funktion aus. Es gehört zu den dringlichen Aufgaben unserer Zeit, zu wachen und zu wirken, daß der Film nicht ferner eine Schule der Verführung sei, sondern daß er sich umgestalte in ein wertvolles Mittel der Erziehung und Erhebung der Menschheit. „Ein Volk, das sich in den Stunden seiner Ruhe Zerstreuungen hingibt, die das Gefühl der Schicklichkeit, Ehre und Moral verletzen, Zerstreuungen, die besonders der Jugend Gelegenheit zur Sünde geben, befindet sich in großer Gefahr, seine

Größe und nationale Kraft zu verlieren." Erste Aufgabe muß es sein, die jungen Menschen religiös und sittlich zu festigen. Nur reife, gläubige Menschen können den schweren Anforderungen gerecht werden.

Abwertung der Seele

Die Pädagogen, besonders aber die Psychologen und die Filmkenner weisen auf die bekannte Tatsache hin, daß es Filminhalte gebe, die durch aufreizende, verrohende, entsittlichende Darstellungen mit einem sehr hohen Wirkungsgrad Jugendlichen gefährlich werden oder direkt schädlich sind und daß der Gesetzgeber die Pflicht hat, die Jugend vor geistig-seelischen Schäden genauso zu schützen, wie er das leibliche Wohl der Staatsbürger schützt. Unsere Zeit scheint in manchen Gehirnen eine Umwertung vorzunehmen: was zum Schutz des leiblichen Lebens alles aufgeboten werden muß, welche Strafen bei der leisesten Gefährdung angedroht und verhängt werden, all das ändert sich mit einem Schlag, wenn es um die seelisch-geistige Gesundheit und um die nicht minder wichtige sittliche Bewahrung der Jugend geht.

Die geheime Zauberkraft des Films

Jeder Fachmann weiß um die Faszination des Films, die sich besonders durch tiefenpsychologische Untersuchungen feststellen läßt. Man lese nur beim Hamburger Professor Stückrath in seinem Buch nach. Die schriftlichen Aussagen der Jugendlichen als Antwort zu dem Bildtext sind aufschlußreich genug. Man studiere die „Triebwirkung des Films auf Jugendliche" vom deutschen Psychologen Bellingroth. Man schlage bei Detlof Karsten nach und wird bei ihm finden: „Der Film strahlt mit seinen suggestiven Bildfolgen ganz allmählich einen immer greifbareren Erfahrungsschatz in das jugendliche Unterbewußtsein, der sich mit Erfahrungen aus der Wirklichkeit vermischt. Beim Erwachsenen (beim wirklich Erwachsenen im Alter von 30 und 40 Jahren) ist das Filmerlebnis wohl meist an bestimmter Stelle in die Gesamtökonomie seiner Lebensführung eingeplant, ob im günstigen oder ungünstigen Sinne für seine Weiterentwicklung ist eine andere Frage. Beim 17Jährigen ist eine solche Einordnung noch nicht erfolgt. Falsch ist, den Einfluß des Films zu leugnen. So in sich gefestigt sind Sechzehn- und Siebzehnjährige wahrhaftig nicht, daß sie durch ihre Umwelt nicht beeinflußt werden könnten. Möglichst viel Fleisch, Verbrechen, Schießereien, wilde Boxkämpfe in Texas, so soll der Film für junge Menschen schmackhaft gemacht werden. Im Übrigen scheint zweifelhaft, ob man der Jugend wahllos jede Wirklichkeit, zu der etwa Mord, Raub, Ehebruch, Sittenskandale gehören, unter die Augen halten muß, um sie für das Leben zu „stählen".

Gefahren des Films
Man hat den Film als Volksschule unserer Zeit genannt. Der junge Mensch sieht die Filmstars in ihrer Luxusscheinwelt. Er bewundert die Hauptdarsteller, auch wenn es häufig brutale Helden oder reine Sex-Geschöpfe sind. Auch Erwachsene besuchen minderwertige Filme, und so glauben die Jugendlichen nicht an das Abraten der Erzieher. Die Filmsüchtigkeit mancher Jugendlicher (3- bis 4-maliger Besuch pro Woche) ist häufig eine Flucht vor innerer Leere, mangelnder eigener Erlebnisfähigkeit, der Versuch, den unbefriedigten Tätigkeitsdrang durch Scheinerlebnis auszugleichen.

Für unreif aber wurden nicht nur Jugendliche erklärt, selbst Älteren wurde nur eine beschränkte Reife zugemutet. Sittenwächter bevormundeten alle mit Zensur.

Kategorien der Katholischen Filmkommission (Einstufung):
Empfehlenswert für alle (ab 10 Jahre)
Empfehlenswert für Erwachsene und Jugendliche (etwa ab 14 Jahre)
Empfehlenswert für Erwachsene (etwa ab 18)
Mit Vorbehalt für Erwachsene
Mit ernstem Vorbehalt für Erwachsene
Abzuraten
Abzulehnen
Nur einer von 505 Filmen „zu empfehlen für alle"
18 Filme waren „empfehlenswert", aber 29 „abzulehnen"
Nur einer der insgesamt 505 Filme, die 1956 in Wien Premiere hatten, erschien den Kritikern als „zu empfehlen für alle". Daß die Kritiker der Katholischen Filmkommission durchaus nicht nur nach theologischen Gesichtspunkten vorgehen, zeigt die Auswahlliste der 18 empfehlenswerten Streifen. In der Liste dieser Titel findet man den Hauptmann von Köpenick, Kein Alibi, Die tätowierte Rose, Ein Mann für Afrika, Das Geheimnis der Steppe.
Von den 29 mit „abzulehnen" klassifizierten Streifen wurden 17 in Frankreich produziert, 6 in Italien, 3 in Deutschland, 2 in den USA und 1 in Mexiko.
32 der 505 Streifen wurden als „für alle zulässig" eingestuft, 122 als „geeignet für Erwachsene und reifere Jugend", 158 „für Erwachsene", 99 „für Erwachsene mit Vorbehalt", 66 als „für Erwachsene mit ernstem Vorbehalt".

Zeitungsveröffentlichte Entrüstung verfehlte nicht ihr Ziel. Blockbuster wurden die am heftigst kritisierten Streifen. Scharen von Innviertlern stürmten zu *Sex and Crime*. Eine ultimative Galgenfrist brachte die Katholische Filmkommission den krisengeschüttelten Kinos um 1960.

Der Rückgang der Kinobesucher in Ried und im Innviertel
Die Kinokrise hat nur etwa zu 50 Prozent mit TV zu tun. Der steigende Lebensstandard und die zunehmende Motorisierung trugen ebenfalls entscheidend bei, daß die Monopolstellung des Kinos im Unterhaltungssektor der letzten zehn Jahre (1955–65) verloren ging. „Ausverkauft"-Vorstellungen waren 1955 keine Seltenheit. Die Zeiten der vollen Häuser sind vorbei. Geschäft sind nur noch Filme mit großem Werbeaufwand wie Karl May, James Bond und Edgar Wallace. Die künstlerisch wertvollen Filme wie sie die Aktion „Der gute Film" fördert, gehen zum Großteil unter. Die Hebung des Filmniveaus liegt nur in den Händen des Kinobesuchers, der mit seiner Karte gleichsam ein Votum abgibt. Hier hat der Tatchrist eine große Verantwortung, auf die von kirchlicher Seite hingewiesen wird, scheinbar aber nur mit bescheidenem Erfolg. 1967 gibt es in Österreich schon zirka 1 Million Fernsehapparate. Damit haben schon viele Familien die Möglichkeit, am Abend auf den Flimmerschirm zu schauen. 1954 gab es 73 (!) TV-Empfänger in ganz Österreich. 1958 49.000, 1962 376.000, 1966 850.000. Parallel dazu ging der Kinobesuch immer mehr zurück. 1958 erlebte Österreich mit 122 Millionen Kinobesuchern einen Rekord, 1962 waren es nur noch 91 Millionen, 1966 66 Millionen.

Unbeirrt blieb sich die Rieder Zeitung treu. Die Sünder liebte sie, verdammte aber rigoros die Sünde. Selbst die als höchst unsittlich klassifizierten Filme wurden im Zeitungskinoprogramm weiterhin propagiert. Letztlich war die mediale Aufplusterung der obsessiv auf Sexualität fixierten Sittenwächter und sich an Sexfilmen aufgeilenden Zensoren gut nur noch für sie selber. Solange ihr inquisitorisches Urteil in der Zeitung stand, solange waren sie zumindest vor sich selbst in ihrem Voyeurismus existenzberechtigt.
Den Höhepunkt ihrer Erregungen erreichten konservative Kreise mit den „Sexualaufklärungsfilmen" des deutsch-niederländischen Filmproduzenten Oswalt Kolle. Sexualität wurde erstmals offen und als etwas Normales dargestellt und öffentlich besprochen.
„Wunder der Liebe" von 1968 war Kolles erster Soft-Sex-Film, die Prüderie der 60er wurde bis auf das nackte Fleisch erschüttert. Die Reaktion dieser die Sexualität verdrängenden Moralgeneration ließ in der Zeitung nicht lange auf sich warten.

Bringt den Oswalt Kolle um!
Was sagen Sie dazu, wenn ich diese meine freie Meinung (die natürlich nicht körperlich gemeint ist) öffentlich äußere? Finden Sie, daß es unstatthaft ist, so frisch und fröhlich zu einer unmoralischen und unerlaubten Handlung aufzurufen? Finden Sie, daß es riskant ist, so etwas ganz offen zu sagen? Mich kümmert das nicht. Mir ist nur wichtig, daß ich mich selbst damit von meinen Aggressionen befreit habe. Ich bin davon überzeugt, daß es sich leichter

leben läßt, wenn man die Menschen, die einem nicht passen, einfach um die Ecke bringt. Auf diese Weise entledigt man sich seiner Komplexe. Habe ich eine schlimmere Haltung eingenommen als besagter Oswalt Kolle, der am 20. 2. im „Österreich-Bild" des Fernsehens erklärte, Ehebruch sei ab und zu recht heilsam und der Liebe nur zuträglich! Gleiches Recht für alle! Wenn es dem Herrn Kolle erlaubt ist, diese seine private Meinung vor den Fernsehteilnehmern kundzutun und damit für seinen neuesten Pornofilm zu werben, dann gehen wir ja netten Zeiten entgegen. Womit der Grad von Aufmerksamkeit, den dieser öffentliche Mißbrauch der freien Meinungsäußerung durch das österreichische Fernsehen verdient, bereits überschritten ist.

Nichtsdestotrotz wurde auch Kolle von der Zeitung angekündigt.

Kino Hofinger, Ried.
9.–12.5.1969 Das Wunder der Liebe von Oswalt Kolle

Nicht einmal zu Spitzen-Beichttagen zur Osterzeit folgten so viele Innviertler der Zeitungseinladung als zu dem Oswalt-Kolle-Film.

Die Unkeuschheit in Gedanken, Worten und in Werken, die die allerschwerste aller schweren Sünden war, hat ausgedient, das sechste Gebot empfanden mehr und mehr als überflüssig. Den Zeitungsmachern ging damit ihr entscheidendster Missionsauftrag verloren.

Das Radio

Horch, es kam wenig von draußen rein. Der Volksempfänger hatte schon lange aufgehört zu siegen. Rundfunk-Ohrenzeugen gab es Anfang der 50er nicht viele. 1948 wurden in Europa die Rundfunkfrequenzen neu eingeteilt, das UKW-Netz aufgebaut und gestaffelt. Wer nicht auf Ultrakurzwellenlänge schwamm, hörte nur Mittelwelle aus dem Äther. Ihre Frequenz war instabil und häufig problematisch. Speziell im Winter und bei Nacht störten verschiedene Raumwellen die Qualität ihrer Empfänge. Die Region um Ried war noch dazu „Verwirrungsgebiet", zwei Sender kamen sich in ihrer Ausstrahlung in die Quere, Wien-Bisamberg und Salzburg.
Neues Radiohören hatte seinen Preis. Bald aber senkten Horny-, Kapsch- oder Minerva-Inserate die Preise zugunsten ihrer Leser.

UKW - die Welle der Freude

MESSENEUHEITEN

EBG – Nachrichten
Große Radio-Umtauschaktion
Für Ihren alten Radioapparat erhalten Sie bei Ankauf eines neuen
Horny Duo oder Philips Grandezza … S 180,–
Horny Attaché … S 230,–
Kapsch Viktoria 52 … S 280,–
Horny Prinz oder Philips Adagio … S 375,–
Mindest-Rücknahmepreis vergütet
Annahme und Beratung:
Filialen im Innviertel:
Ried, Bahnhofstraße 11, Tel. 266, Schärding, Hauptplatz 53, Tel. 79,
Taufkirchen an der Pram, Tel. 31
Verlangen Sie unseren Elektro- und Radiokatalog gratis. Elektro-Bau A.G.

UKW – die Welle der Freude
Kapsch Orchestra, UKW-Vollsuper … S 1.795,–
Minerva Perfekt, UKW-Vollsuper … S 1.800,–
Philips Matinée, UKW-Vollsuper mit „Ferroxcube"-Richtantenne … S 1.895,–
Ingelen UKW 854, Klaviertasten-Luxussuper mit 2 Lautsprechern; eine
UKW-Spitzenleistung mit plastischer Klangfülle … S 2.490,–
Elektro-Bau A.G.

Sofort lud die Zeitung zum Hören aller Radioprogramme ein. 1960 schon hörte fast jeder Innviertler Haushalt Radio mit Röhre. Ganze Familien versammelten sich andächtig um die tönenden und sprechenden Apparate.

Radioprogramm: Sendegruppe Rot-Weiß-Rot
Montag, 9. Jänner 1950
7.15 (Start) Musikalisches Allerlei
10.05 Schulfunk

10.45 Vermißten-Suchdienst
11.30 Für unser Landvolk
12.00 Unterhaltungskonzert
16.00 Konzertstunde: George Gershwin, Angelo Tortone, Ottorino Respighi
16.30 Kinderstunde
17.00 Frisch, froh und fidel
20.15 Frohe Abendmusik, Mozarteum Orchester, Radiobühne: „Winterlegende", ein Trauerspiel
21.00 „Wir sind der Meinung": Das Radioparlament der Sendegruppe RWR

Die Ausstrahlung des amerikanischen Senders Rot-Weiß-Rot aus Salzburg oder Linz auf Dorfbewohner war nicht zu überhören, erste Discjockeys stellten neueste Schallplatten vor. Die allergrößte Ruhe strahlten die Zeitungsmacher aus. Rundfunk und später auch das Patschenkino empfanden die Zeitung lang nicht als Konkurrenten, weil sie nicht das Lokale hatten. Die Blatttreue der Radiohörer blieb unverändert.

Der Österreichische Rundfunk aus Wien war, schon weil er aus Wien war, schwer verdächtig. Noch dazu war er verschrien als „Russensender". Mit seiner für Innviertler schwer verdaulichen Ohrenkost aus kränkelnden Gesundheitstipps, Literaturvorlesungen, Theaterstücken im Burgtheater-Deutsch und schweren Wagner-Opern machte er sich nur wenig Hörerfreunde. Dafür liebte der Innviertler seinen „Boarischen" umso mehr, dort ging es blau-weiß zünftig zu, und auch der Wetterbericht stimmte.

Bayerischer Rundfunk Mittelwelle/UKW
Donnerstag 10. Jänner 1957
5.30 Der Klingende Wecker
7.15 Beschwingte Melodien
12.00 Mittagskonzert
13.15 Thomas Wendlinger und seine Schrammeln
14.25 Orchester Max Greger
15.45 Für die Kleinen
17.20 Musik zum Tee: Volksmusik – Lustige G'sangl und a Musi
19.03 Wald und Gebirge

Am 1. Oktober 1967 kam Ö3, ein Sender, der nur Beat ausstrahlte. Sogar ihn kündigte die Zeitung an. Immer mehr junge Leute schalteten um von Humptata auf Revoluzzer André Heller.

Samstag, 7. Oktober 1967
Österreich 3
8.05 Sonntagstips für junge Leute
8.30 Alte Hymnen – neue Lieder
9.10 Stereo-Studio
14.03 Club um 2
15.03 Die Musikbox der Jugendredaktion
16.03 Ernste Musik
17.33 Schlagersendung
19.10 Musik aus Lateinamerika
21.00 Big Band Sound
22.10 Stars und Rhythmen
22.55 Nur einfach zum Nachdenken

Das Fernsehen

Etwa 10 Millionen US-Bürger irrten nicht, so viele starrten 1951 in die Glotze. Mitte der 50er-Jahre sah jeder zweite amerikanische Haushalt fern. Die USA wurden ein Land des Bilderkults, das auf die Macht der Bilder setzte. Früher als fast sonst überall in Österreich gab es dank Deutschlandempfang im Innviertel 1954 die ersten starren Fernsehbilder. Im nicht vom Deutschfernsehen bestrahlten Rest-Österreich hatte von Television kaum ein Mensch die geringste Ahnung. Der Innviertler sah weit voraus, noch weiter sah die Zeitung. Weiter zu sehen als selbst bei stärkstem Föhn – televisionäre Begeisterung strahlte die Rieder Zeitung aus für dieses spektakuläre Wunder, vor allem weil es typisch amerikanisch war. Und das, obwohl sie bisher Bilder in Medien mit Verachtung strafte. Wie auch beim Film war ihre Erwartungshaltung eine hohe.

Fernsehen im Innviertel (30. September 1954)
„Der Wunder Größtes ist, daß uns die wahren Wunder so alltäglich werden", sagt Lessing in seinem Schauspiel Nathan der Weise. So ist es wirklich. Fernsehen, das Zauberfenster zur Welt, kennt keine Grenzpfähle außer denen, die in seiner technischen Natur liegen, und so dringt es aus Bayern in das benachbarte Innviertel vor. Die Elektrobau AG hat in ihrer Filiale in Ried eine Fernseh-Servicezentrale eingerichtet […] Am 15. September zeigte sich erstmalig das Testbild des bayerischen Fernsehsenders Wendelstein in wunderbarer Schärfe. Das Testbild, ein Schachbrettmuster mit Kreisen und Ziffern, ergötzt zwar keineswegs den Laien,

läßt aber das Herz des Fernsehtechnikers höherschlagen. Was der Besitzer eines Fernsehgeräts erwarten darf, wenn der bayerische Fernsehsender Wendelstein am 30. Oktober offiziell den Betrieb aufnimmt und sich in das gesamte deutsche Fernsehprogramm einschaltet, soll ein Ausschnitt aus der Sendefolge vom 29. August zeigen: 12.00–12.30: Der internationale Frühschoppen 15.00–16.15: Europameisterschaften der Leichtathleten. 16.15–16.30: der große Preis von Baden 20.00–20.15: „Paris rät für den Winter". 20.15–21.40: Fernsehgastspiel des Wiener Burgtheaters „Der Färber und sein Zwillingsbruder". 21.40–22.00: Wochenspiegel. Zusammenfassung der Tagesschauberichte der vergangenen Woche. Die Empfangsqualität läßt auf einen guten Empfang im Inn- und Hausruckviertel schließen. Die Leser unseres Blattes werden über weitere Entwicklungen des Fernsehens stets auf dem Laufenden gehalten. Da es sich im Innviertel um einen Fernsehweitempfang handelt – der Sender Wendelstein ist zirka 125 Kilometer entfernt – kommt der Beratung durch geschulte Fernsehtechniker eine entscheidende Bedeutung zu. Auf dem Wunschzettel für Weihnachten 1954 dürfte schon so mancher Fernsehempfänger stehen.

Fernsehsender Wendelstein in Betrieb – Eröffnungstag 6. November 1954
Seit 30. Oktober ist über den Fernsehsender Wendelstein das Fernsehen im Inn- und Hausruckviertel möglich. Die ersten aufgestellten Empfänger bestätigten die guten Empfangsverhältnisse, sodaß mit einer raschen Ausbreitung des Fernsehens auch in unserer Gegend zu rechnen ist. Das Eröffnungsprogramm am 6. November vom Sender Wendelstein beginnt um 16.30 mit der Jugendsendung „Wir bauen einen Hilfsmotor an unser Fahrrad". Von 17.00–18.00 ist eine Sendung zum Hubertustag. Das Abendprogramm beginnt um 20.00 mit „München – Bilder einer Stadt." Um 21.00 „Die Gärtnerin aus Liebe" – komische Oper von Mozart. Sonntag beginnt das Fernsehprogramm bereits um 12.00. Damit öffnet sich von Ried aus ein weites Fenster in die große Welt und es ist erfreulich, daß einige Gaststätten dieses technische Wunder der breiten Öffentlichkeit zur Verfügung stellen.

Die Zeitungsmacher waren von Anfang an vom Fernsehen restlos überzeugt. Nicht wenige Österreicher waren das anfänglich nicht so ganz. Dass Fernsehschauen einmal für alle kommen würde, ganz viele glaubten nicht daran. Das Radio war ihnen gut vertraut, die Milchglasscheibe mit silbermattem Fenster und Flimmerbild bereitete dagegen zweifelhaftes Vergnügen. Das Fernsehen als „Büdl-Radio" bezeichnete angeblich sogar ein Bundeskanzler. Große TV-Überzeugungsarbeit stand für die Zeitung an, um Begeisterung für das schwarz-weiße Fernsehbild zu wecken.
Mit „Wunder" versuchte die Zeitung ihre Leser fernsehmäßig anzustecken. Wunder kannten sie bisher nur von wundertätigen Ereignissen in der Bibel. Oder von

Fernsehen im Innviertel

„Der Wunder größtes ist, daß uns die wahren Wunder so alltäglich werden", sagt Lessing in seinem Schauspiel „Nathan der Weise". So ist es wirklich. Fernsehen, das Zauberfenster zur Welt, kennt keine Grenzpfähle außer denen, die in seiner technischen Natur liegen, und so dringt es aus Bayern in das benachbarte Innviertel vor.

Die Elektro-Bau-AG. studiert seit geraumer Zeit die Entwicklung im Fernsehwesen und hat in ihrer Filiale in Ried i. I. eine Fernseh-Servicezentrale eingerichtet. Deren Fernsehtechniker seit den ersten Septembertagen das Geschehen auf dem Bildschirm des Fernsehempfängers verfolgt. Am 15. September zeigte sich **erstmalig** das Testbild des bayrischen Fernsehsenders Wendelstein in wunderbarer Schärfe. Das Testbild, ein Schachbrettmuster mit Kreisen und Ziffern, ergötzt zwar keineswegs den Laien, läßt aber das Herz des Fernsehtechnikers höher schlagen. Was der Besitzer eines Fernsehgerätes erwarten darf, wenn der bayrische Fernsehsender Wendelstein am 30. Oktober offiziell den Betrieb beginnt und sich in das gesamtdeutsche Fernsehprogramm einschaltet, soll ein Ausschnitt aus der Sendefolge vom 29. August zeigen: 12.00—12.30 Uhr: Der internationale Frühschoppen. 15.00—16.15 Uhr: Europameisterschaften der Leichtathleten. 16.15—16.30 Uhr: Der große Preis von Baden. 20.00—20.15 Uhr: „Paris rät für den Winter . . .". 20.15—21.40 Uhr: Fernsehgastspiel des Wiener Burgtheaters: „Der Färber und seine Zwillingsbrüder". 21.40 bis 22.00 Uhr: Wochenspiegel. Zusammenfassung der Tagesschauberichte der vergangenen Woche.

Die Empfangsqualität läßt auf einen guten Fernsehempfang im Inn- und Hausruckviertel schließen, zumal die Messungen vom 22. September in Ried Antennenspannungen von 180—220 μ V ergaben. Für den regelmäßigen Fernsehempfang hat sich eine Antennenspannung von 100 μ V als ausreichend erwiesen. Die Leser unseres Blattes werden über die weitere Entwicklung des Fernsehens stets am laufenden gehalten.

Da es sich im Innviertel um einen Fernsehweitenempfang handelt — der Sender Wendelstein ist zirka 125 km entfernt —, kommt der Beratung durch geschulte Fernsehtechniker eine entscheidende Bedeutung zu. Auf dem Wunschzettel für Weihnachten 1954 dürfte schon so mancher Fernsehempfänger stehen. E

Der Philips-Fernsehmeßwagen mit dem Service-Wagen der Elektro-Bau-AG. bei Messungen auf dem Rieder Hauptplatz. — Rechts: Der Fernsehtechniker der Elektro-Bau-AG., Filiale Ried, prüft mit kritischem Auge das Testbild des Fernsehsenders Wendelstein.

Heiligen, die mindestens drei zum Beweis ihrer Heiligkeit vollbrachten. Der Lahme konnte ohne Krücken gehen, der Blinde sah nicht mehr schwarz, der Taube hörte ohne Hörgerät, der Todkranke nahm sein stationäres Bett und ging geheilt damit nach Hause. Ganz spezielle Heilige beherrschten sogar Bilokation, die Fähigkeit, sich an zwei Orten gleichzeitig zu befinden. Das konnte mit Fernsehen jetzt ein jedermann. Im Wirtshaus beim vierten Bier zu sein und live am Pistenrand in Cortina d'Ampezzo mit Toni Sailer mitzuzittern. Etwa 160.000 Seher in ganz Österreich sahen die Olympischen Spiele 1956 schon per Television, die meisten in Wien auf Großleinwänden.

Fernseh-Funk
Dienstag, 31. Jänner 1956. 10.00: Olympische Winterspiele, 15km-Langlauf; 11.00: Slalom der Herren; 14.30: Slalom der Herren; 22.15: Olympische Winterspiele, der sechste Tag
Freitag, 3. Februar 1956. 10.45: Olympische Winterspiele, Abfahrtslauf der Herren; 15.30: Eiskunstlauf der Paare; 22.15: Olympische Winterspiele, der neunte Tag

Auch die TV-Programme wurden den Lesern sofort angeboten.

Fernseh-Funk
Sonntag, 22. April 1956. 12.00 Der Internationale Frühschoppen. 17.00 Louisiana-Legende. Ein Dokumentarfilm. 20.00 Bitte, recht freundlich! Schnappschüsse von und mit Peter Frankenfeld. 22.05 Wochenspiegel.
Mittwoch, 25. April 1956. 16.30 Jugendstunde; 17.00 Vermißtensuchdienst; 19.00 Die Münchner Abendschau; 20.00 Tagesschau; 20.15 Clemens Wilmenrod bittet zu Tisch; 20.25 Männer unter sich; 21.00 Melodie der Welt
Freitag, 27. April 1956. 16.30 Jugendstunde; 17.00 Modische Frühlingsattribute; 19.00 Die Münchner Abendschau; 20.25 Die Goldene Zeit. Ein Fragespiel; 21.10 Der Zithervirtuose, ein Kurzfilm; 21.20 Gelähmte Schwingen. Ein Lustspiel von Ludwig Thoma; 22.05 Filmsonderbericht vom 6. Bundesparteitag der CDU in Stuttgart

Eindringlich warb die Zeitung, sich Fernsehen wenigstens einmal anzuschauen.

Die Elektro-Bau AG zeigt eine Fernsehausstellung am Samstag, 6. November 1954, von 15.00–23.00 und Sonntag 7. November, von 10.00–23.00 im Saale Gasthof „Weißes Rößl", Ried im Innkreis.

Lohnsburg. Fernsehvorführung
Am 23. November 1954 fand in Fruhstorfers Gasthaus eine von der Firma J. Gadermeier durchgeführte Fernsehveranstaltung statt. Die Veranstaltung war von sehr vielen Zuschauern besucht. Man kann in unserem Fernsehgebiet das Programm sehr gut empfangen. Die Firma Gadermeier machte bis jetzt in Mettmach, Waldzell, St. Johann am Walde und Höhnhart mit gutem Erfolg Fernseh-Vorführungen.

Fernseh- und Radio-Ausstellung
Eintritt frei
Vom Freitag, 19. November, bis Dienstag, 23. November im Gasthaus Bauböck (Saal).
Geöffnet an Werktagen von 9–22 Uhr. Sonntag von 7–22 Uhr Fernseh-Vorführungen.
Werktags von 16.30–22 Uhr. Sonntag 12–22 Uhr.
Es ladet freundlichst ein: Karl Redl, Andorf. Radio, Elektro, Fernseh-Service. Ruf 32

Fernsehen mehr Erleben mit **„Minerva Gloriette"**

Sie haben für lange Jahre ein Gerät, das immer wieder Vergnügen bereitet. Alle Minerva-Geräte haben Tasten für Brillant- oder Weichzeichnung und **optische** Einstelltiefe

Unverbindliche Vorführung und Teilzahlung bis 24 Monatsraten vom Rundfunkmeister

Josef Dürhagerer

Ried im Innkreis, Rainerstr. 9, Tel. 20 65

Eigene Werkstätte

Elektro-Bau AG, Fernseh-Empfänger leihweise an Gastwirte zur Erprobung prompt lieferbar.

Sensation in Preis und Technik
Minerva „Minor 43" S 4.390,–
Minerva „Super 23", S 6.450,–
Philips „Regent 43", S 5.100,–
Philips „Royal 59", S. 6.590,–
EUMIG „Exzellent 59", S 5.790,–
Siemens „Dorado 59", S 6.580,–
Siemens 53 mit Radio, S 7.985,–

Viel Geld für den Durchschnittslohn von 1954, ein Arbeiter erhielt pro Monat brutto etwa 1.300,– Schilling, ein Beamter 1.900,– und ein Angestellter 2.200,–.

Fernsehen – harmloser, als man meinen möchte
Bei uns in Europa, wo das Fernsehen in vielen Ländern noch nicht eingeführt ist, herrscht allenthalben die Meinung vor, daß durch dasselbe eine Vermassung des Individuums entsteht, daß das Familienleben leidet usw. Wenn das Fernsehen in das tägliche Leben der Familien förmlich revolutionierend eingreift, dann geschieht dies bestimmt nur in den ersten Wochen. So wie beim Radio die ganze Familie in der ersten Zeit um den neuen Apparat sitzt, später aber immer weniger den Rundfunk in Anspruch nimmt, so ist auch der neue Fernsehapparat nur anfangs sooo interessant. Wenn dann das Programm nicht immer entspricht, einen

vor allem die vielen Reklamesendungen stören, dann tritt die alte Zeiteinteilung wieder in ihre Rechte. Es gibt gute Programme beim Fernsehen, so haben rund 40 Millionen Amerikaner an ihren Fernsehapparaten indirekt an der japanischen Friedensvertragskonferenz in San Francisco teilgenommen.

Erster österreichischer Fernsehzug in Oberösterreich – 1955
Der erste österreichische Fernsehzug, der bereits seine Bewährungsprobe in Wien und Niederösterreich ablegte und dessen Programm von Hunderttausenden Österreichern von der Aufnahme bis zum Empfang gesehen wurde, kommt nach Oberösterreich. Der Fernsehzug führt ein kleines eigenes E-Werk, eine komplette Fernsehanlage für Direktsendungen und einige Empfangsgeräte mit. Außerdem bringt er das erste fahrbare Fernsehstudio der Welt und ein buntes Unterhaltungsprogramm mit. Besonders wäre zu erwähnen, daß das fahrbare Fernsehstudio, welches Programmaufnahmen auf kleinstem Platz ermöglicht, eine österreichische Idee ist und sogar von den Amerikanern, die bekanntlich im Fernsehen am weitesten fortgeschritten sind, bestaunt wurde. Es ermöglicht, daß die Zuschauer die Aufnahme der Sendung und im selben Augenblick die Wiedergabe auf den Bildschirmen miterleben können. Das Fernsehstudio ist auf öffentlichen Plätzen und Straßen ausgestellt. Eine besondere Überraschung bietet der Fernsehzug durch seine beliebten Publikumsaufnahmen, wodurch jeder Zuschauer die Möglichkeit hat, sich selbst auf dem Bildschirm zu sehen. Der österreichische Fernsehzug wird in folgenden Orten zu sehen sein: Mattighofen, Mauerkirchen, Braunau, Ranshofen, Schärding, Altheim, Obernberg, Ried im Innkreis, Haag am Hausruck und Gaspoltshofen.

Rund um das Fernsehen
Der Fernsehsender Wendelstein, der uns Empfangsmöglichkeiten bietet, ist ein Patriot alten Formates. Als bayrischer Sender weiß er die Tradition zu wahren und schickt sein Programm auch über die bayrisch-österreichische Grenze, just über jenen Macht- und Staatsbereich, der bis vor 150 Jahren ureigenster bajuvarischer Boden war. Er ist dem Innviertel nicht mehr böse, daß es an Österreich kam, sondern sendet seine Fernsehgrüße unverzollt auf altes Territorium. Das schmerzt die anderen Viertel des Landes, in denen nur an höher gelegenen Orten einwandfreier Empfang möglich ist. Das Fernsehen ist derzeit billiger als das Radiohören, denn der Betrieb eines Fernsehgerätes ist bis jetzt nur an eine Bewilligung der Post- und Telegraphendirektion zum Betrieb einer Empfangsanlage gebunden, die nur die Stempelgebühr von 6 Schilling erfordert. Keine weiteren Auslagen derzeit, keine Kulturgroschenabgabe, Wendelstein sendet für uns Innviertler gratis.

Die Gasthäuser mit TV wurden zum Lagerfeuer der Nation. Nur ein paar reiche Städter, in einem Dorf vielleicht der Pfarrer oder der Arzt, konnten sich einen Fernseh-Luxus leisten. Die Ansteckungsgefahr von Fernsehen war groß, erfasste sogar Mutter Kirche.

Ist die Kirche rückständig?
Das kann heute niemand mehr sagen. So wird der erste allgemein zugängliche Fernsehapparat unserer Pfarre in den nächsten Tagen im Pfarrheim aufgestellt. In erster Linie soll das Fernsehen zur Erziehung der Jugend dienen. Das Probeprogramm der letzten Wochen war so positiv und aufbauend, atmete so viel Ehrfurcht vor dem Leben, zeigte so gewaltig die Autorität des Alters, daß einem das Herz weh täte, wenn man der Jugend diese Sendungen nicht bieten könnte. Aber auch alle Erwachsenen sind willkommen zu den für sie passenden Sendungen. (1960 – Obernberg)

Ins Innviertel wurde vielfach ausgestrahlt, die Innviertler sahen ab 1961 neben den zwei österreichischen zusätzlich zwei deutsche Fernsehsender. Viele Österreicher blieben hingegen noch länger großteils nur ORF-monoinformiert. Auf Kauflust ausgerichtet wurden die TV-Antennen nicht unwesentlich auch von der Wochenzeitung. TV-Konsum stieg im Innviertel überdurchschnittlich an.

Innviertler Fernsehen 1957 – aus der Nähe betrachtet
Mit 8.137 angemeldeten Fernsehgeräten am Ende des ersten Halbjahres 1957 hat sich der Stand der in Österreich gemeldeten Fernsehteilnehmer gegenüber Jahresanfang (3.975) mehr als verdoppelt.
In Ried waren mit 1. Juni 47, in Braunau 42 und in Schärding 27 Fernsehteilnehmer gemeldet. Das entspricht bei 3.243 Rundfunkteilnehmern in Ried, 3.200 in Braunau und 2.378 in Schärding im Falle von Ried einem Verhältnis von rund 15 Fernsehern pro 1.000 Rundfunkhörern (13 in Braunau, 11 in Schärding). Mit der Relativzahl 15 liegt Ried nach Mattighofen (17) an 2. Stelle in der gesamtösterreichischen Fernsehstatistik. Ergänzend ist in diesem Zusammenhang daran zu erinnern, daß die Zahl der tatsächlich aufgestellten Fernsehapparate die der gemeldeten nicht unerheblich übertreffen dürfte.

Der TV-Antennenwald in Ried wuchs rapid an
Ganz deutlich war diese Entwicklung in Ried zu sehen. Auch bedingt durch die günstige geographische Lage lag das Innviertel beim Vormarsch des Fernsehens in Österreich stets an der Spitze. Als es in Österreich noch kein regelmäßiges Fernsehen gab, standen in Ried 1955 bereits acht Fernsehgeräte, deren Antennen deutsches Programm einfingen. Im Dezember 1956 war die Zahl der Fernsehgeräte im Zustellbezirk des Postamtes Ried (nicht identisch mit den Gemeinden) schon

auf 22 angewachsen, 1957 hat sich die Zahl verdreifacht. 1958 gab es 152 Fernsehgeräte in Ried, 1959 255 und 1960 gar schon 449. Zwei Jahre später lief fast die doppelte Anzahl an TV-Geräten, nämlich 862. Bis Ende 1964 wurden 1352 Fernsehgeräte angemeldet. Im Oktober 1965 schließlich verzeichnete das Rundfunkamt den gegenwärtigen Höchststand von 1524 angemeldeten Geräten. Auf die rund 4400 Haushalte im Postzustellbereich Ried (die Stadtgemeinde Ried hat 3500) aufgeteilt, ergibt das einen sehenswerten Durchschnitt.

Fernsehen-Geisteskranke
Die Fernseh-Geisteskrankheit ist erfreulicherweise nicht an der Tagesordnung. Dennoch gibt es sie laut US-Psychiater C. D. Pallinger. In den letzten 10 Jahren sind in den 10 US-Heilanstalten 1.600 Personen mit Auswirkungen einer Fernseh-Manie eingeliefert worden. Es handelt sich dabei um ausgesprochen willensschwache, labile, teils aber auch egozentrische Naturen mit einem unterdurchschnittlichen Geisteshorizont. Die Konfrontation mit vielen Wissensgebieten durch das Fernsehen und die suggestive Anziehungskraft, die es ausübt, kann an sich harmlos geistesschwachen Fernsehfanatikern einen Schock versetzen, der zu kaum heilbarer Umnachtung führt. TV löst eine Art Impuls für die akute Erkrankung aus, bei allen psychiatrisch vorher kaum erfaßten und bekannten Fällen. Aber auch Gesunde verfielen der „Fernsehmagie" in einem Maße, daß sie mindestens zeitweise, teils aber mehr als 2 Jahre in eine Heilanstalt eingewiesen werden mußten. Manche Leute, die Tag und Nacht ohne Unterbrechung fernsahen, wurden apathisch und brachen zusammen vor dem Gerät und haben tagelang ihre Sprache verloren.

Doch wie der Kinofilm wurde auch Fernsehen zur bitter-herben Enttäuschung. Eine eigene Aufklärungsrubrik, „Die Antenne", richteten die Zeitungsmacher 1966 extra ein. Auf richtiges Sehverhalten wurde der Fernsehzuseher eingestellt, TV-Programme in sittlich und unsittlich eingeordnet.

Die „Antenne" ist eine rückblickende Rieder Volkszeitungs-Kritik, die Ihnen weiterhelfen will, Ihre Wahl zu überprüfen, Ihre Meinung zu vergleichen, Ihr Urteil zu bilden. Im Fernsehprogramm selbst sind Inhalts- und Eignungsangaben nach Einstufungen des zentralen Fernseh- und Funkdienstes enthalten, bitte wählen Sie daraus nach künstlerischem Geschmack und moralischer Verantwortung.

Millionen Mädchen auf dieser Welt sind hübsch. Sie lächeln, sie arbeiten, sie verlieben sich. Aber sie verkaufen sich nicht. Sie schenken uns Männern ihre Schönheit in dem Maße, welches dem Leben Reiz verleiht. Aber sie nehmen nicht den Reiz zum Maß des Lebens und der Schönheit. Gruß ihnen und Dank! Für das

Fernsehen und speziell für Dr. Brantls „Horizonte" sind sie aber uninteressant. Tausende von Journalisten auf dieser Welt arbeiten Tag und Nacht oft unter schwierigsten Bedingungen, um den Kunden an den Zeitungsständen rasche und möglichst wahre Informationen zu bieten. Im harten Kampf gegen die Konkurrenz der Geistlosigkeit und Unmoral versuchen Erzieher, Illustrierten-Herausgeber und Redakteure die nackte Welle einzudämmen. Gruß ihnen und Dank. Für Dr. Brantl sind sie uninteressant.
Für Dr. Brantl vom Österreichischen Fernsehen hingegen interessant ist der amerikanische Playboy, der mit seiner illustrierten Sexualschnulze ein Millionengeschäft macht. Ein Mann ohne Geschmack und Gewissen. Ein Mann, umgeben von käuflicher Nacktheit, von dem größten Mißbrauch, der mit Photographie und der Druckerpresse je getrieben wurde; umgeben von Redaktionssubjekten, die ihren Beruf anscheinend zur Hurerei gemacht haben. Für diesen Mann und seine Illustrierte macht die Horizonte-Sendung des Österreichischen Fernsehens Propaganda. Ich möchte hier nicht mit jedem Busen ins Gericht gehen, der in dieser Sendung gezeigt wurde. Wir sind ja ohnehin schon abgebrüht. Ich möchte nur auf das Unrecht hinweisen, welches mit einer solchen Herausstellung gegenüber denen, die sich um eine bessere Welt bemühen, geschehen ist.

Auf Mittwoch den 16. Februar freuen sich manche Fernseher schon das ganze Jahr. Sie opfern an diesem Tag manche Stunde kostbaren Schlafes. „Mainz – wie es singt und lacht" hat schon europäischen Rang. Ich möchte Sie, liebe Fernseher, aber dringend bitten, so lustig es sein mag, Ihre Kinder oder Jugendlichen an diesem Abend unbedingt vorher ins Bett zu schicken. Wir wollen als reife Menschen und Christen an den Karnevalshumor nicht die strengsten Maßstäbe anlegen und werden die mitunter recht scharfen Witze halbwegs ohne Schaden verdauen. Aber für junge Menschen ist diese Darbietung absolut ungeeignet. Vergessen Sie also auch in der besten Faschingslaune Ihre Verantwortung als Eltern oder Erzieher nicht! (1967)

Es ist bekannt, daß ich an dieser Stelle wiederholt auf die negative Auswirkung des Fernsehens hinweise. Viele Mitmenschen bestätigen mir meine Ansichten. Eine Mutter, deren Sohn durch Fernsehkrimis zum Verbrecher geworden ist, war erfreulicherweise noch nicht bei mir. Womit aber bestimmt nicht gesagt ist, daß es so etwas nicht gibt oder geben wird. Aber eine andere Dame klagte mir ihr Leid. „Was soll ich tun?", klagte die Bedauernswerte. „Mein Sohn will jetzt Skorpionenentgifter werden." Mein Gesicht wurde düster und verzweifelt. „Er hat sich für Skorpionenentgifter entschieden, weil ihm Wasserbelüfter oder Latschenölgewinner doch zu langweilig sind."

Zum großen Erfolg wurde die Staatsfeier auch für die von der Beatgruppe Jack Angels (der Bandleader ist Kanadier) vorgetragenen anglo-amerikanischen Songs. Ja, da schaust, Franzi, das ist österreichische Kultur. In einem Kurzinterview erklärte Arnulf Rainer, daß er als österreichischer Künstler am liebsten im Ausland leben möchte und seine Kollegen bestätigten dem anwesenden Unterrichtsminister zum Nationalfeiertag, daß 80 Prozent der österreichischen Kunst falsch gefördert sei. Sehr festlich für einen Minister, der sich das von Gammlertypen an den Kopf schleudern lassen mußte. Die Jack Angels sangen noch „Stille Nacht". Bitte, ersparen Sie mir den Rest. Ich war einer Magenkolik nahe. Du armes, vielgeprüftes Österreich.

Zensuriert wurden nun auch die Fernsehfilme.

Fernsehprogramm 16. Jänner 1965
Ö I: Blick vom Eiffelturm (für Jugendliche nicht zugelassen)
Dienstag 19. Jänner 1965
Ö II: Das Bekenntnis der Ina Kahr (für Jugendliche nicht zugelassen)
Samstag 23. Jänner 1965
Ö I: Der Trick mit der Kugel. Kriminalfilm (für Jugendliche nicht zugelassen)
Montag 17. April 1967
Die Gewehre. Brasilianischer Spielfilm, ausgezeichnet mit dem „Silbernen Bären" auf dem Filmfestspiel Berlin (für Jugendliche nicht geeignet)
Fernsehfilme
Montag 11. März
Ö II – 20.15 „Die Schenke der Verlockung". Spielfilm (Frankreich 1958). Die zuerst als Komödie beginnende Liebesgeschichte bekommt immer mehr tragischen Einschlag und bietet mit größter Selbstverständlichkeit eine durchaus moralfremde Haltung an (nur für Erwachsene).

Farbiges Fernsehen tauchte Ende der 60er-Jahre auf. Alte schwarz-weiße Sehgewohnheiten waren anfänglich aber noch um einiges stärker.

Einmillionster Fernseher schon im Jahr 1968. Im November 1967 gibt es schon etwa 950.000 TV-Geräte.

Österreichs TV-Industrie für Farb-TV gerüstet
Die österreichische TV-Industrie bereitet sich schon seit längerer Zeit intensiv auf die Einführung des Farbfernsehens vor. Es wurden bereits zahlreiche Versuche unternommen, um die Schwierigkeiten zu meistern, die sich aus dem gebirgigen Charakter unseres Landes ergeben. Bekanntlich hat nun der Ministerrat die

Einführung des PAL-Farbfernsehsystems beschlossen. Die Vorbereitungen der österreichischen Produzenten von TV-Apparaten sind soweit gediehen, daß bis zur Einführung des Farbfernsehens die notwendigen Geräte in guter Qualität auf den Markt gebracht werden können. Die Farbfernsehapparate werden ungefähr das Dreifache der Schwarz-Weiß-Geräte kosten.

Farbfernsehen in Österreich ab Ende 1968 – Oberösterreich kommt 1969 dran
Für 1968 sieht der Österreichische Rundfunk eine schrittweise Ausstattung der Fernsehanlagen für farbige Sender vor, zunächst in Wien, Niederösterreich und Burgenland [...]. In der zweiten Etappe können in Oberösterreich, wo aber die Fernseher schon am deutschen Farbfernsehen mitnaschen können, bis Jahresmitte 1969 etwa 16 % und bis Ende 1969 rund 80 % der Fernseher die österreichischen farbigen Programme sehen.

Ab 1. Juli 1969 Farbfernsehen im Innviertel
Ried. In Rieds Elektrogeschäfte wurden Farbfernsehgeräte ausgeliefert, sodaß nun das bayrische Versuchsprogramm, das täglich von 8–9.30 Uhr ausgestrahlt wird, auch im Innviertel empfangen werden kann. Die Bildqualität ist, wie wir uns überzeugen konnten, ganz hervorragend und steht der des Farbfilms in nichts nach, umso weniger als die Farbsättigung je nach Wunsch geregelt werden kann. Farbfernsehgeräte sind derzeit allerdings wegen ihres beträchtlich komplizierten Aufbaus ziemlich teuer, sie kosten rund 24.000 S. Bei den Rieder Elektrohändlern, die stets bemüht sind, ihren Kunden Geräte nach dem neuesten Entwicklungsstand zu bieten, hat jedermann die Möglichkeit sich die täglichen Testsendungen anzusehen.

Lange strahlte die Zeitung die allergrößte Ruhe aus. Hörbar lautstärker pries zwar ab den 60ern das Radio Konsumartikel an, doch passten im Printvergleich

noch viel zu wenig Waren in sein kleines Kästchen. Wurde Produktwerbung per Rundfunk Normalität, begann die Fernsehwerbung nur zögerlich und blieb bis weit in die 60er hinein ein relativ unbeeindruckendes Werbeflimmern. Noch sahen die Herausgeber im Fernsehen keine wirkliche Konkurrenz. Ihre Radio- und TV-Werbespots kündigten sie ohne Bedenken sorglos an.

PRILzessin des Tages
Hören Sie jeden Donnerstag um 19 Uhr im April 1957 im 1. Programm des Österreichischen Rundfunks die große Unterhaltungssendung der Persil-Werke „PRILzessin des Tages" mit Gert Türmer und Norbert Pawlicki.
Wertvolle Preise sind zu gewinnen.

Erst Ende der 60er-Jahre wachten die Zeitungsmacher auf.

Scharf in Konkurrenz mit der Presse geht das österreichische Fernsehen neuerdings auch mit der Werbung. Die fernsehoffizielle Erklärung sprach von „Werbeblöcken". Es gibt deren jetzt schon allabendlich vier.
Ein Block ist etwas Kompaktes mit festen Konturen. Die Fernsehwerbung neueren Datums aber schiebt sich auf Schleichwegen nun auch schon am späteren Abend ins Programm. Die Absicht, die hier verfolgt wird, ist klar: Der Fernseher soll nicht merken, daß geworben wird. Ehe er noch richtig zur Besinnung kommt, trommelt die Reklame bereits auf seine Psyche. Von dieser Methode bis zur amerikanischen Gepflogenheit, die Fernsehwerbung in „Spots" mitten in die Sendungen einzublenden, ist nur mehr ein kleiner Schritt. Es ist in Amerika unmöglich sich im Fernsehen etwas anzusehen, ohne durch die Reklame gestört zu werden. Ein abschreckendes Beispiel, vor dem wir uns in Österreich hüten sollten.

Der Schmutz und der Schund

Im Innviertel gab es gesunden Dreck und Staub. Von anzüglichem Schmutz und Schund, Schmu-Schu, hörten die Innviertler erstmals beim Lesen der Rieder Zeitung. Schmutz war der schlechte Film, die minderwertige Literatur, der billige Heftroman, die Comics und die Illustrierte. Mit Schund wurde vermeintliche Pornografie bezeichnet. Beides war Innviertlern um 1950 fremd. Und weil es Schmutz und Schund am Land nicht gab, wurde Schmu-Schu zu einer ungeheuerlichen Bedrohung herbei- und hochgeschrieben. Eindringlich warnten die medialen Panikmacher, malten Sodom und Gomorrha an die Zeitungswände. Die nichtsahnende Dorfbevölkerung versetzte sie in existenzielle Bedrohungsangst und Schrecken. Horrorszenarien aus der verderbten Unsittlichkeitsmetropole Wien, wo kriminelle Subkulturen halbstark werkten, verfehlten bei den Innviertlern nicht die angestrebte Wirkung. Politische Gefährdung gab es durch die Halbstarken obendrein, entstammten sie doch der roten Wiener Arbeiterklasse.

Feldzug gegen die „Halbstarken"
Eine Kommission im Wiener Innenministerium, die sich aus Polizisten, Juristen und Vertretern der Schul- und Jugendbehörden zusammensetzt, beschloß Maßnahmen zu ergreifen, um der Plage der „Halbstarken" Herr zu werden. Jede Störung von Ruhe und Ordnung soll streng geahndet werden. Jugendliche, die durch ihr Verhalten Anstoß erregen, soll der Führerschein abgenommen werden. Erste Aktion gegen die Halbstarken in Wien: Gasthäuser, Cafés, Schießbuden und Spielsalons im Prater wurden von Kriminalbeamten durchstreift. Die Burschen waren empört über Ausweisleistung, folgten den Beamten unter Protest zum „Grünen Heinrich", dem Polizeiwagen, und glänzten auch auf dem Kommissariat durch freche Antworten. 17 Halbstarke wurden von der Polizei aufgebracht. Auch das schöne Geschlecht blieb nicht verschont und ein ganzer Volkswagenbus junger „Damen" mit geschlitzten Röcken, Fischerhosen und grell bemalten Lippen und Fingernägeln fuhr zum Amtsarzt. (1956)

Wer so viel künstliche Angst erzeugte, konnte sich postwendend aufspielen als Erretter. Als Speerspitze gegen den moralischen Weltuntergang sah sich die um die kreuzbrave Innviertler Jugend inständig besorgte Wochenzeitung. Ried durfte nicht Wien und das Innviertel niemals zum Wiener Prater werden. Von krakenhafter Ausbreitung des Schmu-Schus auf Jugendliteratur, Mode, Musik lasen bald überall verängstigte Zeitungsleser. Ortspfarrer, Pädagogen, Eltern und Lehrer erhielten vom Wochenblatt schreibkräftigste Unterstützung. Der Gesetzgeber war ebenfalls auf der Rieder Zeitungsseite. Das österreichische Parlament in Wien beschloss 1950 die wegweisenden Schmutz- und Schundgesetze.

Gegen „Schmu-Schu"
Von 27.000 Mitgliedern der Katholischen Männerbewegung in Oberösterreich wurden bereits über 6.000 als Redner geschult. Im Herbst 1960 wurde eine Aktion gegen den in letzter Zeit an allen Zeitungskiosken auftauchenden Schmutz und Schund („Schmu-Schu") gestartet. Die Arbeitsgemeinschaft zum Schutz der Jugend will dagegen ankämpfen.

„Österreichs Untergang. Nicht Kriegsverluste, nicht Krebs, nicht Tuberkulose, sondern Volksseuche Unsittlichkeit", das vermeldete die Katholische Jugend Österreichs. (1958)

Vergnügungsschranken für Jugendliche
In der Faschingszeit kommen Jugendliche, aber auch deren Eltern, oft ohne besondere Absicht immer wieder mit der Verwaltungsbehörde in Konflikt, weil sie die Bestimmungen des Jugendschutzgesetzes gar nicht kennen oder nicht zur Kenntnis nehmen wollen. Jugendliche, die das 17. Lebensjahr noch nicht vollendet haben, dürfen auch in Begleitung der Eltern oder anderer Erziehungsberechtigter keine Maskenbälle besuchen und müssen auch jenen Veranstaltungen ferne bleiben, die ausdrücklich unter Jugendverbot stehen. Unter dem Begriff „Besuch von Maskenbällen" fällt auch das bloße „Zuschauen" bei diesen Tanzveranstaltungen.
§ 3 Aufenthalt auf Straßen und Plätzen. Bedenkliches und anstößiges Umhertreiben ist generell verboten. Tabak erst über 16 erlaubt. Kinder und Jugendliche in Gasthäusern bis zum vollendeten 16. Lebensjahr bis 20.00 in Begleitung
§ 8: Besuch öffentlicher Theatervorstellungen: bis 14 Jahre verboten, ausgenommen Schüler- und Jugendvorstellungen bis 20.30. Für 14- bis 16Jährige: bis 22.30 mit Aufsicht. Für 16- bis 18Jährige: bis 22.30 ohne Aufsicht, nach 22.30 mit Aufsicht.
§ 7 Film: Besuch unter 6 Jahren verboten, für 6- bis 18Jährige nach Einstufung des Films
§ 9 Teilnahme an Tanzveranstaltungen: öffentliche unter 16 Jahren verboten, über 16 Jahren mit Aufsicht erlaubt, generell erlaubt: Volkstumsveranstaltungen allein bis 20.00 vor Vollendung des 16. Lebensjahres.
§ 10 Besuch sonstiger öffentlicher Veranstaltungen
Verboten: Freistilringen, Frauenringen und -boxen
Zirkus: unter 10 Jahren nur mit Aufsicht, unter 14 Jahren mit Aufsicht bis 20.30, 14- bis 16Jährige mit Aufsicht bis 22.30, 16- bis 18Jährige bis 22.30 allein, bis 00.30 mit Aufsicht

Riedau. Ein Männertag fand am 12.3.1954 unter dem Vorsitz von H.H. Pfarrer Mayrhuber in Hofingers Saal statt. Straßenmeister Lettner sprach über wahren christlichen Sozialismus, dabei die Presse verschiedener Richtungen beleuchtend. Er wies besonders darauf hin, daß die Schmutz- und Schundliteratur von uns selbst heraus vernichtet werden kann, wenn eben jedermann dieselbe ablehnt und nicht kauft.

Das Böse drohte von überall, den Zeitungskonsumenten befiel ein kalter Schauer.

In der heutigen Zeit wird das Angebot an kriminellen, erotischen und unzüchtigen Einflüssen an die Jugend durch Film, Rundfunk, Fernsehen, aber auch in anderer

Form allgemein zugänglich wie Werbeplakataktionen, Schaufenster, nicht zuletzt „seidenbestrumpfte Beine", schlechtes Beispiel und vieles andere immer größer. Darum ist es bei künftiger Auslegung des Gesetzes unbedingt notwendig, Jugendliche bei der Verurteilung ihrer Taten, deren Tragweite der jugendliche Mensch oft nicht zu übersehen vermag, tatsächlich zu schützen. Dafür sollen die Eltern mehr als bisher zur Verantwortung gezogen werden. Die „Kommission zum Schutz der Jugend" hat eine Broschüre für Eltern und Erziehungsberechtigte zusammengestellt.

Jugendkriminalität, Süchtigkeit, Gammlertum
Ried. Über das Thema „Was ist mit unserer Jugend los? – Kriminalität, Süchtigkeit, Gammlertum" spricht am Freitag 22. Juni um 19.30 im Rahmen der Jahreshauptversammlung des Elternvereines des Bundesgymnasiums Ried Univ.-Prof. Dr. Walter Spiel aus Wien. Der Vortrag des bekannten Psychologen verfolgt vor allem den Zweck den Eltern zu helfen, Fehlanlagen ihrer Kinder in frühem Stadium zu erkennen und zur Korrektur solcher Haltung aufzuzeigen. Der Vortrag im Saal des Gasthauses „Weißes Rößl" ist allgemein zugänglich und besonders allen Eltern zu empfehlen. (1968)

Unverdrossen mit Zeitungsschild und -schwert kämpften die Landesverlagsherausgeber gegen die Bosheit und Nachstellungen des bösen Feindes. Im benachbarten Bezirk Vöcklabruck erblickten sie schon erste Menetekel.

Von Halbstarken eingekreist und mißhandelt
Vöcklabruck. 1965. Zwei Vöcklabrucker, die sich nach einem Ausflug in einem Vöcklabrucker Lokal getroffen haben und etwas verspätet hatten, wanderten gegen 3 Uhr Früh am Gehsteig neben der Wiener Straße. Knapp nach der Wagreiner Brücke tauchten hinter ihnen drei Mopeds auf, die mit je zwei jungen Burschen besetzt waren. Da die 6 Burschen laut brüllten und sangen, zudem ihre Vehikels in voller Lautstärke dahinbrausen ließen, sahen sich die beiden Vöcklabrucker im Interesse der nächtlichen Ruhe und Ordnung moralisch verpflichtet, der nächtlichen „Hexenjagd" ein Ende zu bereiten. Mutig und pflichtbewußt hielten sie den Halbstarkenrudel auf. Kaum hatten sie den 6 Burschen klargemacht, daß sie sich mit Rücksicht auf die späte Nachtzeit ruhiger verhalten sollten, wurden sie schon eingekreist und mit „Kosenamen" bedacht.

Vöcklabruck. Alkoholisierter mit „Schlurfrakete" unterwegs
Der Mopedlenker roch stark nach Alkohol, zudem konnte er sich nicht ausweisen. Erst am Gendarmerieposten stellte sich heraus, daß der lärmmachende Mopedfahrer der 19jährige Tischlerlehrling Johann Kern aus Taiskirchen war.

Rieder Bürger wurden von Unruhe erfasst, zumindest die, die sich von Innviertels Presse schrecken ließen. Halbstarke lauerten überall ante portas.

Ried. Gibt es bei uns „Halbstarke"?
Auch in Ried wollen manche Jugendliche ihre „Stärke" auf eigentümliche Art unter Beweis stellen. Ging da kürzlich um 9 Uhr abends ein älterer Herr über den Hauptplatz und blieb beim Geschäft Dallinger stehen. Sofort wurde er von Jugendlichen, die sich mit 2 Mädchen vor dem Kaufhaus Sinzinger unterhielten, angeflegelt und aufgefordert weiterzugehen. Die Bemerkung des Betreffenden, er könne stehenbleiben, wo er wolle, wurde von den Jugendlichen mit der Drohung erwidert, daß sie ihm schon Füße machen werden usw. Ein Polizist, der hierauf verständigt wurde, nahm 3 Burschen auf die Wachstube mit. (1959)

Ried. Exzesse reißen nicht ab.
Die Linzergasse ist am Wochenende nicht selten eine Rowdy-Gasse. Da geht es lautstark zu. Halbstarke und Ganzstarke machen die Gassen immer wieder zum Abtritt. (1969)

Schundliteratur wurde zum Zeitungsfeindbild Nummer 1. Totschlag, Raub, Mord und Prostitution beschrieben die Zeitungsmacher drastisch als ihre schlimmsten Folgen. Die zunehmende Bilderflut machte die Bürgerkreise nervös. Comics standen für Analphabetentum, Verdummung und Verrohung. Zu viele Bilder galten als Niedergang der Schrift.

Kriminalroman und Schundfilm
19jähriger Frauenmörder mit Mordliste
Nicht umsonst warnen wir immer wieder vor Schmutz und Schund in Literatur und Film. In welch grauenhafte Abgründe sie insbesondere Jugendliche reißen können, davon gibt ein grelles Bild der „perfekte Mörder" von Leoben. Am 25. November wurde die 44jährige ledige Zeitungsverkäuferin Klara Müller in ihrer Wohnung in Leoben mit einem Messer tief im Hals steckend tot aufgefunden. Da eine Schatulle erbrochen war, dachte man an einen Raubmord und nahm den 19jährigen Franz Mair, einen Tischlerlehrling, ins Gebet. Und man tippte richtig. Mit Vorbedacht hatte er die Tat angegangen, darüber hinaus fand man bei dem Jungen eine Liste, derzufolge er noch weitere Frauen ermorden wollte. Geleitet wurde der Bursche von Gewinnsucht und der Meinung, daß er bereits ein „perfekter Mörder" sei, der aus Räuberromanen, Schundliteratur und Kriminalfilmen bereits so viel gelernt hätte, daß er nicht entdeckt würde. (1962)

Gift für die Jugend – Schundheft- und Wildwest-Romantik führte zum Mord
Unbekannte Täter haben in Wattens einen Mordanschlag auf ein ahnungsloses Liebespaar durchgeführt. Zwei junge Fabriksarbeiter legten bereits ein Geständnis ab. Erschütternd und alarmierend zugleich sind die Aussagen des Täters und seines Anstifters. Die beiden hatten sich durch das „Verschlingen“ zahlreicher Wildwest-Hefte und artgleicher Filme in ein gegenseitiges Abhängigkeitsverhältnis hineingelebt, das schließlich den verantwortungslosen Mordversuch zeitigte. Wildwest-Hefte und derartige Filme hätten den Täter aus Wattens zum Diebstahl von zwei Dienstpistolen aus dem Wachzimmer der Gemeindepolizei und zu den Attentaten angestiftet, um einmal etwas „Abenteuerliches“ auszuführen.

Gefahr der Schundhefte
300 Millionen Schundhefte wurden seit 1945 in Österreich verbreitet. Die Erzeugung und Einfuhr wird nicht verboten. Wieder ist es Sache der Eltern, ihre Kinder mit wertvoller Lektüre zu versehen und gegen die Gefahren der heimlichen Miterzieher unempfindlich zu machen. Man kann die kritische Urteilskraft fördern, zB das, was Filme und Schundhefte bieten, als verlogene Scheinwelt entlarven. Minderwertige Schriften und Illustrierte gefährden die Jugend noch viel mehr als schlechte Filme, da das Lesen viel tiefer in die Seele des Jugendlichen eindringt. (1969)

Gegen Schmutz und Schund
Vielfach wurde bereits in der Presse Stellung gegen Schmutz und Schund in der Literatur genommen. Leider muß auch in Haag am Hausruck festgestellt werden, daß in einem Geschäft öffentlich schlechtes Schrifttum ausgestellt ist. Trotzdem der Kaufmann bereits aufmerksam gemacht wurde, diese Schriften nicht zu führen, sehen wir Schundhefte sogar in der Auslage. Es wäre hoch an der Zeit dies zu ändern. Warum wird dieser Schmutz hier verkauft? Wir haben hier eine sehr gute und reichhaltige Pfarrbibliothek, die jedem Geschmack Rechnung trägt.

Bilderstürmer forderten eine Novelle des „Bundesgesetzblattes über die Bekämpfung unzüchtiger Veröffentlichung und zum Schutz der Jugend gegen sittliche Gefährdung“, alias Schmu-Schu, um Publikationen zu verbieten, die mehr Bilder als Text zum Inhalt hatten.

Große Schmu-Schu-Jagd in Schärding
Angeregt durch ähnliche Unternehmungen in anderen Schulen und ermutigt durch die Schulbehörde veranstaltete die Hauptschule Schärding zwischen 27. Juni und 6. Juli 1960 eine Sammlung unter dem Motto „Kampf gegen Schmutz und Schund“. Der Sammlung voraus ging eine gründliche Belehrung der Schülerschaft über den verderblichen Einfluß dieser Schundliteratur, und jeden Morgen wurde neuerlich

zum Kampf aufgerufen. Schon mit Wochenbeginn erschienen die Sammler und bald häufte sich die Menge, sodaß in der Kanzlei des Direktors kein Platz mehr war. Es gab genug Aktivisten, und die säumigen wurden von den anderen mitgerissen, da sich Schüler fanden, die für sich allein an die 100 aller Arten Schundhefte zur Strecke brachten. Hatte man ursprünglich mit einer Ausbeute von 500 Stück gerechnet, schwoll diese bis zum letzten Sammeltag auf 2.996 Stück an, einen Wert von 10.000 S darstellend. Auch als die Sammlung schon abgeschlossen war, brachten Nachzügler noch ihre verborgenen Schätze, und was das Lustigste war, gar mancher Schüler gab zu, daß auch er noch Schundhefte zu seinem Besitz zählte, von denen sich andere schon schweren Herzens getrennt hatten. Zum Abschluß blieb aber auch der Lohn nicht aus. […] Jeder Sammler erhielt für je 2 abgelieferte Hefte ein Los, mit dem ein gutes Buch oder ein Malkasten oder andere Schulrequisiten gewonnen werden konnten. Auch die bei den Kleinen so geschätzte Schokolade fehlte nicht, und mancher fleißige Sammler nahm bis zu 10 Gewinne mit nach Hause. Die Aktion vermittelt neuerdings die Erkenntnis, daß die Schuld an diesem Gift nicht bei den Jugendlichen, sondern bei den Erwachsenen liegt.

Selbst Struwwelpeter und Wilhelm Busch kamen da auf die Leseabschussliste. Donald Duck sowieso. Schwer verdächtigt wurde er, die Jugend zu Gewalttat, strafbaren, unzüchtigen Handlungen anzustiften und sie zur Lüsternheit zu reizen. Am alleranstößigsten aber erschien das BRAVO-Heft. Wobei, nur wenige Innviertler Jugendliche besaßen bis Ende der 60er die als so heiß beschriebene Illustriertenware. Umso verderbter und verderbender wurde BRAVO dafür von Älteren empfunden. Die Angst um ihr Kind ging um, doch sie war mehr als vordergründig. Ihre Prüderie überforderte sie, mit den tabubesetzten Themen umzugehen. Wobei das

Innviertler Sittenblatt den Kampf gegen BRAVO nicht allein führen musste. Die deutsche Bundesprüfstelle für jugendgefährdende Literatur stellte das BRAVO-Heft, das es seit 1956 gab, kurzerhand auf den Index, „weil die Geschlechtsreife allein berechtigt noch nicht zur Inbetriebnahme der Geschlechtsorgane".
BRAVO kam 1960 schon bis in das nahe Wels. Wo ein Prozess der Zeitung noch einmal letzte Hoffnung machte.

Wels. BRAVO-Prozeß
Der Prozeß in Wels gegen die „harmlos-heitere Jugendlektüre",
die das Teenagerblatt BRAVO angeblich ist
5 Welser Erzieher haben in einem öffentlichen Rundschreiben von einem Verkauf in Trafiken von BRAVO abgeraten. Im Nationalrat verlangte NR Dr. Josef Gruber (ÖVP) eine Verschärfung der Schmutz- und Schundgesetze. Weiters wurde eine Hinaufsetzung des Jugendschutzalters von 16 auf 18 Jahre vorgeschlagen. (1960)

Vergleich mit BRAVO kommt nicht in Frage – Von der „harmlos-heiteren Jugendlektüre", die das Teenagerblatt BRAVO angeblich ist, war nicht mehr die Rede in der zweiten Gerichtsverhandlung in Wels. Der Prozeß fand gegen 5 Welser Erzieher statt, die von einem Verkauf des BRAVO-Heftes in einem öffentlichen Rundschreiben abgeraten haben. Der BRAVO-Verlag-Anwalt Dr. Michael Stern aus Wien kritisierte viel mehr, daß auch die von der Gegenseite geförderte Jugendlektüre grausame Szenen enthalte (er verwies auf eine Erzählung des amerikanischen Schriftstellers Mark Twain) und daß auch das Linzer Kirchenblatt einen Kriminalroman abdrucke! Mit dieser Feststellung rief er im Gerichtssaal begreiflicherweise Heiterkeit hervor. (1963)

Nieder ging es mit der Musik. Rock'n'Roll hatte zwar im Innviertel noch keinen Auftritt und auch Beat ließ lange nichts von sich hören, da passte schon die *Rieder Zeitung* auf. Beat brachte die Jugendlichen außer Tritt, machte Marschieren im Gleichschritt überhaupt unmöglich.

Beat-Exzeß in der Wiener Stadthalle
Ein Massenaufgebot von Polizisten war nötig, um die bei einem Gastspiel der Kinks außer Rand und Band geratenen Beat-Fans in der Wiener Stadthalle zur Raison zu bringen. 200 Jugendliche mußten aus dem Saal geschafft werden, 107 davon wurden festgenommen und in kleineren Gruppen dem Kommissariat Schmelz überstellt. Nach Beginn der Vorstellung steigerte sich die Begeisterung zu einem Wirbel. 13.000 Jugendliche warfen Knallkörper, schrien und grölten. Die Polizei bezeichnete die Vorfälle als den ärgsten Beat-Exzeß seit Jahren. (1966)

Die Beatles fielen schon weltweit auf. Im März 1965 besuchten sie das nahe Salzburg. Im Innviertel spürte man nichts davon, Beatles-Fieber existierte nicht durch eiserne Verschwiegenheit der Zeitung. Für Landesverlagsvertreter waren die langhaarigen Gesellen aus Liverpool leibhaftige Gottseibeiunse. Ein einziger klitzekleiner Zeitungsauftritt wurde der englischen Band im Innviertel aber doch gewährt, selbst da wurden die Beatles namentlich falsch geschrieben.

Wollte Mary zu den Beatels?
Aus der Wohnung ihrer Eltern in Braunau verschwand am 7. September 1968 die 17 Jahre alte Maria Kneillinger. Das Mädchen äußerte sich kürzlich, daß sie zu den Beatels gehen wolle. Man vermutete, daß sie sich nach München begeben hat, um dort die Beatels zu sehen.

Bis Ende der 60er gelang es, das Wiener Sumpfblütentum im Innviertel nachhaltig am Wachstum zu behindern. Sogar Kleidervorschriften fruchteten noch.

Teenager-Kleidung, Empfehlung: Mindestens zwei Röcke im Kleiderschrank (ein Faltenrock und ein nach unten zu leicht ausgeschrägter Rock). Einer der Röcke soll uni sein, der andere kann gemustert sein (Schotten, Streif, Hahnentritt). Pullis mit langen und kurzen Ärmeln.

Blue Jeans hat man den Ruf als „Schlosserhosen" angehängt. Wie „Blaumann"-Blau eingefärbt waren Blue Jeans. Am „Blaumann" erkannte man den Proleten. Aufgeregt hat das Fehlen der Bügelfalte.

Kaugummi
Unsere Halbwüchsigen, die während eines aufregenden Leinwandkusses ihre Kaugummireste auf den Kinosessel des Vordermanns kleben, brauchen sich gar nicht originell vorkommen, in Indien passiert etwas Ähnliches mit dem Brei der Betelnuß, der überallhin ausgespien wird. (1957)

Grundsätzlich für die Zeitungsmacher galt, Blue Jeans, Make-up, Comics, Beat, Playboy und Chewing Gum verklebten jugendliche Gehirne. Eine Insel der Jugendseligkeit blieb Ried bis Ende 1960. Viel trug dazu die Zeitungspädagogik bei. Nicht einmal Achtelstarke gab es. Rieds Gymnasiasten wurden als Vorbilder hingestellt. Woanders rebellierten schon Studenten.

Erscheinungsbild von Schülern
In der Kleidung vermeidet die Schülerschaft lobenswerterweise alles Extreme. Die früher so übliche Lederhose und andere kurze Hosen, ebenso die Dirndlkleider

sind weniger geworden, und auch bei der größten Hitze erscheinen gewiße Studenten lieber in Wollpullovern und langen engen Hosen (wie ihre Großväter!), doch sind die Blue Jeans in der Minderheit. Die Zwirnstrümpfe sind meist schon vor der ersten Klasse den Nylons und Strumpfhosen gewichen, und die Zöpfe und Haarkronen fallen spätestens in der 3. Klasse der Schere zum Opfer. Ein Make up des Gesichts der Schönen ist praktisch bis zum Schulaustritt nicht üblich. Die großstädtische Ausprägung des Halbstarken (an seinem Sonntagsprogramm kann man ihn erkennen: vormittags Non-Stop Kino, nachmittags Fußballmatch, gegen Abend Kino, und spätabends Sportbericht und Fernsehen) ist gottseidank in Ried kaum vertreten. Und die Mädchen in den Mittelklassen? Wenn die vollentwickelten, etwas dicklichen 15Jährigen der Unterricht auch langweilt, werden sie trotz Schlagertexten, Schwärmereien und Dauergekicher immer noch besser abschneiden als die gleichaltrigen Knaben. Noch ein Wort zum Thema „Halbstarke": Ein Autor, dessen Heimat Wien sein dürfte, führte aus („Furche", 2. 11. 1957), daß er mit 8–10 % halbstarken Jünglingen und 5 % halbstarken Mädchen in den Oberklassen der Mittelstufen rechne. Man darf aber dankbar feststellen, daß unter den Rieder Schülern sogenannte Halbstarke nicht vorhanden sind. Sollte einmal ein Schüler aus einer größeren Stadt wegen schulischer oder erzieherischer Schwierigkeiten in Ried landen, der die typischen Merkmale eines Halbstarken zeigt, so gehen ihm diese Merkmale früher oder später verloren. So gut ist der Geist der Schule, der Konvikte und Familien, aber auch der „Normalstudenten" in der Klasse.

Irgendwann sagten grellbunte Bilder, Vierfarbendruck, Comic-Sprechblasen auch Innviertler Jugendlichen mehr als bloße Zeitungswortflut ohne Bilder. Jerry Cotton, Perry Rhodan, Dr. Norten und das BRAVO-Heft drangen bis in kleinste Ortschaften vor. Lovestory, Coverboys, Starkult, verwegene Modetipps, Pop-Bands mit superlangen Haaren, ein Knigge für Verliebte, Brigitte Bardot zum Ausschneiden in überpraller Lebensgröße, tabulose Sexualaufklärung eines gewissen Dr. Sommer, Schmutz verlor seine Schundigkeit und Schundigkeit war für junge Leute kein Dreck mehr. Die Rieder Volkszeitung gab auf und resignierte vor BRAVO und US-Einfluss, vor jugendlicher Fadesse und Rauschgift. Bisher Verpöntes wie Mädchenkosmetik oder Blue Jeans pries sie sogar nun selber an in ihren Inseraten. Selbst die katholische Jugend im Dorf hat sich der „Negermusik" verschrieben.

Waldzell. Die katholische Landjugend lud am 2. Juni 1968 zu einem Ball im Gasthof Gurtner. Erstmals in ihrem Heimatort trat die Tanzkapelle „The Tornados" auf, eine Kapelle, bestehend aus 6 jungen Waldzeller Burschen, die durch ihre gekonnte und schwungvolle Tanzmusik einen sehr guten Eindruck hinterließen.

Girl Kosmetik – Das Richtige für Teenager und erschwinglich für alle!
Make-up klein S 9,– Nagellack S 10,–
Lippenstift S 15,– Wimpern-Roller S 18,–
In Ihrer Parfümerie

Supermarkt Ried 1970
Kinder-Blue-Jeans-Hose alle Größen

Ist unserer Jugend wirklich so fad?!
Da lümmeln sie in grellen, hautengen Hosen und Pullovern mit abstehenden Ellenbogen in 5er-Reihen, aufreizend langsam und ungeniert, andere Leute anflegelnd auf den Gehsteigen oder auf Fahrbahnen, da hocken sie auf Mauern oder Geländern, einen Grashalm zwischen den Zähnen oder ein Kaugummi im Mund, da jagen sie mit hart an oder über der Phongrenze heulendem Motor durch die belebten Straßen und scheuchen die Passanten wie Hühner, da verbringen sie zwei Drittel der Nächte in einem zweifelhaften Lokal, weil sie am darauffolgenden Tag bei der Arbeit den Schlaf nachholen. Was Wunder, wenn sie die Abscheu des ehrbaren Bürgers hervorrufen und so leicht Pauschalurteile entstehen. Ganz abgesehen davon aber, daß manche für die gesittete Umwelt zugegebenermaßen nicht gerade angenehme Explosionen der jugendlichen Daseinsenergie, die tatsächlich eine Folge der Langeweile und Untätigkeit sein mögen, nicht unbedingt ein zuverläßliches Zeichen der „Verdorbtheit" sein müssen, darf man nicht übersehen, daß der weitaus überwiegende Teil der jungen Menschen heute seine Freizeit nicht auf der Straße und auch nicht in Gastlokalen, sondern an Orten verbringt, an denen er den Blicken der entrüstungsfreudigen Umwelt weitgehend entzogen ist.

Verfällt unsere Jugend dem Rauschgift?
Heroin, das Mittel der Armen zur Glücksseligkeit, LSD die Nobeldroge der Studenten und Intellektuellen, Marihuana und in Wien vor allem Haschisch sind die hauptsächlichen Rauschmittel (Menocil, Ritalin und andere Mittel spielen nur eine geringere Rolle), die in unbekannten, aber angesichts ihrer enormen Wirksamkeit riesigen Mengen über die Grenze in viele Länder geschmuggelt, schwarz vertrieben werden und die einen reich und die anderen, wie sie glauben, glücklich machen.
In Amerika soll bereits ein Drittel der Universitätsstudenten, in New York sogar ein Drittel aller Schüler, mit Rauschgift Bekanntschaft gemacht haben. Und nach Europa schlägt nach der Sexwelle nun auch die Rauschgiftwelle herein.
Daß die Rauschgiftwelle, wenn auch mit der üblichen Verspätung, nun auch nach Österreich hereinzufluten beginnt, zeigt sich heute in Wien, wo erst vor wenigen Wochen 80 kg beschlagnahmtes Haschisch verbrannt wurde. Selbst in der Kirche sind heute gewisse Tendenzen unverkennbar, den Gläubigen nur ja keine Belastungen aufzuerlegen. Viele moralische Schranken wurden abgerissen, wurden früher Tabus aufgerichtet, so reißt man heute wahllos ohne zu überlegen und abzuwägen all dies nieder. Da sind keine „Sperren" mehr „eingebaut" gegen die Manipulierbarkeit junger Menschen.
Wundert man sich darüber, daß nun der junge Mensch in seiner Einsamkeit und seiner Orientierungslosigkeit anstelle des echten Glücks als Surrogat nur Sex und Suchtgift findet?
Vielleicht bleibt uns dank des glücklichen Naturells des Österreichers, der im allgemeinen nicht zu Extremen neigt, eine Ausbreitung der Suchtwelle wie in anderen Ländern erspart. Andernfalls wäre es vielleicht zweckmäßig, die Schulbauten einzustellen und stattdessen beizeiten Entwöhnungsheime für Rauschgiftsüchtige zu bauen. (1970)

Schulungen der Eltern im Sinn jahrhundertelang bewährter pädagogischer Tradition sollten zur letzten Zeitungshoffnung werden.

Bei Jugendlichen sind Erziehungsschwierigkeiten meist nicht so leicht zu bewältigen. Ich höre die Eltern von Halbwüchsigen oft darüber klagen, daß ihre Kinder nichts mit sich anzufangen wissen und dauernd ins Kino rennen wollen. Ich bin darauf gekommen, daß diese jungen Menschen beinahe in allen Fällen kein richtiges Familienleben kennen, daß sich niemand um sie kümmert und ihrem Leben einen Inhalt zu geben versucht. Ich kenne aus meiner Jugend noch das alte patriarchalische Familiengefüge und weiß, welchen Halt und welche Sicherheit es gibt, nicht nur für den Augenblick, sondern auch für die Zukunft. Aber zu früh darf es nicht anfangen, dieses eigene Leben, nicht bevor man es mit Inhalten zu füllen weiß, die es tragen können. *Anneliese D.*

Elternschulung
Erziehen ist heutzutage eine größere Kunst als vorzeiten! Verantwortlich dafür ist die Änderung des Zeitgeistes. Noch meine selige Mutter erzählte, wie strenge in ihrem bäuerlichen Elternhause das Fastengebot gehalten wurde. Da gab es von Aschermittwoch an wirklich kein Fleisch bis zum Ostermorgen! Auch die Kleidung war viel einfacher als heute. Sieht man doch auch schon auf dem Lande 14jährige Mädchen nach der vorletzten oder gar der allerjüngsten Mode gekleidet.
Der Sonntag im Bauernhause? Vormittags Kirchgang, nachmittags ausrasten, plaudern, harmlose Bauernspiele, Gesang, Besuch zu den Nachbarn oder Empfang der Gevattersleute. Abends – hu – gemeinsamer Rosenkranz, dann ins Bett. Es gelüstete die Jugend gar nicht nach mehr. Heute? Nur weg vom Haus, mit dem Rad oder dem Roller durchs Land. Zu Hause ist es doch so schrecklich fad. Kommt gar noch das Kino in Frage, dann hinein in den Tschinn-Bumm-Film. Selbst der Rundfunk vergreift sich manchmal und bringt Schlagertexte, die entweder saudumm oder sauschlecht sind.
Das alles sind Tatsachen, die auch in der Erziehung ihren Niederschlag absetzen. Immer schwerer wird es denen, die hinter dem Ganzen das Hohle spüren. Sie werden immer einsamer, und immer schwerer wird die Erziehung, weil ja eben böse Beispiele immer gute Sitten verderben. So wächst für die gesunden, kernig religiösen Familien die Schwierigkeit, recht zu erziehen und doch nicht altmodisch zu werden. Umso mehr muß also den Eltern geholfen werden. Jetzt erst erkennen wir so recht die Bedeutung der Elternschulung: In Predigt und Vortrag, durch die Schule und den gläubigen Arzt soll die Erbweisheit christlicher Erziehung wieder ins Volk gebracht werden. Wohl der Gemeinde, in der es möglich ist, an fünf Sonntagen nacheinander einen erfahrenen Vater, eine lebenstüchtige Mutter, einen „praktischen" Arzt, einen erfahrenen Juristen und einen glühenden Seelsorger zu den Jungeltern oder Jungverheirateten sprechen zu lassen.
Alles aber gipfelt im Hinweis auf den größten, weisesten und gütigsten Erzieher aller Zeiten, auf Christus, der ist und bleiben wird Weg, Wahrheit und Leben.

Die Landwirtschaft

Der Innviertler Bauer unternahm viel, aber er war kein Unternehmer. Die Kühe gaben wenig Milch, das Schwein war fett wie Sau, die Hühner legten Eier nach Belieben, der Hektar war gerade noch erträglich. Abrackern taten sich das Pferd, die Knechte und die Mägde. Es war Sankt Leonhard, der immer noch das Vieh bewahrt. Erhoffter Erntesegen kam zuverlässig weiterhin von oben. Bittprozessionen um Wiesen und um Felder schützten vor Dürre, Sturm, Hagel, Wolkenbrüchen und Mehltau. Bio war so normal, dass es nicht einmal einen Namen hatte. So wie es war, so war es gut, zumindest dachten das die Bauern. Lange dachten die Zeitungsmacher ebenso, bis sie ihre Liebe zur US-Musterfarm entdeckten.

Viehfütterung auf einer amerikanischen Musterfarm (1950)
Wenn alle Mutterschweine in den Vereinigten Staaten ebenso große und gesunde Würfe erzielten wie jene auf der General Mills-Musterfarm in Redford bei Detroit, Michigan, dann könnte jährlich über eine Milliarde Kilogramm Futter erspart werden, eine Menge, die bei zweckmäßigerer Fütterung für die zusätzliche Gewinnung von 300 Millionen Kilogramm Schweinefleisch ausreichen würde. Ähnlich ist die Situation in der Geflügelhaltung. Auch hier ließe sich eine Futtermenge einsparen, die einem jährlichen Mehrertrag von 12,5 Milliarden Eiern entspräche, vorausgesetzt, daß alle Legehennen so wirtschaftlich gefüttert wurden

wie die von Redford. Sachverständige der General Mills-Musterfarm stellten eine Futtermischung für Schweine aus folgenden Bestandteilen zusammen: Kalk, Blutmehl, Trockenbuttermilch, Maismehl, Riboflavin, Leinölkuchen, Weizenmittelsorten, Hafermehl, aktivierendes tierisches Sterol, getrocknete Rübenschnitzel, Presskuchen mit Luzernensamen, Sojaölkuchen, Braunstein, Gerstenschrot, Vitamin A und D, Salz, Fischmehl sowie Fleisch- und Knochenabfälle. Die in Redford gezüchteten Schweine sind fleischiger als der Durchschnitt der amerikanischen Rassen. Ihre Fleischausbeute (das Verhältnis vom Fleisch zum Lebendgewicht) betrug 80 %, während sie im allgemeinen nur durchschnittlich 75 % erreichte. Auf dem Gebiet der Geflügelhaltung hat man es in Redford so weit gebracht, daß Hühner im Durchschnitt 200 Eier jährlich legen, gegen 150 Stück bei den übrigen amerikanischen Hühnerrassen.

Ein neues und besseres Hühnerfutter, das seit Kriegsende im Handel erhältlich ist, ermöglicht den Züchtern von Brathühnern eine wesentliche Produktionssteigerung bei wesentlich geringerem Futteraufwand. Versuche ergaben, daß Brathühner ein Gewicht von 1,6 kg in 12 Wochen erreichten.

Man kann auch mindestens 20 % Futter einsparen, wenn man über den Futtertrog ein Drahtnetz spannt, sodaß die Hühner das Futter nicht auf dem Boden verstreuen können.

Auch bei der Fütterung von Milchkühen wendet die Versuchsfarm von Redford neuartige Methoden an. Im allgemeinen entwöhnt man in den USA Kälber erst im Alter von 6 Monaten, in Redford dagegen erhalten sie bereits nach 2 Wochen Trockenfutter und allmählich immer weniger Milch; mit 6 Wochen sind sie bereits völlig entwöhnt. Anstelle der Milchnahrung enthält das Spezialfutter für Kälber Weizen-Mittelsorten, Hafermehl, Maismehl, Leinölkuchen, Trockenmagermilch, Sojaölkuchen, Trockenbuttermilch, Blutmehl, Riboflavin, Kalk, Salz, Vitamin A und D und aktiviertes tierisches Sterol.

Die Untersuchung über Rinderfütterung führte die General Mills-Farm in Liberty, Missouri, durch. Die Gesellschaft kaufte zum Beispiel 50 Jungochsen zu je 370 Kilogramm, die dann täglich mehr als 1 Kilogramm zunahmen und mit einem

Gesamtgewicht von 500 Kilogramm auf den Markt gebracht werden konnten. Für Fütterungszwecke wird auch eine Anzahl industrieller Nebenprodukte verwendet. Die bedeutendste Neuerung auf diesem Gebiet sind getrocknete Destillationsrückstände aus Whiskybrennereien. Früher verwendete man diese Rückstände in flüssigem Zustand als Schweinefutter, heute dagegen werden sie eingedampft und getrocknet an die Futtermittelfabriken verkauft.
Ein anderes neues Futtermittel sind kondensierte Fischprodukte. Jahrelang hat man aus getrockneten Fischköpfen, Flossen und Innereien, die für den menschlichen Genuß ungeeignet waren, Fischmehl hergestellt. Heute erzeugt man lösliche Fischprodukte aus der Flüssigkeit, die vor dem Trocknen dieser Abfälle ausgepresst wird. In den Vereinigten Staaten fallen sie zum Teil wohl deshalb reichlich an, weil sie vielfach Abfall- und Nebenprodukte der Konservenfabriken sind, denn die amerikanische Küche lebt ja zu einem viel größeren Grad aus der Dose als die europäische, wo auch in den Städten diese frischen Nahrungsmittel weitaus überwiegen.

Zu einer einzigen Landwirtschaftsleistungsschau entwickelte sich die von den Bauern gern gelesene Wochenzeitung. Angetrieben wie bisher nur das Vieh wurde der bis dahin selbstbewusste Bauer. Auf US-Linie wurde er gebracht mit Zeitungszuckerbrot und -peitsche. So wie es war, so war es nicht mehr gut, immer unüberhörbarer und dringlicher erklang die mediale Mahnung. Tief umgepflügt wurde bäuerliches Wirtschaftsleben am Land. Die große Aufholjagd begann. Schnellstmöglich, kostete es bei der Raika, was es wollte, musste der Innviertler Landwirt Farmer werden. Erfolgreich in Zeitungsfurchen gesät haben Lagerhausgenossenschaft, Kunstdünger- und Kraftfuttermittelproduzenten, Bauernkammer und Milchwirtschaftsvertreter, Silobauern, Landmaschinenfabrikanten, Chemiekonzerne und Finanziers der Raikas.

Lebensprobleme unserer Landwirtschaft
Die Bauern müssen mehr und billiger erzeugen. Der Werbefeldzug der Linzer Stickstoffwerke, die mit mehreren Autos 1954 ganz Österreich werbetechnisch bearbeiten und gegenwärtig nach Beendigung ihrer Tätigkeit in den Bezirken Braunau, Schärding und Grieskirchen in den Ortschaften des Rieder Bezirkes abendlich ihre Vorträge halten, befaßt sich vor allem mit der Aufklärung über Düngungsfragen und andere die landwirtschaftliche Produktion steigernde Maßnahmen. Richtige Düngung in Folge der Liberalisierung schon in sehr naher Zukunft dürfte zu einer Lebensfrage unserer Landwirtschaft werden. Wenn die Liberalisierung durchgeführt wird, jede Einfuhrbeschränkung aufgehoben ist, muß der Bauer billiger erzeugen, um mit den niedrigeren Preisen des Auslands konkurrieren zu können, und er muß mehr erzeugen, um trotz billigerer Preise zumindest auf

den gleichen Verdienst wie bisher zu kommen. Wenn die Produktionsziffern bei verschiedenen Bauern unter gleichen Bedingungen des Klimas, der Bodenqualität usw. derart schwanken, daß der eine z.B. 200 Doppelzentner Kartoffeln pro Hektar erntet, der andere nur 100, daß ein Bauer zweimal mehr Getreide aus der gleichen Fläche herausholt als ein anderer, daß seine Hühner durchschnittlich 150 Eier pro Jahr legen, während die eines anderen Landwirtes nur auf 80 Eier kommen, dann ist das ein klarer Beweis dafür, daß es an den angewandten Methoden der Bewirtschaftung liegt. Es ist jedoch auch der ernste Fingerzeig für die Notwendigkeit einer Umstellung auf eine produktivere Landwirtschaft.

Das wirtschaftliche Rückgrat bildet der Viehbestand. Hier erhöhte sich die Produktion um 2.500 Stück auf 51.549. 22.238 Kühe werden ausschließlich zur Milchgewinnung gehalten, während 1.534 Kühe auch als Zugtiere Verwendung finden. Zucht- und Zugstiere sind im Bezirk 364 vorhanden. Der restliche Rinderviehbestand setzt sich aus 22.839 Kälbern, Ochsen und Schlacht- und Masttieren zusammen. Stabil sind die Schweinezahlen geblieben. 1951 gab es 50.004, 1956 50.483. Eine starke Verlagerung erfuhr in den letzten fünf Jahren die Geflügelhaltung. Der Hühnerbestand stieg von 137.666 auf 209.736 und die Zahl der Enten verdoppelte sich sogar von 2.370 auf 5.781.

Die Viehhaltung wird in fast allen Teilen des Bezirkes mit gleicher Intensität betrieben. Die Schwankungen zwischen den sogenannten gesegneten Gebieten der Obernberger Gegend und jener, die dem Hausruck und dem Kobernaußerwald zugelegen sind, weichen nur in einzelnen Fällen wesentlich ab. St. Georgen verzeichnet 90 Tierhalter mit 1.419 Stück Rindvieh, Mörschwang 77 Betriebe mit 826 Tieren, während Waldzell mit 278 Rinderbesitzern oder Mettmach mit 296 einen Viehstand mit 2.522 bzw. 2.532 Tieren aufweisen. Im Züchtergebiet von St. Georgen kommen demnach auf einen Tierhalter 15,6 Stück Rindvieh, in Mörschwang 10,7, in Taiskirchen 9, in Waldzell 9,1, in Lohnsburg 9,5, in Eberschwang 10 und in Mettmach 8,4 Tiere.

St. Georgen am Inn

Lagerhausgenossenschaft Geinberg – Kulturfaktor

Für 6. Februar 1955 hat die Innviertler Lagerhausgenossenschaft Geinberg Pflanzenbauinspektor Dr. Ing. Liebscher von der Tiroler Landwirtschaftskammer für einen Fachvortrag über neuzeitliche Futterwirtschaft und Viehhaltung gewonnen, den dieser vor 600 Bauern im Gasthof Burgstaller in Weilbach hielt. Aus seiner fast dreistündigen Rede können wir hier leider nur einige Fakten aufzählen. Wir betonen „leider", weil er aus wissenschaftlichen Erkenntnissen der letzten Jahre unseren Bauern manches Neue und Überlegenswerte gebracht hat. Und er ging die Probleme als Praktiker zumeist von der rechnerischen Seite an und so wurde es für die Zuhörer doppelt interessant.

Die Rationalisierung und Mechanisierung, so Liebscher, hat die Landwirtschaft in ihren einzelnen Zweigen nicht in gleichem Maße erfaßt, insbesondere in der Futterwirtschaft sind wir zurückgeblieben. Mit einer richtig fundierten Futter- und Viehwirtschaft aber steht und fällt der Erfolg eines landwirtschaftlichen Betriebes. Da mit einer Erhöhung des Milchpreises niemand rechnen braucht, muß getrachtet werden, die Erzeugungskosten zu verringern, die Produktion zu steigern, die Futtereinbringung zu erleichtern und die Ställe in Zukunft praktischer zu bauen. Besser und zweckmäßiger sei es auch, mit Hilfe von Kunstdünger mehr Nährstoffe zu erzeugen. Liebscher erläuterte an Rechenbeispielen die unabänderlichen festen Kosten und den Vorteil, der aus einem vernünftigen Einsatz der veränderlichen Kosten erwächst […] Er behandelte weiter die Aufgaben einer neuzeitlichen Futterwirtschaft, die da sind: Erzeugung von mehr, gesünderem und nährstoffreicherem Futter, Einführung arbeitssparender Ernteverfahren und bessere Nährstofferhaltung bei der Aufbewahrung des Futters über den Winter. Einen richtigen Weidebetrieb zu führen sei nicht leicht, eine Hochleistungsweide aber liefere zumindest so viel Nährstoffe wie ein gutgehaltenes Zuckerrübenfeld. „Bei uns hungern die meisten Weiden und obendrein werden sie auch noch überanstrengt." Was durch richtige und ausreichende Düngung und durch eine richtige Pflege der Weide erreicht werden kann, bewies Liebscher am Beispiel eines Bauern in der Eifel, der auf 15 Hektar 27 Kühe und 30 Jungrinder hält bei einem Milchdurchschnitt von 5.000 Litern. Fast alle im Saal schüttelten darüber die Köpfe. Was macht der Mann? Er gibt pro Hektar 600 kg Thomasmehl, abwechselnd Superphosphat, weiters 300 kg Kali, 300 kg Kalkamonsalpeter und zieht dann mit einem Streuer einen Schleier von Stallmist darüber. Unsere Weiden leiden häufig an einem viel zu geringen Humushaushalt.
Interessant waren seine weiteren Ausführungen über Beifütterungsmöglichkeiten, Zwischenfruchtanbau und wie es ganz am Bauern gelegen ist, aus dem reichen Speisezettel der Natur stets das für seinen Betrieb Passende herauszusuchen.
Liebscher kam auch auf Frontlader und Feldhäcksler, der für die Wiesen das ist, was auf dem Felde der Mähdrescher bedeutet, sowie auf verschiedene Arten der Heutrocknung und auf Futtereinsäuerungsverfahren zu sprechen, auf welchem Gebiete er ebenfalls zu den Pionieren gerechnet werden muß. Eine große Anzahl färbiger Lichtbilder veranschaulichte noch eindringlicher alles Vorgebrachte.

Ried. Im Stadtgebiet gibt es keine Ochsen.
Das geschlossene Siedlungsgebiet der Stadt Ried drängt die landwirtschaftlichen Betriebe immer weiter zurück. 73 Tierhaltungen wurden bei der letzten Viehzählung 1957 erfaßt, darunter auch die Besitzer von Kleintieren. Von den 374 Rindern, die in den Ställen von Ried stehen, sind 233 Milchkühe. Ochsen sind nicht mehr vorhanden und außer den 12 Zuchtstieren verzeichnet das Ergebnis nur

70 Jungtiere und 36 Kälber. Das Pferd erreicht Seltenheitswert. Zehn Pferdebesitzer halten sich noch 17 Pferde. Die 66 Schweinehalter füttern zusammen 352 Schweine. Vom Geflügel konnten 1.444 Legehennen und 263 Küken, Junghennen und Hähne, 13 Gänse und 93 Enten gezählt werden.

Die Ochsen waren vor einem Jahrzehnt noch mit der stattlichen Anzahl von 479 vertreten, 1959 waren es nur mehr 50. Eine erfreuliche Aufwärtsentwicklung erlebte die Rinder-, Schweine- und Geflügelzucht. Der Rinderviehbestand vermehrte sich um 6.124 auf insgesamt 54.566 Stück. […] Auch das Federvieh erlebte seit 1956 eine günstige Aufwärtsentwicklung. […] Allgemein kann gesagt werden, daß die Zuchtbetriebe in unserem Bezirk in den letzten zehn Jahren mit der Aufwärtsentwicklung der Wirtschaft Schritt gehalten haben. Was das Zugvieh anlangt, weiß jedermann, daß der Traktor seine Konkurrenz längst hinter sich gelassen hat.

Moderne Ästhetik zog in Innviertels Bauernhöfe ein, schneeweiß wurden die Felder angezuckert. Kunst wurde im Übermaß gedüngt, dem kunstsinnigsten Landwirt winkten die schönsten Preise. Kunstdünger wurde als wahres Wundermittel propagiert.

Durch intensive Düngung, sachgemäße Bodenbearbeitung, richtigen Wasserhaushalt, geeignete Pflanzenschutzmaßnahmen usw. kann sehr viel erreicht werden, meint der Ernährungsfachmann des amerikanischen Landwirtschaftsministeriums Paul E. Howe.

Waldzell – Lichtbildervortrag
Ein Ingenieur der landwirtschaftlichen Abteilung der Stickstoffwerke Linz brachte am 16. April den Film „Schöne, grüne Heimat". Dieser zeigte die richtige Anwendung des Kunstdüngers in fortschrittlich geführten Landwirtschaften. Der Vortrag wurde von den vielen Besuchern mit großem Interesse aufgenommen. (1954)

Zu wenig Kunstdüngerverbrauch in Österreich
Die viel gepriesenen Ernten anderer Länder beruhen nicht nur auf besseren Boden- und Klimaverhältnissen, sondern auch auf höheren Kunstdüngergaben. Holland, das in der landwirtschaftlichen Erzeugung führend ist, ist auch der größte Kunstdüngerverbraucher unter allen Kulturstaaten. Gemessen an Reinnährstoffen je Hektar landwirtschaftlicher Nutzfläche hat es bereits die 200-kg-Grenze überschritten. Andere Länder mit der Deutschen Bundesrepublik an der Spitze folgen in weitem Abstand, sind aber immerhin schon bei einem Verbrauch von weit über 100 kg angelangt, während Österreich bei kaum 60 kg hält. Auf diesem

Rückstand beruht zum Teil die Unzulänglichkeit der österreichischen Landwirtschaft. Oberösterreich steht mit rund 50 kg noch einmal schlechter da.

Auf fruchtbaren Boden fielen die Zeitungsaufrufe für eine moderne Mästerei. Vorerst gemästet wurden aber nur die Inserate. Die Mast mästete das Inseratenwachstum gut. Ob Rind, Huhn, Kalb oder Schwein, kein Tier am Hof war ausgenommen. Wachsen hieß es um jeden Preis. Natürliche Kost dauerte viel zu lange. Hatte bisher eine mit heißen Erdäpfeln auf Fett gefütterte Sau ein Jahr oder mehr Zeit bis zu ihrer ganz langsam ausgereiften Reife, so sank auf immer weniger Monate nun ihre lebendige Erwartung.

Wahlergebnis!
Ich versuchte manches Schweine-Schnellmastfutter und kam durch den Vertreter der Firma Agraria, Wien, zur besten Wahl. Ich fütterte eine Partie Schweine mit Blutosan von 30 kg in zwei Monaten auf über 100 kg. Ich empfehle es daher jedem als billigstes und wirksamstes Schnellmastfutter. Wählt daher nur Blutosan.
Josef Mair, Besenbauer, Karchham, Utzenaich

Der sichere Erfolg auf deinem Hof mit Tagger-Futter
Tagger-Kükenalleinfutter für Aufzucht und Mast, millionenfach bewährt.
Tagger-Rinderfutter Neu: Tagger-Kuhstandard T1000: ein Milchviehfutter mit optimalem Gehalt an Wirkstoffen zur Sicherung der Fortpflanzung. Erhaltung der Trächtigkeit, keine rachitischen Kälber. Dieses Futter enthält eine hohe Menge Phosphor, unerläßliche Vitamine und Spurenelemente.
Tagger-Schweinefutter; Tagger-Kleinstferkelfutter; Tagger-Ferkelstarter; Tagger-Sauwohl, das bekannte Eiweißkornmehl mit 58 % Protein; Tagger-Mineralstoffmischung Plusvital R20 für Rinder, mit mindestens 20 % Phosphor; Plusvital für Schweine, 12 % Phosphor; Plusvital für Geflügel; Tagger-Mischfutter sichert größtmögliche Rentabilität

Arista-Mischfutter
Leistungssteigernd,
gewinnbringend
Kraftfutter seit 25 Jahren
erfolgreich
Emivit-Axa

Provimi
Protein-Vitamin-Mineralstoff
Provimi ermöglicht die Herstellung von Mischfutter, stets gleichbleibende, erstklassige Qualität

Der amerikanische Ernährungsfachmann Paul E. Howe meint, daß es wichtig ist, daß Tierzüchter vor allem hochwertige Fleischtiere züchten. Dabei stellen die modernen Antibiotika, z.B. Terramycin, dessen wachstumsfördernde Wirkung ja bekannt ist, wichtige Hilfsmittel dar. Dem normalen Futter beigesetzt, bewirkt eine ganz geringe Menge dieses Antibiotikums eine Gewichtssteigerung und bessere Futterverwertung. Die Tiere werden nicht nur schneller marktreif, sondern entwickeln sich auch besser.

Der Zeitungsbeipacktext war eine einzige Unbedenklichkeitserklärung. Terramycin, ein Breitbandantibiotikum ähnlich dem Penicillin, wurde vom bäuerlichen Blatt nicht die geringste schädliche Nebenwirkung zugeschrieben.

Terramycin
Ein neues Antibiotikum
Wie die Zeitschrift Science berichtet, gelang es einer Gruppe amerikanischer Wissenschaftler aus einem Schimmelpilz ein neues Antibiotikum zu gewinnen, das gegen die verschiedensten Infektionskrankheiten von großer Wirksamkeit zu sein scheint. Laboratoriumsversuche haben gezeigt, daß das neue Terramycin genannte Präparat die Erreger von Typhus, Maltafieber, Lungenentzündung, Keuchhusten, Furunkel, Karbunkel und vieler anderer Infektionskrankheiten vernichtet. Sobald einige Kristalle der neuen Substanz den Bakterienkulturen hinzugefügt wurden, starben die Bakterien ab. (1950)

Terramycin im Schweine-, Geflügel- und Kälbermastfutter fördert Mastleistung, Futterverwertung, Lebenskraft, Gesundheit wachsender Tiere
Sorgen Sie dafür, daß Ihr Tier täglich das Futter Terramycin und Vigofac erhält.
Bei gleichzeitiger Fütterung von Terramycin und Vigofac werden die durch Terramycin allein erzielten Erfolge noch um ca. 50 % erhöht.
Beziehen Sie daher Terramycin und Vigofac über den Fachhandel oder über die landwirtschaftlichen Genossenschaften!
Pfizer – der größte Antibiotika-Erzeuger der Welt (1958)

Menschenfreundlich wie nie zuvor wurde die Bauer-Tier-Beziehung. Tat Penicillin schon dem Innviertler gut – zwar erst seit kurzer Zeit, weil es erst nach dem Krieg aus den USA ins Land kam, ausreichend in Österreich produziert wurde es erst 1955 –, so tat es mit Sicherheit hoch dosiert dem Tierwohl noch viel besser. Vollgepumpt mit Antibiotika grinsten das Inseratenschwein, das Schnellbrütermasthuhn, das Aurofac-Kalb und das Arista-Rind zufrieden aus der Bauernzeitung. Viel Schwein gehabt, dass sie den Werbetext nicht lesen konnten. Sonst wäre ihnen ihr so glückseliges Gesicht ganz schnell erstarrt zu einer kalten Totenmaske. Wer schneller wuchs, war früher tot. Und brachte Bauern und Raika schneller Bares.
Ab 1955 wurde der bäuerliche Leser einsiliert. In Illinois, USA, standen die ersten Silos schon 1872.

Silo-Vorteil für Viehwirtschaft
Mit einer guten Silowirtschaft können große Reserven aus dem Grünland aufgespeichert werden, deren Verluste bis auf 5 bis 10 % reduziert werden können gegenüber der Heutrocknung mit 40 %. So kann der Bauer mehr Vieh und weniger Leute halten! Dr. Liebscher schildert die Verhältnisse in Amerika und unterstrich, daß auch der österreichische Landwirt früher oder später dort bereits erprobte Neuerungen übernehmen wird und muß.

Waldzell
Vortrag. Die Bezirksbauernkammer hielt am 30. März 1955 einen Vortrag über Silowirtschaft-Feldfutterbau. Als Referent war Ing. Konrad Ahrer von der Landwirtschaftskammer anwesend, dessen Ausführungen mit viel Interesse verfolgt wurden.

Sechs große Silos übersiedelt
Durch ein Schwerfuhrwerksunternehmen aus Wels wurden die sechs großen Silos vom Gasthaus Eibl in Aurolzmünster unter Einsatz einer schweren Zugmaschine, eines Raupenschleppers und Tiefladers abtransportiert und bei Landwirten

in der Umgebung wieder aufgestellt. Zahlreiche Schaulustige bestaunten diesen nicht alltäglichen Transport dieser schweren Betonbehälter, von denen ein jeder 7000 kg wog. (1957)

Zu einem Silo gehörte vielfach auch der Mais. Neuerdings wurde dem Vieh Maissilage verfüttert. Den Amerikanern schmeckte ihr Dosenfutter gut. Vom Silogärfutter-Konservenfraß erwartete man sich dasselbe für die Kühe. Beim oftmaligen Wiederkäuen der zähen Kost produzierten die Kühe Cow-Chewing-Gum, verwandelten die Silage in zuckrig-klebrige Masse. Wohl deshalb schauten sie so vergnügt aus Inseraten.
Ansteckende Begeisterung für Mais entspross der Bauernzeitung. Das Innviertel wurde wichtiges Corn-Belt-Land nördlich des Alpenhauptkamms.

Immer stärker wendet sich das Interesse der viehlosen Landwirte dem Anbau von Körnermais zu. Die Randgebiete des Inns, also das Altheimer Becken, bezeichnete der Referent Dr. Schwarz als klimatisch günstiges Anbaugebiet für Körnermais, der hier höhere Erträge bringen dürfte als im Burgenland. Ausführlich befaßte sich der Referent dann mit dem Maisanbau selbst, mit der Mais-Schädlingsbekämpfung, den Erntemethoden und der Trocknung der Maiskolben bzw. des Körnergutes. Für die maschinelle Maisernte wurden eigene Maschinen wie Cornpicker, verschiedene Picker, Scheller und Getreidemähdrescher mit Maispflügwerken und Maisschneideeinrichtungen entwickelt. Der Maisanbau steht und fällt aber in Oberösterreich mit der Trocknung. Die Erfahrung mit der Maissilage hat aufgezeigt, daß trockene Ware günstiger gewertet werden kann. Daher soll der Mais gleich bei der Ernte gerebelt werden. Das Problem der Maistrocknung ist aber noch nicht befriedigend gelöst. Flachrostanlagen wurden bereits entwickelt, es gibt aber auch Silotrockner, ölbefeuerte industrielle Anlagen. (1965)

Mit Kunstdünger, Mastfutter, Mais und Terramycin hatten die Zeitungsappelle viel erreicht. Nur noch die optimierte Züchtung fehlte. Mehr schlankes Fleisch forderte das Bauernblatt. Das einheimische Vieh entsprach nicht mehr. „Die Frau und auch den Viehbestand, das hol' dir aus dem Heimatland", die alte Innviertler Bauernzüchterregel hatte ihre Gültigkeit verloren.

Kimber-Legehybriden: ein außergewöhnliches Huhn mit überragender Leistung

Neue Wege beschritt ein Bauer aus Waldzell 1967, er setzte Tiefgefriersperma aus den USA ein und kann als Pionier der modernen Rinderzucht angesehen werden.

Neues Zuchtziel – das Fleischschwein
Das Fettschwein mußte durch Selektion zu einem Fleischschwein umgezüchtet werden. Zur noch intensiveren Förderung der Fleischwüchsigkeit und der Verringerung des Fettanteiles der Schweine wurden 1956 weitere Importe englischer Zuchttiere, der dem Edelschwein verwandten Large-White-Rasse durchgeführt. Einige Jahre später wurden Zuchteber der Yorkshire-Rasse aus Schweden eingeführt, um die Länge und den Rückenspeck zu verbessern. Mit dem Bau einer eigenen Mast- und Schlachtleistungsprüfanstalt in Oberösterreich im Jahr 1958 und der Eröffnung 1960 konnte mit der systematischen Zucht auf das lange und fettarme Fleischschwein erst richtig begonnen werden. Das Fleisch-Fettverhältnis konnte wesentlich verbessert werden. Die Länge des Schweins beträgt 96 cm, die Rückenspeckdichte ist auf unter 3 cm gezüchtet worden. Es kann mit Recht behauptet werden, daß oberösterreichische Schweine Fleischschweine sind. Dazu hohe Fruchtbarkeit. Das Fett wurde weggezüchtet! Die wertvollen Fleischpartien wie Schinken und Karree erheblich verbessert.

Das dicke Schwein wurde zum Auslaufmodell, die fette Sau zum Schimpfwort. Der korpulente Innviertler Kübelspeck, das deftige Schweinsbratl brandmarkte die Zeitung als ungenießbar. Das alte Hausschwein war zum Aussterben verurteilt. Die

fetten Jahre für das Borstenvieh waren vorbei, umso intensiver begannen sie wiederum für die Menschen. Die einzelne Kuh wurde namenlos, alle zusammen bekamen den Einheitsnamen Turbo. Neue Zuchtziele wurden heranproduziert, das einzelne Tier wurde anonym und alle Tiere wurden Masse.
Das Kalb bekam statt Muttermilch Milchtauscher und Trockenmilchwassersuppe. Die gute Muttermilch lieferten die Bauern ihren Molkereien. Herangezüchtetes und gemästetes Kalbfleisch war blau statt gesund rosa, schmeckte wässrig und „letschert". Ferkelstarter bekamen schon die kleinsten Säue als optimalen Start ins Leben. Extrem gezüchtet wurde das hybride Schwein, wurde zum Muskelprotz mit bis zu dreifach überdurchschnittlicher Muskelmenge. Supernervös war die überzüchtete Sau, sie hatte nur noch wenig Nerven. Die, die sie noch hatte, schmiss sie schnell weg beim ersten größeren Stress in ihrer Koje. Tot fiel sie unverzüglich um, nervöse Schweineherzen kollabierten. Fischmehl wurde in die Fütterung integriert, es fischelte das Fleisch vom Schwein, die Fischkonserve konnte sich der Konsument mit Fleischessen ersparen. Das auf viel Umfang gezüchtete Huhn litt an Geschmacklosigkeit, genauso wie seine Esser.
Beharrungsvermögen war einem Innviertler Bauern nicht fremd. Stur widersetzte sich mancher der modernen Züchterei, trotzte hartnäckig allen Berichten, Inseraten, Aufrufen und Mahnungen seiner Zeitung. Diesen Widerständlern begegneten die Zeitungsmacher erfolgreich mit moralischen Totschlag-Argumenten. Nur immer mehr Innviertler Fleischproduktion konnte demnach drohenden Fleischmangel auf der gesamten Welt verhindern. Und auch in Österreich sollte kein einziger Mensch am explodierenden Fleischkonsum verhungern.

Fleisch- nicht Fetttiere brauchen wir
Mit der ständig zunehmenden Zahl der Bewohner der Erde steigt auch der Bedarf an Nahrungsmitteln von Tag zu Tag. Kaum ein Land kann es sich heute noch leisten, auf die Vorsorge der Natur allein zu vertrauen! Der Mensch muß sich immer genauer überlegen, was er mit den ihm zur Verfügung stehenden Nahrungsmitteln anfängt. Um der rapid wachsenden Menschheit eine ausreichende Ernährungsgrundlage zu sichern, muß vor allem die Erzeugung landwirtschaftlicher Produkte auf der ganzen Welt gesteigert werden, meint der US-Ernährungswissenschaftler Howe.

Heimische Bauern strengten sich ehrlich an.

Spitzenwerte erreichte 1967 die Braunvieh-Kuh „Fritzi" des Johann Lughofer, Badegruber in Bleckenwegen, aus Waldzell mit einer Tagesleistung von 38 kg Milch. (1967)

Trotzdem war der Zeitung genug nie genug. Immer wieder streute sie ausländisches Salz in heimische bäuerliche Wunden. Internationale Vergleiche wirkten gut, machten das Gegenteil von sicher. Mit insgeheimer Schande wurde der angehende Innviertler Farmer erfüllt, dass seine Durchschnittskuh immer noch kaum mehr Milch gab als die bekannt italienisch faule.

Hollands Kühe sind die Stars 1964
Einer schweizerischen Statistik zu Folge betrug 1964 in 15 Ländern die durchschnittliche Milchleistung in kg je Kuh:
Holland 4.178
Belgien 4.042
Dänemark 3.819
USA 3.574, dann folgen Finnland, England, Norwegen, Schweden, Neuseeland, Frankreich. Die österreichischen Kühe erreichten mit 2.794 kg nur den vorletzten Platz vor Italien.

Spitzenkuh liefert fast 10.000 Liter Milch pro Jahr (1964)
Die Kühe auf der Chubbucks-Farm in Connecticut sind ausschließlich Milchleistungskühe, die im Durchschnitt 7.000 Liter pro Jahr liefern, die Spitzenkuh erzielte sogar eine Jahresleistung von 9.500 Litern, eine fast unglaublich anmutende Menge, wenn man bedenkt, daß bei uns 4.000 Liter schon guten Durchschnitt bedeuten.

Unsere Milchwirtschaft muß verbessert werden
Österreich steht 1966 mit einer durchschnittlichen Milchleistung von 2.712 kg je Kuh und Jahr als letztes hinter sieben anderen europäischen Ländern: Die Spitze in dieser Untersuchung halten die Niederlande mit einem Durchschnitt von 4.230 kg. Die durchschnittliche Milchlieferung je Kuh und Tag ist von 4,56 kg im Jahre 1964 auf 4,78 kg im Jahre 1965 gestiegen, liegt aber in den einzelnen Bundesländern sehr verschieden.

Westdeutsche Hennen legen 1969 doppelt so viel wie vor 20 Jahren
Die Gründe, die zu diesen erhöhten Leistungen führten, sind bei den Pflanzenerträgen zunächst bei der agrikulturchemischen Forschung und der Pflanzenzüchtung zu suchen; außerdem haben hierzu die verbesserte Bodenbearbeitung und der erhöhte Aufwand an ertragssteigernden Betriebsmitteln wie Mineraldünger, Pflanzenschutzmittel beigetragen. Dieser stärkere Einsatz an Arbeit und Kapital ist charakteristisch für eine intensive Kulturwirtschaft, die nicht nur auf Erhaltung, sondern auch auf Steigerung der Bodenfruchtbarkeit ausgerichtet ist.

Für die besseren Leistungen in der Tierhaltung sind vor allem die Fortschritte in der Tierzüchtung sowie in der Fütterung in den letzten zwei Jahrzehnten ausschlaggebend gewesen.

Hektarerträge beachtlich gestiegen – Tierhaltung immer ergiebiger
Die westdeutsche Landwirtschaft hat in den letzten 20 Jahren die durchschnittlichen Hektarerträge der pflanzlichen Erzeugnisse und die durchschnittlichen Leistungen in der Tierhaltung beständig erhöhen können. So stiegen bei Brotgetreide die Ernten von 23 auf 34 Doppelzentner je Hektar, bei Futtergetreide von 23 auf 32 Doppelzentner, bei Erdäpfel von 213 auf 270 Doppelzentner und bei Zuckerrüben von 318 auf 432. Die Jahres-Eierproduktion je Henne stieg sogar von 90 auf 206 Eier.

Die Innviertler Farm wurde zum Hamsterrad, ein Teufelskreis wurden die Kredite. Kunstdünger, Kraftfuttermittel, Antibiotika, Silos kosteten ihren Preis. Bauer und Bäuerin waren auf einmal allein zu Haus, allein blieb ihnen auch die Arbeit. Knechte und Mägde gingen weg in die zahlreichen entstehenden Fabriken. Moderne Technik ersetzte sie, und für den Bauern wurden sie zu teuer.
Zeitungs- und zeitgesteuert produzierte der Innviertler Farmer immer noch mehr, um dafür als Dank immer noch weniger und weniger zu bekommen. Ein Zuviel drückte überall auf den Preis. Mit immer neuen Scheinbar-Tipps wuschen die Antreiber und Anstifter für laufende Mehrproduktion in aller Unschuld ihre Hände.

Schweineschwemme im Frühjahr 1958
1958 wird ein hohes Angebot an Schlachtschweinen auf die Marktpreise drücken. In dieser Situation gewinnt der Aufruf der Landwirtschaftskammer größere Mengen Schweinefleisch in Tiefgefrierzellen zu lagern besondere Bedeutung. Einen stärkeren Rückgang der Schweinepreise wird die Landwirtschaft wahrscheinlich nur vorbeugen können, indem sie die Schlachtgewichte von derzeit 100 kg auf 95 kg Schwein senkt und die Sauenmengen verringert. Mit der Mechanisierung der Feldarbeit und der Erhöhung des Produzentenpreises für Milch haben sich nämlich viele Betriebe, die Ochsenaufzucht betrieben haben, auf intensive Milchwirtschaft umgestellt. In der Folge kam es zu einer Überproduktion von Milch. Es scheint gesamtwirtschaftlich jedenfalls sinnvoller, die steigende Futterproduktion zur Erzeugung von Rindfleisch zu verwenden, weil Mastrinder im Ausland guten Absatz finden. Milchproduktion dagegen sollte nicht vermehrt werden. Eine vermehrte Rinderaufzucht und Rindermast werden gegenwärtig auch durch die Preisverhältnisse begünstigt.

700 Tonnen verbilligte Butter – Butterüberfluß in allen Landen (1961)

Die Buttervorräte 1970 in den Kühlhäusern Österreichs sind auf 5.000 Tonnen angewachsen. Um diese Butterberge zu verringern, werden in der „Aktion Tafelbutter" zwischen 8. und 27. Juni 1.500 Tonnen gelagerte Teebutter zu 26 Schilling (normal 42 Schilling) je Kilo abgegeben.

Der erhöhte Bedarf an Schweinen konnte 1957 nicht befriedigt werden. 1956 mußten daher 109.490 Schweine importiert werden. Nach dem Ergebnis der Schweinezählung vom 3. Juni 1957 gibt es in Österreich um 18.500 belegte Zuchtsauen mehr als zur gleichen Zeit des Vorjahres. Diese 14prozentige Steigerung bedeutet, daß es im Frühjahr 1958 um über 100.000 Schlachtschweine mehr geben wird als 1957, eine Schweineschwemme im Frühjahr 1958 dürfte daher unvermeidbar sein.

Unsere Milchkannen laufen über
Auf dem Agrarsektor ist einiges ins Rutschen gekommen. Die Produktion bei Milch und Fleisch steigt, die Budgetmaßnahmen der Regierung reduzieren die Stützungsmittel und verursachen daher einen Kostendruck, der den bäuerlichen Genossenschaften und der Agrarwirtschaft zu schaffen macht. Der Milchstrom quillt weiter und führt zu Überschüssen, die die Neigung haben, noch weiter anzuwachsen. Verkaufsfördernde Maßnahmen sollen die Überschüsse reduzieren. Gesprächsthema Nr. 1 ist derzeit in Österreich der sagenhafte Butterberg, und weil Butter nur beschränkt lagerfähig ist, müssen Maßnahmen getroffen werden, um sie an den Mann zu bringen. 2.400 Tonnen nicht absetzbarer Butter liegen derzeit in den Kühlhäusern. Das Lied vom Butterberg singen nicht nur die Österreicher, sondern auch die Europa-Kühe sind fleißig.

Nur 51 Prozent Vollerwerbsbetriebe
Die totale Gesichtsveränderung der Landwirtschaft geht aus dem jüngsten Bericht des Wirtschaftsforschungsinstitutes hervor. 1961 waren in der Land- und Forstwirtschaft um 423.600 Personen (26 Prozent) weniger beschäftigt als 1951, wogegen der Traktorenbestand im selben Zeitraum von 18.000 auf fast 120.000 anstieg. Knapp 203.000 Vollerwerbsbetrieben (Mitarbeit aller Familienmitglieder) stehen knapp 43.000 Haupterwerbsbetriebe (mehr als die Hälfte der Familienmitglieder arbeiten im eigenen Betrieb) und 145.000 Nebenerwerbsbetriebe gegenüber (der größere Teil der Familienmitglieder arbeitet auswärts).

Immer mehr Innviertler Landwirte kamen mit ihrem Einkommen nicht aus. Immer mehr gaben auf oder streckten sich als Nebenerwerbsbauern nach der letzten

Decke. Umgekehrt wurde Innviertels Landwirtschaft modern, brachte den übrig gebliebenen Bauern durchaus einen gewissen Wohlstand. Das Innviertel entwickelte sich zum landwirtschaftlichen Fortschrittsland, konnte mithalten mit den Vorgaben aus der Zeitung. Innviertels Fleckvieh wurde international berühmt, die stets bauernantreibende Wochenzeitung hatte durchaus einen Anteil daran.

1961 gab es die bisher größte Fleckviehschau der Rieder Messe. War 1947 noch mit Stolz berichtet worden, daß sich unter den ausgestellten Kühen auch einige mit einer Lebensleistung bis zu 25.000 kg Milch befinden, so wurden nun 20 Kühe mit über 40.000, davon vier mit 50–60.000 und zwei sogar mit 60–70.000 kg Milch vorgeführt, ein fast unvorstellbarer Fortschritt in einem Zeitraum von nur 15 Jahren.

Der Traktor und die Landmaschinen

Zu jedem Hof gehörte hü und hott. Nicht gerade ein Bauernhof für ein Pferd, aber für jeden Bauern war es lebenswichtig. Das Ross war ein echtes Arbeitstier, arbeitete seit Jahrhunderten ganz eng zusammen mit den Menschen. Einer führte das Pferd, einer den Pflug, der Vierbeiner zog sauber seine Furchen. Ein- oder zweispännig wurden die Rösser in das Kummet eingespannt. Sie waren Kapital und dementsprechend wurden sie behandelt. Auf größeren Höfen gab es eigene Knechte für die Pferde. Gut im Futter mussten die Gäule stehen, Hafer gemischt mit Häcksel und Streu verliehen ihnen ihre Pferdestärken. Damit sie nicht der Hafer stach, gab es in der pferdearbeitsloseren Winterzeit mehr Futterrüben. Das Pferd besaß Anziehungskraft. Es zog die Egge, die Sämaschine, das Holzbloch aus dem Wald, das Jauchefass, den Leiterwagen mit Mist, Heu oder Frischkartoffeln. Das Pferdefuhrwerk brachte die Bäuerin zum Gottesdienst, den Bauern in das Gasthaus. Notfalls brachte das Pferd ihn sogar selbststeuernd wieder heim, wenn ihm der Alkohol die Zügel aus der Hand nahm. Braut und Bräutigam wurden kutschiert, Festgäste jubilierten fröhlich. Die letzte Fuhre ging für alle gleich auf den geweihten Gottesacker. 1950 gab es im 2000-Seelendorf Waldzell gezählte 365 Rösser. Traktoren nur zwei, und das waren vorsintflutliche 40er-Baujahr-Ungetüme. In Detroit, Michigan, wurden Zigtausende Traktoren jährlich produziert, ein jeder US-Farmer hatte zumindest einen.

Gezeigt wurden Bodenbearbeitungsgeräte für Gespanne als auch Traktorenzug, Maschinen und Geräte zur Aussaat, zur Futterbereitung, Erntemaschinen, Maschinen und Geräte für Erntebearbeitung, für die Getreidereinigung, für die

Schädlingsbekämpfung, für Güllewirtschaft, Förderanlagen aller Art, der neue Steyrer-Kleinschlepper, Anhängergeräte, Elektromotoren, Geräte für die Konservierung, für die Milchwirtschaft, Heiz-, Koch- und Dampfanlagen, Geräte für die Mosterei, Traktoranhänger, elektrische Weidezäune und vieles mehr. Mit viel Anteilnahme scharten sich die Besucher um den Steyr-Kleintraktor und die übrigen Vorführungen und lauschten den technischen Erläuterungen der Vortragenden, die zu gewinnbringenden Diskussionen führten. Die Lagerhausgenossenschaft Ried hat keine Mühen und Kosten gescheut, eine reichhaltige und komplette Schau in der Ausstellung zusammenzutragen. Diese Gelegenheit wurde dann auch durch die interessierten bäuerlichen Kreise sowohl was die Schau als auch Beratung betrifft reichlich benützt. Die Musikübertragung durch ein Megaphon sorgte für Kurzweil. (1951)

Rossig blieb es im Innviertel noch einige Zeit. Vorerst tuckerten die Traktoren hauptsächlich in der Zeitung, luden in Inseraten zu Probefahrten ein, der Steyr aus Oberösterreich und der Tiroler Lindner. Selbstläufer waren Traktoren zuerst nicht. Nicht wenige Bauern standen ihnen mit Skepsis gegenüber. Ihre Befürchtung war, wo er einmal seine Spuren zog, würde für lange Zeit kein Gras mehr wachsen.

Der neue Steyr-Kleintraktor 1950
Die Vorarbeiten und umfangreiche Erprobung dieses neuen Einzylinder-Dieseltraktors, Type 80, mit seinem 13- bis 15-PS-Motor sind abgeschlossen, sodaß er bereits in den nächsten Wochen auf den Markt kommt. Er verbraucht bei 1.330 ccm³ Hubraum eineinhalb bis zwei Liter Brennstoff je Stunde und hat eine Straßengeschwindigkeit von 15 Stundenkilometern. Er ist mit seinem hohen Bodenabstand

und der zwischen 125 und 145 cm veränderlichen Spurweite besonders für Hackfruchtbearbeitung geeignet und besitzt eine Viergangseilwinde, ein hydraulisches Hubwerk und die Möglichkeit eine Reihe landwirtschaftlicher Geräte mit wenigen Handgriffen anzubringen und auszuwechseln (schwenkbare Achsenschiene, Mähbalken, Zapfwelle, Riemenscheibenantrieb, Drehpflug, Beetpflug, Federzinkenkultivator, Rübenhackgerät mit Feinsteuerung, Heuwender, Kartoffelroder, Scheibenecke, Netzecke, Gerät zur Schädlingsbekämpfung). S. 23.000,–
Ein landwirtschaftlicher Universalhelfer, der wesentlich zur Mechanisierung und Rationalisierung beiträgt.

Die neue Lindner Reihe
„Neu" Kleintraktor, 10–13 PS, Blockbau, Zweizylinder, 4-Takt-Diesel, luftgekühlt, 5 Vorwärtsgänge, 1 Rückwärtsgang, Differenzialsperre, Lenkbremse, Zapfwelle … S 29.500,–
„Neu" 35–40 PS, Zweizylinder, 2-Takt-Diesel, 4-Rad-Antrieb, 8 Vorwärts- und 2 Rückwärtsgänge, Drehmomentwandler in den Hinterrädern … S 78.000,–
15 PS mit Seilwinde … S 34.500,–
20 PS mit Seilwinde … S 39.500,–
20 PS, 4-Rad-Antrieb … S 49.500,–
Triebachse mit Freilauf für Anhänger … S 8.000,–
Kompletter Triebachsenanhänger … S 21.000,–
Sämtliche Traktor-Anbau- und Zusatzgeräte sowie alle sonstigen Landmaschinen und Geräte zu billigen Preisen!
Kurzfristige Lieferzeiten. Erleichterte Zahlungsbedingungen. Verkauf, Lieferung und Kundendienstwerkstätte Josef Gadermeier, Lohnsburg, OÖ.

15 Pferdestärken, 15 km/h Höchstgeschwindigkeit und dazu bewegliche Hydraulik. Die Pferde stellten langsam ihr Wiehern ein. Die Ackergäule wurden ausrangiert, zusätzlich lahmten sie auch preislich. 40.000 Alpendollar berappte der Bauer für zwei Rösser. Um wohlfeile gut 20.000 gab es den neuen Traktor. Statt mühsam einzuspannen wurde per Hand mit Kurbel oder elektrischer Startvorrichtung angeworfen. Mit Diesel war schnell aufgetankt, Mechaniker ersetzten Pferdeknechte. Gummireifen brachten den Hufeisen kein Glück.

Zugvieh wird vom Traktor verdrängt
In den 36 Gemeinden des Bezirks Ried hat sich der Viehbestand gegenüber 1950 stark verändert, wie die Zahlen der Viehzählung 1959 zeigen. Während 1950 noch 6.899 Pferde verzeichnet wurden, waren es 1959 nur mehr 2.384. 1950 hielt Taiskirchen mit 430 Pferden die Spitze, 1960 war Mettmach mit 179 die rossreichste Gemeinde.

Konkurrenzkampf zwischen Pferd und Traktor
Im ländlichen Bezirk Ried geben die Vergleichszahlen der Viehzählungen 1956 gegenüber 1951 einen interessanten Einblick. Sie beweisen das gesunde wirtschaftliche Fundament unserer Landwirte und auch den Fleiß unserer Viehzüchter. Zunächst ist ein starker Rückgang in der Pferdehaltung eingetreten. Der Pferdebestand hat sich in diesen fünf Jahren um 1.907 auf 5.396 verringert. Im gleichen Zeitraum stieg die Zahl der Traktorenbesitzer von 557 auf 1.901. Fast jeder dritte landwirtschaftliche Betrieb besitzt heute einen Traktor.

Weniger Pferde, weniger Schmiede
In Österreich gibt es 1967 nur noch 75.047 Pferde, dieser Bestand ist auch schon überaltert. Der Beruf „Huf- und Wagenschmied" wird bald nur noch historische Bedeutung haben, derzeit gibt es noch ca. 2.000 in Österreich. Viele alte Meister legten ihre Berechtigung zurück.

Schneller, zahlreicher und markenvielfältiger als anderswo starteten im Innviertel Traktoren aus der Zeitungspoleposition.

David-Brown-Traktor 1961
mit dem weltberühmten Anti-Rutsch-„Implematic"-Hydrauliksystem

LINDNER-KLEINTRAKTOR **MOD. 1950, 15 PS**
mit Jenbacher-Diesel

Bez.-Vertr. Ried i. I., Schärding, Grieskirchen
Josef Gadermeier, Lohnsburg, O.-Ö., Tel. 4

Landw. Maschinen, Bau von Licht- und Kraftanlagen, Fahrzeuge
Reparatur-Werkstätte, Puch- und Sachs-Kundendienst, Radio etc.

Normalausführung

mit Lichtanlage,
Riemenscheibe und
Ackerbereifung . 20.500

Sonderausführungen

Mähbalken . . . 2000·—
Seilwinde . . . 1200·—
Zapfwellen-
Antrieb . . . 500·—
Pumpenanlage . 1950·—
Einachsen-
Kippanhänger
2 t Tragkraft
4 m² Ladefläche 2950·—

Unverbindliche Auskünfte und Offerte

Er ist da! Der neue Hofherr-Porsche-Universale Traktor, Typ Junior S
20 km die Stunde, verstärkte Hydraulik, automatische Temperaturregelung

Allgaier Traktoren
System Porsche. Luftgekühlt
Sind nunmehr auch in Österreich kurzfristig lieferbar.

Alle Traktoren waren in der Zeitung grau. Einer fiel trotzdem besonders auf, sein Grau erschien in bäuerlichen Traktor-Fantasien schon farbig. Es war der amerikanisch-britische Massey-Ferguson mit seinen lockeren Inseratensprüchen und seinen rasanten Fotos.

Landwirte!
Schaut, es liegt doch auf der Hand:
Wollt bebauen ihr das Land,
ernten reichlich und bequem,
nehmt das Ferguson-System!
Der ideale Traktor für das Landgut, egal welcher Größe! Das Ferguson-System ermöglicht die Vollmechanisierung der Landwirtschaft. Beratung und Verkauf nur beim Fachmann.

Ferguson FE 35 und
Ferguson FE 35 Spezial
„Der Zeit um Jahre voraus"
6 Vorwärts- und 2 Rückwärtsgänge,
2-Zapfenwellenschaltung,
2-Stufen-Kupplung, Korrektionshydraulik

Als der Innviertler Bauer erstmals einen wirklichen Massey sah, entsprach er mit seinem aggressiven Rot hundertprozentig seinen Fantasien. Hektik bewirkte das

Massey-Rot am Hof. Zu grün hinter den Kotflügeln erschien das Steyr- und das Lindner-Grün, zu bieder das brave Blau von Fordson und Warchalowski. Steyr, Lindner und Co. schwenkten notgedrungen ein auf die erfolgreiche US-Farbspur, erröteten kurz und sind für immer rot geblieben.
Höchstleistungslandmaschinen wurden ebenfalls feuerrot, martialisch klangen ihre Namen: Frontlader hießen sie, Mistgreifer, Feldhäcksler, Messerkreisel, Kratzböden, Scheibenecke, Federzinkenkultivator, Triebachsenanhänger, die Landwirtschaft wurde zum Kampffeld.

Krüger-Ladewagen um 39.000,– S
Ein wirklicher Schlager!
Kein „kleiner" Ladewagen, Kratzboden mit 3 Ketten, Fassungsraum über 18 m³,
Aufbaugestell für Grünfutter und Heu. Mit Miststreuer kombinierbar.
Krüger-Mähfeldhäcksler: der 1965 meistgekaufte Schlegelhäcksler von Oberösterreich
Rosenbauer Traktor-Sattelspritzer
Unkrautbekämpfung im Getreidebau und Schädlingsbekämpfung im Feld- und Obstbau
8,5 m Spritzbreite – genaue Dosierung – einfache Bedienung

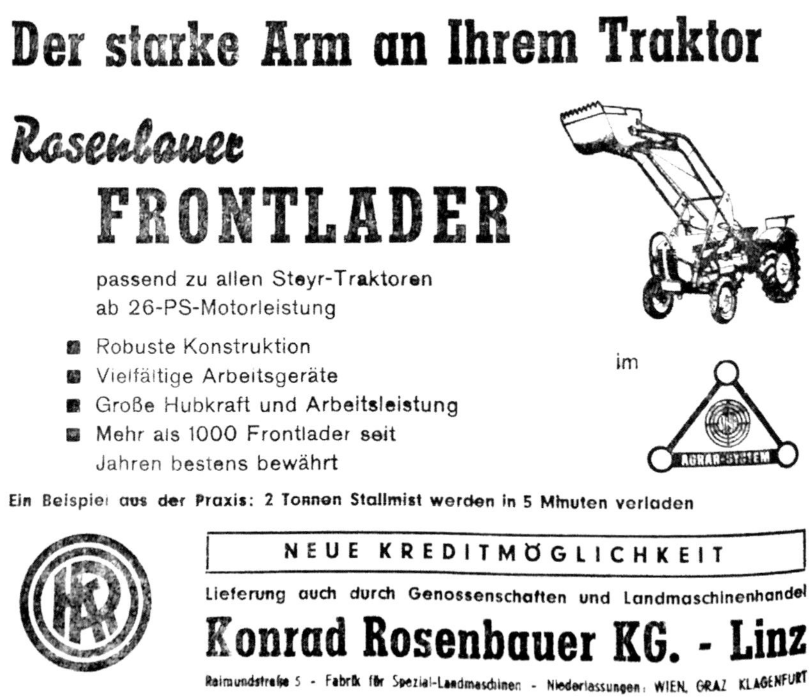

Landwirtschaftsgeräte
Massey-Ferguson
MF 15 und MF 20
Ballenpressen
Große Leistung
Wendig und robust
Für jedes Preßgut geeignet
Landmaschinenverleih
Leihgebühr S 6,50 pro Stunde
Anlernen kostenlos
Fa. Josef Handl, Ried

Handmähgeräte verloren sich beinahe zwischen den vielen motorisierten Landmaschinenseiten. Doch in der Bauernhofwirklichkeit ging bis weit in die 60er-Jahre hinein mähmäßig noch sehr viel händisch. Schlussendlich droschen Mähdrescher alles kurz und klein, die alten Dreschmaschinen waren abgedroschen.

Das Innviertel empfing den Mähdrescher
Ein seltenes Dorffest in St. Georgen
Am Pfingstmontag, 3. Juni 1959, brachte die Firma Hofherr und Schrantz den anläßlich einer Verlosung von Landmaschinen gestifteten ersten Preis, einen Mähdrescher im Wert von 126.000 S, nach St. Georgen, um ihn dem glücklichen Gewinner, dem Landwirt Franz Wiesinger, Kaindl in Luag, zu übergeben. Das Dorf selbst trug reichen Fahnenschmuck. Nahezu 1.500 Menschen aus allen Teilen des Innviertels und aus Niederösterreich und Salzburg waren gekommen. In einem schönen Festzug, an dem die Musikkapelle Kirchdorf, die Feuerwehr, der Jungbauernchor und die Schulgemeinschaft mit ihren Lehrkräften voranschritten, sah man viele Ehrengäste. Symbolhaft für die Bestimmung des Mähdreschers trug eine Schülergruppe die Wappen der Landwirtschaft dem Geschenk voraus. Ökonomierat Schwarzmayr begrüßte die Gäste, Bezirksbauernkammerobmann Schachinger beschrieb den Stand der Erntemaschinen seines Bezirks, Nationalrat Wührer brachte einen geschichtlichen Rückblick auf die Entwicklung der Druschformen. Pfarrer Humer gab der Maschine die kirchliche Segnung, worauf dem Gewinner die Schenkungsurkunde überreicht wurde. Den Ausklang des Festes feierte man im Gasthofe Moser, wo die Vereine und die Ehrengäste von der Firma und dem Gewinner großzügig bewirtet wurden. Das Fest wurde durch musikalische Einlagen der Musikkapelle Kirchdorf, der ersten Bauernliedertafel und des Jungbauernchors St. Georgen verschönert.

Köla Mähdrescher Ponny 1955
Der große Schlager auf dem Mähdreschergebiet.
Schnittbreite 1,90 m, 34 PS Dieselmotor, Stundenleistung ca. 1.500 kg, Gewicht 2.200 kg, solide Stahlbauweise, sehr große Schüttel- und Siebfläche

Seit dem Jahr 1910 werden Massey-Harris-Mähdrescher gebaut!
Erfahrung und Bewährung haben dazu geführt, daß heute mehr als 300.000 Massey-Harris-Mähdrescher auf der ganzen Welt im Einsatz sind!
Ausgezeichnete Maschinenleistung und ein guter Kundendienst führten dazu, daß mehr als die Hälfte aller selbstfahrenden Mähdrescher in Österreich, in Oberösterreich in noch weiter erhöhtem Ausmaß, Massey-Harris-Mähdrescher sind!
Massey-Ferguson Mähdrescher MF 87
Perkins Dieselmotor 56 PS, Schnittbreite 2,51 m, Korntankinhalt 1200 kg
Dechentreiter selbstfahrender Mähdrescher
Modell 1958 „Goldhamster"
In Arbeitsbreiten 190, 220 und 250 und Zwangseinlauf. Mit dieser Neukonstruktion zählt Goldhamster zu den führenden Fabrikaten.

Claas-Mähdrescher sichern Ihre Ernte!
Claas, der meistgekaufte Mähdrescher Europas
Columbus: 1,80 m, 34 PS
Mercur 2,60 m, 52 PS
Matador Standard 2,60 m, 62 PS
Matador Gigant 3 m, 82 PS

Die Schädlingsbekämpfung

Schädlinge lebten ziemlich gut, ihre Feinde waren bis auf ein paar Spritzmittel natürlich. Die Innviertler selber gehörten auch dazu, etwa beim händischen Abklauben von Kartoffelkäfern.

Wippenham
Der Kartoffelkäfer hat nunmehr auch unsere Gemeinde heimgesucht. Am letzten Suchtag wurden auf dem Acker des Holzwimmergutes 3 Stück gefunden.

Peterskirchen
Auch bei uns wurden bereits vom Bauern Wimmer in Brenning Kartoffelkäfer und Ei-Gelege gefunden. Am letzten Suchtag wurden wiederum von den größeren Schülern zwei Befallsstellen in Haubenhof und Brenning gefunden. Es ist somit erhöhte Aufmerksamkeit geboten und es werden alle Besitzer ersucht, auch außer den Suchtagen bei den Feldarbeiten Acht zu geben. (1952)

Kartoffelkäfergefahr immer bedrohlicher
Während man bis vor kurzem noch vielfach der Meinung war, die Gefahrenmeldungen mit dem Kartoffelkäfer seien übertrieben, so wird allmählich auch der Sorgloseste stutzig. Wir haben auch diese Woche eine Unzahl von Meldungen über neues oder verstärktes Auftreten dieses Schädlings erhalten. So aus Altheim, Aurolzmünster, Hofkirchen an der Trattnach, Haibach, Engelhartszell, Attersee, Enzenkirchen, Brunnenthal, Andorf, Ort im Innkreis, Natternbach, Munderfing, wo man fliegende Schwärme niederschlug, Stadel-Kicking, Sigharting, St. Florian am Inn, Schneegattern, wo tausende Käfer und Larven gefunden wurden (!), Steinbach am Attersee, Timelkam, Wippenham und an verschiedenen anderen Orten. Es bleibt abzuwarten, wie sich die aus diesen Käfern und Larven nachkommenden Generationen vermehren und schädigend betätigen werden.

Chemie, die es schon gab, war nur ein halbprobates Mittel. Kartoffelkäfer waren äußerst resistent. Selbst göttlich-biblische Versprechungen wie „Ich werde Schädlinge von euren Feldern fernhalten, damit die Ernten nicht verderben“ (Mal 3,11) blieben leer im Kampf gegen den Widerling.
Große landwirtschaftliche Verluste richtete der „arglistige Bösling“ an, nicht minder schädlich entpuppte es sich für die Zeitung. Weil der Käfer aus Colorado kam, hieß er Colorado Potatoe Beetle. Als Amikäfer wurde er vom Volksmund beschimpft, dabei schwang mehr mit als bloß die Wut auf diesen kleinen Käfer. Der US-affinen *Rieder Zeitung* tat das doppelt weh mit ihrer rosaroten Ami-Brille.

Umso herzlicher war ihre Begrüßung des DDT, das in den USA 1945 für rein zivile Zwecke zugelassen wurde.

DDT
Zur Eindämmung des Massenauftretens verschiedener Schädlinge, zu denen in der Landwirtschaft besonders der Kartoffelkäfer, verschiedene Pilzkrankheiten und im Obstbau die San-José-Schildlaus gehören, griff man in den letzten Jahrzehnten insbesondere zur Methode der chemischen Schädlingsbekämpfung. Auf diesem Sektor ist in der letzten Zeit durch die Erfindung der synthetischen Insektenbekämpfungsmittel wie DDT, GAMMA und andere ein beachtlicher Erfolg erzielt worden. Diese Präparate sind gegen Schädlinge der Insektenwelt sehr wirksam, haben jedoch die angenehme Eigenschaft gegen warmblütige Lebewesen verhältnismäßig wenig giftig zu sein. Der intensive Einsatz chemischer Stäube- und Spritzmittel mußte zwangsläufig mit einer Verbesserung der Bekämpfungsgeräte Hand in Hand gehen. Die alten, einfachen Handspritz- und Stäubegeräte sind überholt, jetzt gibt es motorisierte Großgeräte.

Dichlordiphenyltrichlorethan, DDT, bekam nur allerbeste Zeitungsnoten. Mit „Stumpf und Stiel" merzte es alles aus, wie einst der biblische Jesaja seherisch prophezeite. Herbizide, Pestizide und DDT wurden als ausnahmslos segensreich beschrieben, Warmblütern schadete es nicht – laut wie immer glaubhafter amerikanischer Behörde. Moralisch wertvoll waren DDT und Co obendrein, die Weltbevölkerung würde dank ihnen in Zukunft nie mehr hungern.

Keine Gefahr durch Pflanzenschutzmittel
Nur durch den steigenden Einsatz von Pflanzenschutzmitteln läßt sich der steigende Nahrungsbedarf der wachsenden Weltbevölkerung decken, sagen die Fachleute. Die Rechnung leuchtet dem Laien ein. Die Bodenfläche wird nicht größer, also kann man nur die Erträge vergrößern; dazu gehört auch der Einsatz von Chemikalien zur Vermeidung von Schädlingen. Aber mit der Frucht nimmt der Mensch dann auch solche Chemikalien zu sich. Und das kann nicht gesund sein, hört man oftmals. Ja, aus der Gegenüberstellung, daß es früher keine Pflanzenschutzmittel, aber auch keinen Krebs gab, wird sogar der Schluß abgeleitet, hier könnte die Ursache für die verheerende Seuche unserer Zeit liegen. Nein! So erklärte Hofrat Dr. Beran, Direktor der Bundesanstalt für Pflanzenschutz (!) in Wien: Der Pflanzenschutz in Österreich führt zu keiner Gefährdung der menschlichen Gesundheit. Schon 1948 hat unser Land durch ein modernes Pflanzenschutzgesetz dafür gesorgt, daß Menschen nicht gefährdet werden durch Chemikalien, wie sie zum Schutz der Pflanzen vor Schädlingen und Unkraut verwendet werden. Untersuchungen und Kontrollen, die garantieren, daß zwischen der Anwendung

der Mittel und der Ernte genügend Zeit verstreicht, daß also in der Ernteproduktion keine solchen Chemikalien mehr enthalten sind. Österreich ist hier vorbildlich. (1958)

DDT-Kritik – aus Wundermittel wird Teufelszeug?
DDT verliert erst nach Jahren seine Wirksamkeit und ist durch Regen, Wasser, Flüsse und Meer überall, auch in der Babyfeinkost, in Fischen, Brathühnern, Milch und Futter. Befürworter der chemischen Schädlingsbekämpfung: 35 % der Welternte würde durch Schädlinge vernichtet ohne Chemie, ohne Chemie wären viele Menschen dem Hungertod preisgegeben. Kulturpflanzen bringen weitaus höhere Erträge, sie sind aber auch anfälliger. Ohne menschliche Hilfe würden hochgezüchtete Pflanzen im Kampf ums Dasein unterliegen. (1970)

Manche „Naturapostel" meinen, man sollte überhaupt nichts gegen Parasiten unternehmen, sondern alles seinen natürlichen Kräften überlassen. Sie propagieren den „Biologischen Bauernhof", auf dem man weder Spritzbrühe noch Kunstdünger findet. Die Erträge sind dann gering, die Birnen fleckig, die Kirschen madig, die Erdäpfelfelder kahl gefressen. „Sollen wir die Kartoffelkäfer vielleicht mit dem Jagdgewehr erschießen?"

1969 – Pflanzenschädlinge fressen Milliarden
Die derzeit durch Schädlinge, Krankheiten und Unkraut verursachten Verluste in der Pflanzenproduktion betragen in der Welt jährlich rund 2000 Milliarden S, was der Pflanzenproduktion von 200 Jahren unseres Landes entspricht. Prozentuell beläuft sich die Schadensziffer auf 35 % der potenziellen Ernte.
In Österreich ist die Situation dank einer fortschrittlichen Landwirtschaft und einer leistungsfähigen chemischen Industrie weitaus besser als im internationalen Durchschnitt, doch dürfte auch bei uns der jährliche Verlust zwei bis zweieinviertel Milliarden Schilling betragen. Diese Zahlen zeigen deutlich die Notwendigkeit eines intensiven Pflanzenschutzes schon von dessen „klassischer" Funktion, der Bekämpfungsmaßnahme her. Die Rentabilität des sinnvollen Einsatzes von Pflanzenschutzmitteln ist zweifellos gegeben. Gegenwärtig sind in Österreich 1.389 Pflanzenschutzmittel registriert, denen rund 150 Wirkstoffe zugrunde liegen.

Die neuen Schädlingsbekämpfungsmittel sprayten lästige Stubenfliegen ohne Bedenken weg, ebenso blutsaugende Läuse und freche Wanzen.

Überall die widerwärtigen Fliegen – JACUFIN beseitigt sie

TUGON – Fliegenteller
TUGON – Fliegenkugel lockt die Fliegen an und tötet sie!

Pflanzenschutz heiligte jedes giftige Mittel. Zeitungstotalbestärkt säte der Landmann durchschnittlich bis zu 35 Kilogramm DDT pro Hektar und Jahr auf seine Felder. Nützlinge hat es kollateral erwischt. Doch was nicht weh tat – so altbewährte Innviertler Bauernmedizin – besaß auch keine Wirkung.
Der Marienkäfer flog schon 1960 das Innviertel kaum mehr an, stellte den Flugbetrieb dahin ein, auch andere Insekten folgten. Ausgerechnet aus Michigan traf dann die DDT-Hiobsbotschaft ein. 1969 wurde es dort für alle Zeit verboten. Angedeutet hat daraufhin die Innviertler Bauernzeitung 1970 eine gewisse Gefährlichkeit der Spritzmittel schon. Aber wer sie nicht direkt trank oder einatmete, für den schienen die chemischen Mittel weiterhin nicht sehr gefährlich. Auf offizieller Linie befand sich damit das Blatt, erst 1992 wurde in Österreich DDT verboten.

Höchste Vorsicht mit Spritzmitteln
Gesundheitsschäden durch Pflanzenschutzmittel können Arbeitsunfälle sein!
Alljährlich mit Beginn der Vegetationsperiode, besonders aber in den Sommermonaten wenn Pflanzenschädlinge und Pilzerkrankungen massiert auftreten, ist auch eine Zunahme von Erkrankungen festzustellen, die Versicherte durch den Umgang mit Spritzmitteln erleiden. Erfahrungsgemäß werden über solcherart verursachte Krankheitszustände häufig keine Meldungen an den Unfallversicherungsträger erstattet, sei es, weil die Gesundheitsschäden zumeist doch nur vorübergehender Natur sind, sei es, daß Dienstnehmer und Dienstgeber sich nicht darüber im Klaren sind, daß hier echte Arbeitsunfälle vorliegen könnten.
Besonders bemerkenswert ist der Arbeitsunfall einer Gärtnerin, die dadurch zu Schaden kam, daß in ihrer Nähe Spritzarbeiten stattfanden. Dieser Unfall hatte schwerste Lähmungserscheinungen am ganzen Körper zur Folge, die bis heute noch nicht ganz behoben werden konnten.
Es wird daher auf die Gefährlichkeit von den als Insektizide und Fungizide in Verwendung stehenden Spritzmitteln hingewiesen. Die den jeweiligen Präparaten beigegebenen Anwendungsvorschriften sind genau zu befolgen.
Allgemein gültige Vorsichtsmaßnahmen:
Verwendung einer eigenen Kleidung für Spritzarbeiten
Nicht essen, rauchen und trinken während der Spritztätigkeit
Verstopfte Düsen nicht mit dem Mund durchblasen
Nicht gegen den Wind spritzen
Die Vergiftungen ziehen vorwiegend Kreislauf- und Nervensystem in Mitleidenschaft. Bei Beschwerden sofort ärztliche Hilfe in Anspruch nehmen. (1970)

Starben die einen Käfer aus, schlüpften gleichzeitig noch schönere, weil superbunte.

Diese Käfer sollten Sie gesehen haben
Sie sind in hippie-grün, pop-lila, beat-blau – den aktuellen Modefarben 1970 – lackiert. Sie sollten sich auf jeden Fall die Käfer in diesen exklusiven Farben bei uns ansehen. Außerdem können Sie bei unserem großen VW-Farbenquiz mitmachen und einen Käfer gewinnen.

Die Umwelt

Entsorgt wurde rein gar nichts, wiederverwertet restlos alles. Essensreste bekam das Schwein. Bis zum Gehtnichtmehr wurden Stoffe genäht, gestopft und immer wieder ausgebessert. Ein halbes Menschenleben lang hielten die Schuhe durch ihr gedoppeltes Leben. Mode war strömungslos, nur zwei zeitlose Kollektionen gab es am Land, das Werktaggewand und die bessere Sonntagskleidung. So was wie Abfall gab es nicht um 1950. Geschnäuzt hat man sich in die Hand oder ins vollgeschnäuzte Sacktuch. Da propagierte feh 1955 das Nichtstoff-Taschentuch. Im Innviertel war es das erste Produkt, das nur zum Wegschmeißen gemacht war. Mit feh startete die Wirtschaftswundermüllentsorgung.

feh-Taschentuch
Höchstmaß an Hygiene, gegen Bakterien bestrahlt; dezente Parfumierung mit ausgewählten Duftstoffen, elegante 10er-Packung; eine wohltuende feinen Geweben gleichkommende Geschmeidigkeit durch vier Lagen hauchdünnen Spezialstoffs.

Die Umwelt, die war selbstverständlich da, um sie brauchte man sich keine Sorgen machen. Macht euch die Erde untertan! Die Rieder Zeitung hatte für Abfälliges in der Natur uneingeschränkt Verständnis. Bunte Abfallberge wuchsen nachsichtig heran, als wild bezeichnet wurden keine Deponien. Innviertels Bäche schäumten bunt in allen Waschmittel-Regenbogenfarben. Der neue Abfall ging ungetrübt den Zeitungsbach hinunter.

Es ist kaum etwas einzuwenden, wenn jemand ausgediente Weinflaschen, Kochtöpfe usw. an geeigneter Stelle in den Tiefen des Flußes versenkt, aber größere Gegenstände wie Kochherde, Sofas, Kinderwägen dürfen auf keinen Fall die natürliche Schönheit der Landschaft verschandeln. Man kann die Schuld nicht immer der Bevölkerung anlasten. Es sammelt sich in jedem Haushalt viel Unrat an, den man irgendwie einmal loswerden muß. Aber wohin mit dem Gerümpel? Dabei gibt es fast in allen Dörfern und auch in den Wäldern allerlei Gruben, die man mit solchen Abfällen ausfüllen kann. Auch aufgelassene Schottergruben eignen sich. Brennbare Sachen gehören nicht in die Natur, Holz, Altpapier, Lumpen und dergleichen kann man auf dem Land auf jedem Kartoffelacker verbrennen. (1961)

Die Breitsach beherbergt zerbrochene Nachttöpfe, durchlöcherte Reindln, Fetzen, Hadern und auch Fäkalien, sofern diese nicht durch ein gelegentliches Hochwasser abgetragen werden. Bei der großen Hitze der letzten Woche stank das Bachbett fürchterlich. (1961)

Abgase haben auch Vorteile
Auf der Welt wird es wärmer. Die durchschnittliche Temperatur auf unserer Erde ist in der jüngsten Vergangenheit um mehrere Grade gestiegen. Das Eis der Gletscher und in den Polargebieten geht zurück. Viele Anzeichen sprechen dafür, daß diese Milderung des Klimas vom Menschen verursacht wird. Durch Verbrennung von Kohle und Öl werden Millionen Tonnen Kohlenoxyd erzeugt und in den Pflanzen gelagert. Die Sonnenstrahlen können diese aus Abgasen aufgebaute Barriere durchdringen; aber die Wärmerückstrahlung und damit die Abkühlung wird durch sie gebremst. (1969)

Heimat war nach dem Krieg verpönt, sie war nicht minder-, sondern schwer belastet. Heimat gab es retroverkitscht im Kino-Heimatfilm und folkloristisch für Touristen.
Heimat wurde mit einer intakten Natur verbunden. Natur aber war länger schon nicht mehr intakt. Durch den Blick der Raumfahrer auf die Welt bekamen Natur und Umwelt in den 60ern wertvollere Bedeutung. Progressiv gab sich nun das sonst konservative Blatt, setzte sich für Umweltschutz ein, bis dahin Minderheitenthema von einigen wenigen ökologischen Fantasten.

Wer schützt die Natur?
Der Mensch sägt den Ast ab, auf dem er sitzt. Mit dem Appell, die Natur vor der Zerstörung zu schützen, wandte sich in Lindau der amerikanische Nobelpreisträger Prof. Richards an die Verantwortlichen der Welt. Die vom Menschen „eroberte“ Natur beginne zu verfallen. Richards verwies auf die drohenden Schatten der Atombombe, auf die Verschmutzung von Luft und Wasser, auf die Auswirkungen von Schädlingsbekämpfungsmitteln. Der Mensch müsse wieder dazu kommen, sich als Teil der Natur zu fühlen, die geschützt und nicht erobert werden müsse.

Werden wir demnächst in Jauche baden? Was treiben wir Menschen der „Hochzivilisation" im ausklingenden 20. Jahrhundert?
In den USA werden die Abwässer von rund 90 Millionen Menschen ungereinigt in Seen und Flüsse geleitet. Von den etwa 185 Millionen Amerikanern trinken heute schon 25 Millionen ein Wasser, das unter dem gesetzlich festgelegten Gütestandard liegt.
Der Rhein ist zu einer Kloake geworden. Die Mur, Wasserader der Steiermark, steht dem Rhein in nichts nach. Sie ist mit Abstand der dreckigste Fluß in Österreich, außer den Abfällen riesiger Industrie in Mur- und Mürztal wird die Mur durch die Abwässer der Stadt Graz total verseucht. Alarmierende Nachrichten kommen von vielen Badeseen Österreichs. Abgesehen vom Lärm der Motorboote kommt es zu starkem Wellenschlag und andauernder Ölverschmutzung. Über vielen Gewässern liegt bereits ein dichter Ölfilm.
Auch die Agrarwirtschaft trägt in starkem Maß zur Wasserverschmutzung bei. Und zwar durch undichte Sicker- und Düngergruben, durch absichtliches oder unbedachtes Ablassen von Jauche in Gräben und Bäche, durch unsachgemäße Verwendung von Schädlingsbekämpfungsmitteln, durch gedankenloses Umgehen mit Diesel, Öl oder Benzin.
Die moderne Technik und das moderne Leben bescheren uns wachsende Berge an Abfallstoffen, die wir gedankenlos in die Gewässer leiten. Es gibt zwar schon Abwehrmaßnahmen, doch sie werden nur zögernd realisiert. Kläranlagen und Kanalsysteme kosten viel Geld.

Zivilisations-Abfall verwüstet unsere Erde
Wenn nicht im letzten Augenblick gründliche Abhilfe geschaffen wird, müssen wir schon bald mit schwerwiegenden Folgen des seit Jahrhunderten betriebenen Raubbaus in der Pflanzen- und Tierwelt rechnen. In den letzten Jahrzehnten sind mindestens 120 Arten von Säugetieren und 160 Vogelarten ausgestorben bzw. ausgerottet worden, viele andere sind nahe daran. Unsere Erde wird mehr und mehr durch Nebenprodukte und Abfälle des Menschen gefährdet. Die Abfälle der Zivilisation mehren sich in derart beängstigendem Maß, daß sie die Erde nicht mehr zu verkraften vermag. Vor allem die Selbstreinigungskraft der Natur wird bereits überfordert und muß schließlich versagen. (1969)

Zeitungsaufrufe für reinere Natur sickerten aber langsam in die Köpfe.

Der Haushalt

Rückständig hielt der Haushalt Haus am Land. Bauernhof-Küchenwege erstreckten sich mitunter über Kilometer. Vom Abstand hielten Schubladen viel und distanziert waren die Schränke. Großküchen-Bauernhof-Klima war tropisch-schwül und fettig. Die Öfen waren „Ungeheuer" groß, ein jeder hatte seine Macken. Kochen mit ihnen war eine Kunst. Köchinnen mussten sie beherrschen. Klobige Scheiter befeuerten den Herd, damit er sich für Speisen und Heißwasser erwärmte. Tief war das Haushaltsjammertal und ohne Horizonte. Da tauchte Licht auf aus Amerika, versprach erstmals echte Küchenhoffnung.

US-Küche – Haushaltsführung leicht gemacht
Die Küche wurde bei Bauplanungen eigentlich als Stiefkind behandelt. In der Stadt bietet sie der Hausfrau nicht viel mehr als einen Herd (meist zu niedrig, um bequem zu sein), dazu einige Regale, in denen sie ihre Töpfe und Pfannen unterbringen kann und eine Besenkammer (gewöhnlich gerade groß genug für einen einzigen). Auf dem Lande hingegen steht der Hausfrau meist eine derartige Raumfülle zur Verfügung, daß sie, um einen Kuchen zu backen, einen kleinen Marathonlauf unternehmen muß, bis sie die Zutaten aus allen Ecken und Enden herbeigeholt hat.
Erst in den letzten Jahren forderte die vielbeschäftigte moderne Frau mit Nachdruck eine Küche, in der sie bequem und zeitsparend wirtschaften kann – ein Verlangen, das die Aufmerksamkeit der Erzeuger von Küchengeräten, der Fachleute für Haushaltsführung und der Frauenzeitschriften auf sich lenkte. Man erkannte, daß eine Frau, die ihre Hausarbeit selbst besorgt, eine Küche braucht, die leicht rein zu halten ist und in der alles wirklich praktisch, wenn möglich sogar u-förmig angeordnet ist.
Die bekannte Frauenzeitschrift „McCall's" richtete eine Rundfrage an 11.000 Frauen, wie sie sich ihre Küche wünschten. Die Antworten lieferten den Erzeugern von Kücheneinrichtungen und Architekten wertvolle Hinweise. Die Monatszeitschrift „Good Housekeeping" zeigt beispielsweise in ihrer Sonderabteilung auch eine Reihe kleiner Küchen als Muster für den modern eingerichteten amerikanischen Durchschnittshaushalt.
Eine Folge dieser praktischen Küchenplanung ist die Wohnküche, die für Familienmahlzeiten und für eine gemütliche Bewirtung genügend Raum bietet. (1952)

USA-Farmersfrau hat es leichter
Grundlegend verschieden von der Stellung unserer Bäuerin, die immer noch erste Arbeitskraft am Hof ist, ist die amerikanische Farmersfrau. Ihr Bereich ist das Haus und allenfalls noch der Hausgarten, die Feldarbeit obliegt ausschließlich dem Mann. Selbstverständlich ist das Farmerhaus mit allem Komfort ausgestattet:

mit allen erforderlichen Maschinen eingerichtete Küche, Bad, WC, Zentralheizung. (1952)

Die amerikanische Hausfrau einmal anders
Mit Neid denken viele europäische Frauen an ihre Geschlechtsgenossinnen in den USA. Mit dem Wort Amerikanerin verknüpfen sie Vorstellungen eines Luxusgeschöpfs, das sich fast ausschließlich seichter Unterhaltung und der Nachahmung von Modetorheiten widmet, während sich der Gatte abschindet, um das hierzu benötigte Kleingeld zu verdienen. Ihre Haushaltsarbeiten erledigt sie durch Betätigung verschiedenster Knöpfe und Hebel, mit denen sie zahlreiche automatische Haushaltsgeräte an- bzw. abstellt.

Einer Fata Morgana gleich erschien die US-Wunderküche in der Zeitung. Das größte Wunder an ihr aber war, dass sich die Rieder Volkszeitung so unverhofft als Frauenversteherin ausgab. Immerhin schrieb man erst 1950. In buntesten Farben malten sich Innviertlerinnen ihre Zeitungsküche aus. In einer Zeit, wo anderswo am Land Hausfrauen amerikanische Küchen noch nicht einmal vom Hörensagen, geschweige denn aus Medienberichten kannten. Dank Zeitungs-US-Kontakt wurde die Innviertlerin früh küchenglücklich.
Wenige Jahre danach überstrahlten Hollywood-Filmküchen noch allergrellste Haushaltsfantasien. Bonbonrosa, mintgrün, cremeweiß, knallrot, glänzendes Chrom soweit das geblendete Frauenauge blickte, Laden und Schränke griffbereit, der Kühlschrank stets auf gleicher Augenhöhe, ein u-förmiger Grundriss ersparte unzählig viele Meter. Auf Kitchen-Wonderland hieß es aber noch eine Zeit lang „bitte warten". Vorerst blieb der Haushalt Krisenherd, zu teuer waren die Geräte.

Koche elektrisch!
Von 2.800 Haushalten unseres Stromversorgungsgebietes kochen 800 elektrisch. Mehr als 400 Hausfrauen benützen einen Elektroherd, die restlichen eine Doppelkochplatte. 800 Hausfrauen wissen bereits, wie vorteilhaft und bequem eine Elektroküche ist. In vielen Fällen war die Anschaffung eines Elektroherdes wegen der hohen Kosten noch nicht möglich. Unsere Herd-Aktion löst dieses Problem. Lassen Sie sich in unserem Verkaufsgeschäft in Ried, Hauptplatz 2, oder durch einen konzessionierten Elektroinstallateur kostenlos beraten.
Gemeinde Ried – Städt. Elektrizitätswerk, Ried
Ruf 26 und 224

Bleib nicht Sklavin des Kohlenherdes!
Das elektrische Kochen ist: Billig, fettsparend, vitamin- und nährstoffbewahrend, sauber, rauch- und rußlos, nicht explosionsgefährlich, kraftsparend, zeitsparend

und sicher, so daß die Hausfrau während des Kochens unbesorgt andere Arbeiten im Haushalt, Garten usw. verrichten kann.
… mach's doch elektrisch!

Einmalige Gelegenheit!
Jeder Elektrohändler und Installateur liefert im Rahmen der Verbilligungsaktion (siehe auch Bericht im Inneren des Blattes) folgende Elektroherd-Typen zu den ermäßigten Preisen:
Electricus-Volta … S 1.650,–
AEG-Union … S 1.700,–
Elektro-Keramik … S 2.000,–
Vollherde modernster Konstruktion
Ausführung: 2 Normal-, 1 Schnellkochplatte, 1 Backrohr. 2 Jahre Garantie.
Auf Wunsch auch andere Typen!
Teilzahlung (bei jedem Händler oder Installateur):
Anzahlung je nach Type 350–400 S. Rest in 12 Monatsraten
AEG-Elektroherd DELUX DUF4: Kochautomatik, Zeitautomatik, Panoramabratofen mit Innenbeleuchtung

Auf Vorrat wurde eingelegt, eingestampft, eingemacht, eingekocht und gedörrt, mehr Schweinernes als sonst irgendwo in Österreich wurde im Innviertel geselcht, gesurt und eingepökelt. Das Essen am Bauernhof war saisonal, Bauernhofprodukte waren nur sehr beschränkt haltbar. Monotonie beherrschte den wöchentlichen Innviertel-Bauernhof-Speiseplan, Schweinefleisch-einseitig war das Essen. Gemeinschaftstiefkühlanlagen gab es in den 60er-Jahren dort und da, wo ein Haushalt sein eigenes kleines Gefrierfach hatte.

Weihe einer Gemeinschaftskühlanlage in Pramet
40 Interessenten errichten Kühlhaus für 200.000,– S
Am 15. November wurde in Pramet eine moderne Gemeinschaftskühlanlage eingeweiht, die 40 Interessenten mit einem Gesamtkostenaufwand von 200.000,– S errichteten. (1955)

Da sorgten erste Inseraten-Kühlschränke direkt daheim für die ungewohnte Frische. Die künstliche Kälte taute Hausfrauen auf, warm wurde ihnen ums Herz in dieser frostigen Zeitungsküche. Gemeinschaftskühlhäuser schmolzen weg nach Einschaltung der ersten Kühlschrank- und Gefriertruheninserate.

Tiefkühltruhe im bäuerlichen Haushalt
In einem bäuerlichen Haushalt gibt es eine große Anzahl wirtschaftseigener Nahrungsmittel, die zur Ernährung der Familie verwendet werden sollen. Die bekanntesten Konservierungsmethoden wie Trocknen, Erhitzen, Einsalzen, Räuchern, Essig- oder Alkoholzusatz haben alle den Nachteil, daß sie viel Aufwand und Zeit erfordern und vor allem das Aussehen und den Geschmack der Lebensmittel verändern und ihren Nährwert vermindern. Der elektrische Haushaltskühlschrank dient nur einer kurzfristigen Lagerung verderblicher Lebensmittel. Um ein Frischhalten verderblicher Lebensmittel viele Monate, ja ein Jahr und länger zu ermöglichen, hat sich die einschlägige Industrie schon vor längerer Zeit bemüht, Kühlschränke zu bauen, in denen dauernd eine Temperatur von ungefähr -20 °C herrscht, eine Temperatur, bei welcher die zerstörende Wirkung der Bakterien völlig unterbunden wird. (1961)

Modernste Gefriertruhen mit Schnellgefrierfach und Warnanlage jetzt besonders günstig. Philips Tiefgefrieren – bestes Konservieren

Kühlschrank muß richtig eingeteilt sein
Man muß schon ein wenig Intelligenz anwenden, will man von seinem Kühlschrank den vollen Nutzen haben. Da es unten im Schrank am kältesten ist, muß man die Fächer in der richtigen Weise einteilen: Sinngemäß stellt man also Butter immer in das oberste Fach, da wird sie nicht zu fest. Für Flaschen sieht jeder Kühlschrank einen bestimmten Platz vor. Milch in Töpfen aufzubewahren ist unrentabel im Platz-Sinne; man verwendet daher nur Flaschen.

Die einzelnen Fächer trenne man artgemäß: Auf ein Fach stellt man alle süßen Nahrungsmittel, Gelees, Honig, Marmeladen. Das Fach darunter etwa sei für Wurst, Käse, Delikatessen vorbehalten. Ein Extrafach läßt man für Reste. In das unterste Fach kommt Gemüse und Obst. Die Lebensmittel müssen möglichst bedeckt sein, da sie leicht Geruch anziehen.

Besser kühlen – AEG SANTO 1964
Alle Lebensmittel bleiben appetitlich frisch. Im AEG SANTO kühlen bedeutet Geld sparen. AEG Kühlschränke SANTO von 115 bis 280 l Inhalt. Breitraum-Frosterfach. Magnetdichtung. Großer Kühlraum bei platzsparenden normgerechten Maßen.

BENCO-Tiefkühltruhe
regelbare Temperatur bis -32° (1961)

Compactor-Tiefkühltruhe

ZOPPAS-Kühlschrank in Stahlausführung
135, 160, 180, 200, 220 l

Montag war turnusmäßiger Großwaschtag. Waschkesselwasser erhitzte sich, Schmutzwäsche wurde dann gewaschen.

Hirsch Terpentin-Seife muß man nehmen!
Durch ihre Milde wäscht sie schonend – durch ihre Waschkraft wirklich rein!

In Seifenlauge wurde die Wäsche eingeweicht, anschließend ausgewrungen, mit Fleckentfern-Kernseife eingeseift, mit siedend heißem Wasser übergossen, am stark gewellten Zinnblech des Waschbretts durchgerumpelt, zur Sonnenbleiche aufgehängt, schlussendlich plattgemacht durch Bügeleisen. Der Waschkessel wurde aussortiert, seine elektrische Antriebslosigkeit bekrittelten die Waschmaschineninserate.

Einladung zur praktischen Vorführung elektrischer Waschmaschinen
AEG, Blanka-Minor, Hoover-Standard, Hoover-Super, Scharpf, EBG
Am Dienstag, 30. März 1954, in Ried,
Gasthof „Weißes Rößl" (Saal)
Durchgehend von 9–18 Uhr
Elektro-Bau AG.
Filiale Ried, Bahnhofstraße 11

Waschmaschinen-Verleih – Leihgebühr 6,50 pro Stunde. Anlernen kostenlos!
Der Waschtag wird leichter und kürzer durch Elektro-Waschmaschine und Wäscheschleuder
Fa. Gemeinde Ried – Städtisches Elektrizitätswerk

Waschmaschinen
40-l-Maschine mit Zeitschaltuhr, 1. Wahl 3.500,– S, 2. Wahl 2.500,– S
45-l-Kombination: Heizung, Zeituhr, 3 Motoren, 2 Laugepumpen
Erste Wahl 7.600,– S, Zweite Wahl 5.950,– S
65-l-Komination: Erste Wahl 8.950,– S, Zweite Wahl 6.950,– S

QUICK-Waschmaschine – wesentlich billiger
Elektro Bau AG
Günstige Teilzahlung!
70-l-Waschmaschine, mit Heizung und Zeituhr nur 2.550,– S
Wasch-Kombinat: Heizung, Zeituhr, 2 Laugepumpen, nur 5.990,– S
Halbautomat: Zeituhr, 2 Laugepumpen, selbsttätige Schleuder, nur 7.450,– S

Der Besen säuberte ordentlich genug. Zu Hilfe kam ihm manchmal noch der nasse Fetzen. Der Hausdreck war gesund und brachte keine Allergien. Unter den Teppich wurde auf Bauernhöfen nichts gekehrt, weil diese einen solchen gar nicht hatten.

Staubsauger saugen Staub heraus, gesund und schön ist dann dein Haus.

Das las sich in der Zeitung gut, allein es fehlte die Berechtigung zum Kaufen. Fußböden im Innviertel waren aus Holz, Linoleum, Kunstharz oder asbesthaltigem PVC. Dafür brauchten die Frauen keine Sauger. Da wurde die *Rieder Zeitung* zum Basar. Teppiche wurden fast verschenkt, verkauften sich klarerweise prächtig. Prestigeträchtige Staubsauger anschließend ebenfalls, weil erst ein Teppichkauf machte zum Staubsaugerkauf berechtigt.

SONDERANGEBOT!

DONAULEUM

der gute österreichische Bodenbelag — jetzt kurze Zeit Abverkauf in II. Wahl

Donauleum
200 cm breit, p m² 17.90 **16.90**

Donauleum-Läufer
110 cm 20.80, 100 cm 18.80, 90 cm **16.80**

Donauleum-Reste
p m² 13.80, 12.80, kleine Stücke **11.80**

TEPPICHE - Abverkaufsmuster, stark reduziert

Bouclé-Tweed
200×300 cm jetzt nur S 1100.—, 175×260 cm nur **760.—**

Tufting-Teppiche
200×300 cm 890.—, 170×230 cm . . . . **450.—**

Tufting-Bettumrandungen
besonders billig, 790.— . . . . **698.—**

Sisal-Teppiche
160×240 cm, besonders preiswert . . . . **320.—**
200×280 cm, besonders preiswert . . . . **480.—**

Sisal-Läufer
65 cm breit, nur **44.80**
85 cm breit, nur . . . . **58.—**
110 cm breit, nur . . . . **78.—**

Kokos-Läufer
65 cm breit, nur . . . . **36.—**
85 cm breit, nur . . . . **48.—**
110 cm breit, nur . . . . **62.—**

Jute-, Brüsseler Läufer-, Bettumrandungen, Vorleger äußerst preiswert

VORHANGSTOFFE - Großes Angebot!

Vorhangdrucke, 120 cm breit
riesige Auswahl, Mode- und Blumenmuster, 42.—, 36.—, 34.—, 32.—, 29.80, 28.80 . . . . **21.80**

Vorhangdrucke, 80 cm breit
sehr preiswert, fesche Muster, 18.80, 16.80, 14.80 . . . . **13.80**

Diolen - Trevira - Stores, Gelegenheitskauf
300 cm, 78.—, 225 cm, 48.—, 38.—, 150 cm, 28.— . . . **23.80**
Reste besonders tief reduziert

Bettbank-Überwürfe große Auswahl, besonders preisgünstig
200 cm lang, 119.—, 98.— . . . . **89.—**

Thurner-Gusenleitner, Ried i. I.

Jetzt auch in Ried! Unsere Großauswahl an Teppichen, beste inländische, marokkanische und westdeutsche Markenqualität.

Wer besser wohnen will, fängt beim Boden an!

Mutti hat Zeit, um den kleinen Peter geduldig zu füttern. Sie hat Zeit für ihren Mann – sie hat Zeit für sich selbst! Mutti hat keine Haushaltsgehilfin, aber sie hat einen Progress Minor, diesen vielseitigen praktischen Staubsauger, der bei der täglichen Hausarbeit viel kostbare Zeit und viel Mühe spart.
In bewährter Singer-Qualität, der neue Singer-Golden-Glide-Staubsauger.
Der neue Singer Staubsauger besitzt einzigartige Vorzüge. Allein schon seine äußere Form ist sensationell. Aufrechtstehend läßt er sich schon im kleinsten Raum unterbringen.
Der neue Singer-Golden-Glide hat reichlich Zubehör und eine Fußschaltung: Er ist sehr leicht und beweglich. Man arbeitet um 10 % schneller mit ihm. Doch sein größter Vorzug ist die erwiesene um 20 % größere Saugkraft. Er besitzt ferner eine in der Staubsaugerbürste eingebaute Klopfvorrichtung, die z.B. sonst fest auf Teppichen und Polstermöbel haftende Fäden lockert, so daß sie unweigerlich weggesaugt werden. Die Borstenlänge der Staubsaugerbürste ist verstellbar, wie man es für harte Böden, kurzgeschorene oder langfaserige Teppiche gerade braucht.

Nilfisk
Ein besserer Staubsauger
Nilfisk ist ein völlig neuer Staubsauger: Er ist so einfach zu handhaben, Sie reinigen mit weniger Mühe rascher und gründlicher und er hält länger.

Nicht glücklicher konnte man Mutti zu Ostern oder zu Weihnachten machen als mit Geräten für den Haushalt und die Küche.

Das schönste Weihnachtsgeschenk von bleibendem Wert
Elektrogeräte: Kochplatten ab S 49,– Bügeleisen ab S 86,– Staubsauger ab S 780,–
Kühlschränke ab S 1.990,– Waschmaschinen mit Heizung ab S 3.450,–
Städtisches Elektrizitätswerk Ried

Die Osterfreude für Mutti
Balleto – ein Hochleistungs-Handmixer
Rühren, kneten, quirlen
Elektro-Bau AG

Das bisschen Haushalt machte sich von nun an fast von allein, kochen war nur mehr halb so wild, ebenfalls putzen oder waschen.

> *Küchenarbeit, ein Kinderspiel*
> *Mit dem modernen Heinzelmännchen aus dem Haus BROWN BOVERI. Kühlschränke, Gefriertruhen, Elektroherde, Küchenmaschinen, Rondo-Waschgeräte*

Wie da eine Frau immer noch stöhnen konnte, das blieb dem Mann ein Rätsel. Moderner Haushalt war aber oft nur schöner Schein. Hinter vordergründiger Zeitungsempathie für die abgerackerte Frau steckte tief hintergründige Absicht. Chromblitzende Küchenkäfige kochten die Innviertlerinnen ein und sollten für ihr lebenslanges Eingesperrtsein sorgen. Der Innviertler Zeitungsleser erkannte schnell die Vorteile des modernen Haushalts. Nicht unwillig kaufte er E-Herd, Kühlschrank, Staubsauger und Waschmaschine. So viel Freizügigkeit durfte sie unmöglich enttäuschen, noch mehr aufopfern sollte sie sich jetzt für Ehemann und Kinder.

Die Wäsche und der Abwasch

Radion, Presto, Henko, Persil, All, Omo, Sill, Wipp, Weißer Riese, Sunil und Fewa beseitigten ab 1950 ein jedes Waschproblem mit ihren blitzsauberen Inseraten. Von ganz allein wusch sich dort Schmutz heraus, Weißes wurde weißer als weiß und Buntes unnatürlich bunter.

Ja – das ist Radionweiß! Wie fabelhaft!
Radion bietet drei überzeugende Vorteile! Radion wäscht wirklich weiß. Das durch und durch gewaschene Gewebe wird vollkommen rein und strahlend weiß.
Radion wäscht wirklich schonend. Radion ist besonders mild. Frei von jeder Schärfe entfernt es den Schmutz allein durch Auskochen.
Radion wäscht wirklich schnell. Die eingeweichte Wäsche nur 15 min kochen lassen – dann heiß und kalt schwemmen.

Presto – einweichen mit Presto so gut wie noch nie! Presto löst nicht nur schonend den Schmutz, es entfernt gleich den größten Teil davon. Für einen großen Korb Schmutzwäsche genügt ein halbes Paket.

Lassen Sie sich durch nichts beirren!
Henko – zum Einweichen und Wasserenthärten
Persil – zum Waschen
Sill – zum Schwemmen
So waschen Sie richtig, schonend, hygienisch und sparsam.

Sunil – das strahlendste Weiß Ihres Lebens!
Die größte Überraschung, seit Sie Wäsche waschen! Ihre Wäsche strahlt, es liegt Sonnenschein darauf. Man kann es kaum beschreiben. Sie müssen Ihre Wäsche erleben – dieses neue, strahlende Weiß! So bequem haben Sie noch nie gewaschen!
Sunil im Wasser, hinein mit der trockenen Wäsche, zum Kochen bringen, 10 min lassen, kalt schwemmen – fertig.
Omo – Weiß, das kann sich sehen lassen!
Ein gutes Gewissen … ist ein sanftes Ruhekissen. Ein gutes Sprichwort.
Mein Hausfrauengewissen fängt bei meiner Wäsche an. Darum nehm' ich Omo.
Sagen Sie selbst: Kann Wäsche weißer sein?
Ja, Omo macht es mir leicht! Sein aktiver milder Schaum arbeitet für mich und macht jede Wäsche so leuchtend weiß – so angenehm weich – so wunderbar fein.

Omo ist da!
Jetzt der leichteste Waschtag Ihres Lebens – jetzt die sauberste Wäsche

Persil Neu
Für Grilon, Enkalon, Diolen, Nyltest, Terrylene, Perlon, Terlenka, Dralon, Dacron, Trevira.
Das alles wäscht Persil Neu!
Ob Sie sich eine neue Bluse, ein neues Kleid, einen neuen Pullover kaufen – Sie können sicher sein! Mit Persil Neu bleibt alles, was Sie überhaupt waschen können wie neu. Ganz gleich wie oft Sie es waschen.

Kernseife wurde durch Tetrapropylenbenzolsulfat ersetzt, das konnten selbst heikelste Waschmaschinen schlucken. Härtestes Wasser verwandelte Pentanatriumtriphosphat in hausfrauensanftes weiches. Schmutz und Fett gingen spielend weg mit vollsynthetischen Tensiden ab 1960.

All ist da! All – das einzige Waschmittel mit blauen und grünen Kraftkristallen. Macht Wäsche leuchtfrisch. Weißes weißer – Buntes bunter.

Jetzt wird Ihre Wäsche mehr als weiß! Mehr als rein! All ist völlig anders: Nur All hat blaue Kraftkristalle mit Extra-Waschkraft! Nur All hat grüne Kraftkristalle mit Extra-Leuchtkraft!

Wipp: Schnell gewaschen – Zeit gewonnen.
Sie sind eine vielbeschäftigte Frau. Dann heißt das richtige Waschmittel für Ihre große und kleine Wäsche Wipp. Ohne Einweichen und einfach kalt geschwemmt. Im Nu schonend sauber.

Bewusst wusch die Inseratenwäsche fast nur weiß, obwohl die Alltagswäsche überwiegend bunt war. Auf Weiß sah jedermann und jedefrau auch noch die allerkleinsten Flecken. Patriarchalische Gehirnwäsche vollzog die schleudernde 70-l-Trommelwaschmaschine. Weichgespült wurde die Wäscherin.

Grauschleier überzog die depressiv gemachte Hausfrauenseele. In immer höherer Dosis sollten Dash-Doppelpack-Antidepressiva und Dixan-Trommel-Tranquilizer eingeworfen werden. Waschmittelinseraten-Psychotherapie verschrieb immer noch größere Mengen von Wipp und Co zur Beruhigung des permanent beunruhigten fraulichen Gewissens.

Der Waschmittelmarkt in Österreich
Der Waschmittelverbrauch Österreichs verläuft an der unteren Grenze der europäischen Kurve und beträgt etwa die Hälfte dessen, was in den Niederlanden verbraucht wird. Als reinlichstes Land auf dem Kontinent darf Belgien angesehen werden, es folgen die Niederlande, Frankreich, Dänemark, die Schweiz, Norwegen und Schweden.
In Österreich stieg der Konsum an seifenhaltigen Waschpulvern langsam, aber stetig, bis er 1955 einen Pro-Kopf-Verbrauch von 2,24 kg erreichte. Das entspricht ungefähr fünf Paketen Waschpulver jährlich. Dann kamen die ersten synthetischen, d.h. seifenfreien, Waschmittel auf den Markt, die in den folgenden Jahren bis 1958 den Pro-Kopf-Verbrauch von seifenhaltigen Waschpulvern reduzierten, gleichzeitig aber den Gesamtverbrauch an Waschmitteln wesentlich steigerten. Derzeit sind rund ein Drittel der in Österreich verwendeten Waschmittel seifenfrei. Da seifenfreie Waschpulver keine Kalkseife bilden, liegt die Schlußfolgerung nahe, daß dieser moderne Waschmitteltyp in den Gebieten mit hartem Wasser bevorzugt Eingang gefunden hätte. Es zeugt für die hervorragende Eigenschaft dieses neuen Waschmitteltyps, daß dem nicht so ist, sondern daß sich seine Beliebtheit über alle Gebiete Österreichs erstreckt. Zusammenfassend kann gesagt werden, daß der Toilettenseifen- und Waschmittelverbrauch Österreichs wohl noch an letzter Stelle in Europa rangiert, daß aber seine steigende Tendenz eine baldige Veränderung dieser für uns wenig schmeichelhaften Tatsache erwarten läßt.

Wipp – rascher – bequemer – einfacher
Im Doppelpack um 50 Groschen billiger!
Dixan-Trommel
Weißer-Riese-Trommel
Dash-Doppelpack
Radion-Großpaket

Riesenpaket Presto
Omo-Tasche
Persil-Haushaltspackung
Dixan-Doppelpaket
Omo – Familienpaket preisverbilligt

War der Reinlichkeitsdruck schon für gottlose Städterinnen schlimm, war er für Innviertlerinnen noch um Potenzen schlimmer. Denn Weiß war für sie immer zweifach weiß. Ihr ganzes Leben haftete ihnen das weiße Taufkleid an, weiß waren die Mädchen bei ihrer ersten Kommunion und bei der Firmung. Unbefleckt rein sollte das Brautkleid sein.
Erschwerend kam bei der weiblichen Selbstweißwaschung dazu die seit Eva weitergegebene Beflecktheit ihrer fraulichen Seele. Archaische Großmuttermärchen erzählten dazu dort und da immer noch ihre überkommenen Geschichten. Während der Regel sollte die Frau vom Schlagobersschlagen ihre befleckten Finger lassen, dasselbe galt für das Einmachen von Obst oder von heimischem Gemüse. Beim blutrünstigen Sauschlachten am Hof sollte sie selber blutend keinesfalls dabei sein. Klangen diese altvorderen Vorstellungen ab, erneuerten sie Omo und Co geschickt anderweitig. Wie immer weißer und reiner und sanfter und familienfreundlicher die Hausfrau auch putzte oder wusch, niemals erreichte sie die sisyphusgleichen Inseratenideale.

In Omo-frischer Wäsche Tag für Tag wie neugeboren
Mit Omo allein – ohne jeden Zusatz – besten Erfolg in der Waschmaschine!
Tag für Tag schafft Muttis liebevolle Fürsorge dieses angenehme, wohlige Gefühl und Mutti hält so viel von sorgsam gepflegter Wäsche … denn Omo pflegt Wäsche so mild und schonend – Omo gibt dieses herrlich leuchtende Weiß, diese wundervoll frischen Farben. Für Kochtopf – Kessel – Waschmaschine.

Und Wipp flüstert in Aug' und Ohr, Mutti ist jetzt auch am Waschtag gut gelaunt, weil Mutti das richtige Waschmittel benutzt.

Im Supermarkt sind Sie besser dran!

Riesenpaket Presto	nur **5.90**
OMO-Tasche	nur **62.90**
Persil-Haushaltspackung	nur **35.90**
Dixan-Haushaltspackung	nur **49.80**
Dixan-Doppelpaket	nur **7.95**

Fewa – die sanfte Wäsche
Mutti geht sanft mit der Wäsche um, die „sanfte Wäsche" sagt man darum. Das Kind spürt es sofort. Wohlig weich und angenehm tragen sich Fewa-gepflegte Sachen. Auch wenn sie oft gewaschen sind, bleiben sie so, wie es die zarte Kinderhaut verlangt.

Omo mit Bio-Kraft
Stärker als Schmutz. 87 % der Frauen, die den Knotentest gemacht haben, bestätigen: Selbst der Schmutz im Knoten wird von Omo entfernt! Die Wäsche wird innen und außen vollkommen sauber und die Familie ist glücklich.

1000.– Schilling
in Ihrem Waschkessel!
Ja – es stimmt schon. Haben Sie sich einmal überlegt, verehrte Hausfrau, wieviel bares Geld in Ihrem Waschkessel steckt, wenn Sie ihn am Waschtag voll Wäsche haben? Sie werden auf einen erstaunlich hohen Betrag kommen, wenn Sie den Geldwert feststellen. Tausend Schilling sind dabei noch gar nicht hoch gegriffen. Da ist es schon notwendig, ein gutes Waschmittel zu verwenden, welches Ihre Wäsche zuverlässig reinigt und pflegt, und dabei auch wirklich schonend wäscht. Nehmen Sie PERSIL! PERSIL ist unübertroffen – es erleichtert den Waschtag und erhöht die Lebensdauer der Wäsche.
Persil
Persil
Faserschutz
Selbsttätiges Waschmittel für alle Wäsche
Mit HENKO einweichen – mit SIL schwemmen
Persil – aus Liebe zur Wäsche!

Ein jeder Wasch- und Putzvorgang ging immer auch ein bisschen nach Canossa. Nachbarinnen fanden leicht einmal was, es tuschelte das ganze Dorf, im Wäscheaufhängen galt Hausfrau und Mutter dann schnell als schlampig.

Mit Presto ist Abwaschen keine lästige Plage mehr!
Ein einziger Versuch wird Ihnen sofort beweisen, was Presto beim Abwaschen leistet. Fettige Pfannen, verkrustete Teller, klebrige Gläser, alles kommt strahlend sauber aus der waschkräftigen Presto-Lösung.

Ab nun Presto – die schnelle Abwaschhilfe
Alles Abwaschbare glänzt in der halben Zeit. Geschirrabwaschen in halber Zeit. Jede Hausfrau wird über Presto hell begeistert sein. Ein Eßlöffel Presto gibt dem Abwaschwasser hochaktive Waschkraft. Fett und Schmutz werden im Nu gelöst und vom Presto-Wasser buchstäblich verschluckt. Darum wird alles Geschirr, ob Porzellan, Glas, Metall nicht nur sauber-rein, sondern strahlend sauber. Kein fettiger Rand bleibt im Schaff zurück und Ihre Hände werden keine „Abwaschhände". Jedes Abtrocknen ist überflüssig. Das große Paket zu S 3,50. Je nach Größe des Haushalts – 4 bis 5 Wochen zum Abwaschen.

Pril – spült, reinigt, trocknet glanzklar
Pril – ein Paket 2,95 S für 60x abwaschen!
Eine Prise Pril genügt für eine Schüssel „entspanntes Wasser". Eine große Menge Geschirr mit wenig Mühe sauber machen.
„Entspanntes Wasser ist nasser"
Pril verändert das Leitungswasser völlig. Es wird flüssiger und dringt in alle feinen Ritzen ein.
Geschirr, Gläser, Besteck werden ohne Abwasch sauber.
Pril schont die Haut. Blitzsaubere Fenster.

Pril handmild!
„Unsichtbarer Handschuh" in jedes Haus!
Fast 1 Million Frauen schützen ihre Hände beim Spülen mit dem „unsichtbaren Handschuh".
Modern spülen! Handmild durch Manolin

Vim: Für Töpfe, Pfannen, Abwasch, Küchenherde, Fußböden
Reinigt blitzschnell - blitzsauber - mit desinfizierendem Zusatz
Vim auch mit Chlorzusatz:
Bleicht Flecken in Abwasch, Badewanne und WC schonend weg
Vim reinigt hygienisch sauber!

Das Plastik

Das Kunststoffzeitalter begann auch im Innviertel lange vor 1950 schon mit dem vollsynthetischen Kunststoff Bakelit. Phenol und Formaldehyd wurden zu einem Kunstharz polymerisiert, in warmem Zustand gepresst zu Lichtschaltern, Telefonapparaten, Küchengeräten, Thermosflaschen und marmorierten braun-roten Seifendosen. Aus Bakelit plärrte der Volksempfänger. Bakelit hielt also etwas aus. Seidige Nylonstrümpfe mit Naht waren aus Polyamid, machten die Beine sexy schlank und fanden über US-GIs unter Innviertlerinnen eine sich schnell anbahnende Verbreitung. Amerikanischer Chewing Gum war aus Polyvinylacetat, wie beim künstlich intensiv rosaroten, süßlichen „Bazooka".
Plastik war bis Mitte der 50er eine im Innviertel unbekannte Größe. Die Welt war plastikfrei, nur eine Tonne US-Plastikproduktion gab es im Jahr 1950. Plastik wurde zu einer völlig neuen Kunststoffdimension. Im Innviertel wurde es erstmals 1955 von der Wochenzeitung angekündigt.

Lavatex-Schürze plastikbeschichtetes Leinen, abwaschbar 41,– S

Plastik-Kehrichtschaufel, unzerbrechlich, in bunten Farben (1961)

Plastik Waschschaff 35 l darf in keinem Haushalt fehlen 34,50 S

Plastik Besteckkorb 6,90 S

Super-Einkaufsnetz in original deutscher Exportausführung mit Plastiktäschchen 1 Stück S 26,–

Plastik-Allzweck-Tasche, viele nette Muster, gefüttert, 1a Qualität (1969)

Moderne Werkstoffe

für den modernen Haushalt!

Plastik-Tischtücher
große Auswahl, durchsichtig und undurchsichtig, ab 9.90

Plastikfolien
glasklar und transparent, zur Schonung der Stoffdecke, m ab 9.60

Vorhang-Plastik
Sie finden bei uns eine riesige Auswahl in allen Ausführungen und Preislagen

Deco fix
der Weltschlager, selbstklebende Plastikfolie, abwaschbar, eine einmalige praktische Neuheit. Lassen Sie sich über Anwendung unverbindlich beraten. 25 Muster lagernd, m 21.50

Plastik
für Wandbespannungen in schönen geprägten Ausführungen

Wachstuch
der beliebte schöne Tischbelag. 25 Muster lagernd, m² 35.70

Und für den Boden:

Thelon
der gute Plastikbelag, 0.85 mm, m² 59.60
1.6 mm, m² 80.50
2.4 mm, m² 104.60
Thelon kann auch in fugengeschweißten Teppichen in passender Zimmergröße geliefert werden

Selbst für ein so wortgewandtes Blatt hatte Plastik beinahe unbeschreiblich viele Eigenschaften. Es war elastisch, zäh, transparent, gleichzeitig aber blickdicht, wasserabweisend, abwaschbar, in Folien hauchdünn und überall verwendbar. Plastik war vielseitig wie die Zeitung. Mit seiner Pflegeleichtigkeit und Putzfreundlichkeit war es das perfekte neue Produkt mit überaus starker Wirkung. Neuester Anspruch an die Frau war, dass man vom Fußboden essen konnte.

So bleibt der Eßplatz appetitlich!
Seit kurzem modern: Der Eßplatz in der Küche, für das Frühstück und für kleine Imbisse. Erspart der Hausfrau unglaublich viel Mühe und Zeit. Einbaumöbel für die Küche. Kunststoffplatten auf Tisch und Fensterbrett, Plastikbespannung der Stockerl und Abstellflächen und durch einen guten Fußbodenbelag aus Plastik ist jede Küche in Hochglanz. Die Hausfrau soll sich zur Gewohnheit machen, nach dem abendlichen Geschirrwaschen (händisch!) mit Presto-Wasser die Küchenmöbel und auch den Boden zu reinigen.

Die Frau

Der Haushalt hielt die Innviertlerin fest im Haus. Er hatte männlich scharfe Krallen. Die Zeitung spielte unentwegt die „Weib bleib' daheim und sei dem Manne untertan"-Endlosschleife.

Ruhe – Ihr Mann muß entspannen!
„Ach, laß mich doch damit in Ruhe!" – welcher Mann hätte es nicht schon gesagt, wenn ihn die liebe Gattin bereits an der Haustür mit „dringenden" Haushaltsproblemen überfiel? Und welche Frau hätte sich nicht geärgert darüber, einem abweisenden Gesicht und einer heftigen Antwort zu begegnen, oder ihre Sorgen nur mit einer leicht hingeworfenen Bemerkung abgetan zu sehen?
Beide Reaktionen sind nur zu verständlich. Während die Frau den Tag über ihren Haushalt umgetrieben hat, ist ihr im Turnus von putzen, kochen, spülen und einkaufen so manches Unangenehme und Schwierige begegnet, mit dem sie innerlich noch nicht fertig werden konnte. Die Beschwerde der Nachbarin wegen der Kinder, das plötzlich bemerkte Fehlen von zwei Servietten und der Tintenfleck auf der Couch, alles das sind ihr wichtige Einzelheiten im Alltag der Familie, dessen reibungslosem Ablauf ihre ganze Sorge gilt. Soll der Mann sich außerhalb dieses Kreises stellen? Soll er, der vielleicht den ganzen Tag über Abwesende, nicht einmal abends teilnehmen können an dem, was die Seinen bewegt? Die Hausfrau denkt es gekränkt und zerdrückt ein zorniges Tränchen, da sie den Herrn sich hinter seinem Zeitungsplatz verschanzen sieht.
Der Herr des Hauses aber ist gar nicht zu der Familie, er ist zunächst einmal zu sich selbst heimgekehrt. Das heißt: Auch dazu ist er erst auf dem Wege. Seit er am Morgen das Haus verließ, mußte er sich fügen und einordnen, mußte anderen beipflichten, dem Kunden oder dem Chef mußte er seine eigene Ansicht zurückstellen, seine eigene Individualität unterdrücken. Acht Stunden oder mehr war er Verkäufer, Buchhalter, Vertreter, Monteur oder Obersekretär, ein kleines Rädchen im großen Betrieb. Jetzt, innerhalb seiner Wohnungstür, hat er nur den Wunsch, Mensch zu sein. Er braucht ein wenig Zeit für sich selbst, ein wenig Ruhe, um sich umzustellen. Dann erst, wenn Ärger und Umtrieb des Berufs abgeklungen sind, kann er sich bewußt der Familie zuwenden. Lassen Sie Ihrem Mann daher die kleine Ruhepause für den „Rollenwechsel" von draußen nach drinnen! Lassen Sie ihn die Viertelstunde der ruhigen Besinnung in seinen vier Wänden, der Lektüre oder der Entspannung bei seinem Steckenpferd.
Wenn Sie sich dann noch bemühen, beim Abendessen eine aufmerksame Zuhörerin zu sein, während er von seinen Erlebnissen erzählt (nun schon bedeutend ruhiger, als es noch vor einer halben Stunde möglich gewesen wäre), dann wird auch er an Ihren Sorgen und Gedanken teilnehmen. Dankbar für Ihre kluge

Zurückhaltung wird ein neuer, gelöster und harmonischer Mensch sich seinerseits um die Zuwendung zu seiner Familie bemühen.

Die britische Gesellschaft für Medizin veröffentlichte ein Buch. Üppiges Essen, viel Rauchen und Hetzjagd bei der Arbeit werden als Hauptursachen für den Herztod genannt. Viele Männer essen sich in jungen Jahren zu Tode, und viele Frauen treiben ihre Männer durch ständiges Nörgeln vorzeitig ins Grab, stellt die britische Gesellschaft für Medizin unverblümt fest.

Ehekrach wird leicht vermieden:
Gattin bäckt – und schon ist Frieden. König Backpulver mit Bilderrezepten

Sorgen? Mach Dir nichts draus! Backen bringt das Glück ins Haus!
König Backpulver

Stimmung heute zweifelhaft? Backen gute Laune schafft. Dr. Oetker

Geschirrabwaschen beim Gatten unbeliebt
Österreichs Männer nicht für „amerikanische Sitten“
Man wußte es eigentlich schon immer, aber nun ist es „demoskopisch“ bewiesen: Die Männer helfen ihren Frauen nicht gern bei der Hausarbeit. Obwohl die Mehrzahl aller Frauen es sehr wünschen würde, konnten auf Befragen nur 37 % sagen, daß der Gatte oder ein anderes männliches Haushaltsmitglied über 18 Jahre beim Abwaschen hilft oder sonst bei der täglichen Haushaltsarbeit Hand anlegt. Das Verdienst zu dieser Erkenntnis gelangt zu sein, fällt dem österreichischen Gallup-Institut Ingenieur Beckert zu. Seine Interviewer liefen stockauf und stockab, um die Meinung der Bevölkerung zu diesem Problem zu erforschen. Die Antworten auf Lochkarten gestanzt und ausgewertet ergaben folgendes Bild: 66 % aller befragten Hausfrauen waren dafür, daß der Mann bei der Hausarbeit helfen soll. 24 % waren dagegen und 10 % war es egal. Die Arbeiten, bei denen die Männer am häufigsten mitmachen, sind: reinigen der Wohnung, Geschirr abtrocknen, Holz hacken, Kohlen tragen, Schuhe putzen, einkaufen und kochen. Nur 3 % aller Hausfrauen sind mit einem Mann gesegnet, der bei allen Arbeiten hilft. (1957)

Sie wollen alle tüchtige Hausfrauen werden

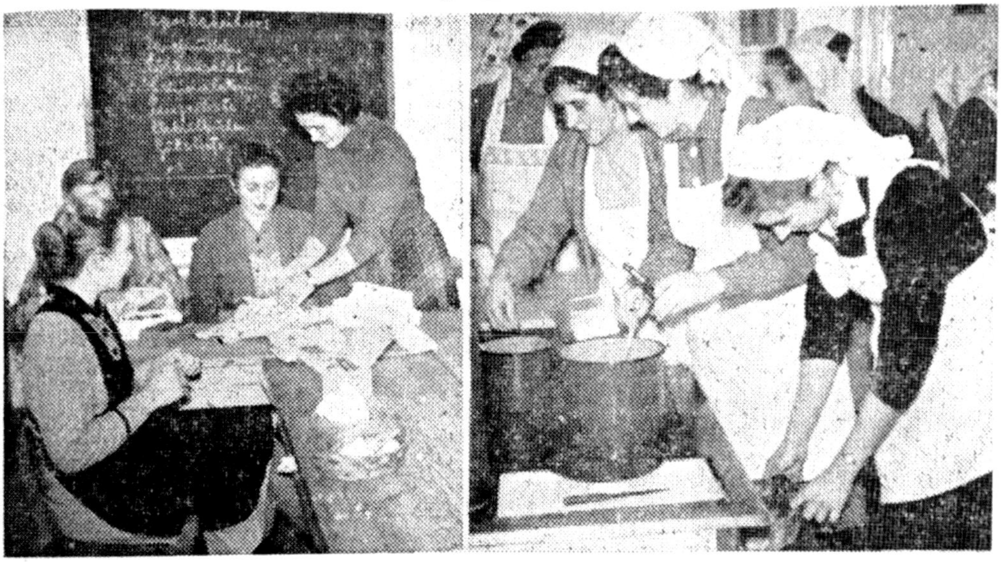

Vom 12. November bis 16. Jänner bereiten sich die 15 hübschen Lambrechtener Mädchen unter der kundigen Leitung der Fachlehrerin Anni Lehner auf ihren künftigen Hausfrauenberuf vor. In der Lehrküche der Volksschule praktizieren sie die hohe Kunst des Kochens, wobei auch darauf acht gegeben wird, daß die Suppe nicht versalzen, d. h. die Köchinnen nicht zu verliebt sind. Wer aber eine richtige Hausfrau werden will, weiß auch mit Zwirn und Nadel umzugehen, kann auch Kleider zuschneiden und Pullover häkeln, weshalb sich die Gruppe der weiblichen Landjugend hier schult, um die zukünftigen Gatten wirklich glücklich zu machen.

Hausarbeit war für den Pascha nichts. Worin sich Innviertler immer schon einig waren, erfuhren sie zur nachhaltigen Bestätigung durch die Zeitung. Zusätzlich wurde der Innviertlerin auch gleich noch ein neues Vorbild zur Nachahmung präsentiert.

Bei gleicher Gelegenheit wurden übrigens auch die Damen auf ihre hausfraulichen Tugenden geprüft. Im Gegensatz zu anderen europäischen Ländern, besonders den skandinavischen, führen die Österreicherinnen kaum Aufzeichnungen über ihre Ausgaben. 80 % haben sich bisher noch zu keinem Haushaltsbuch aufgerafft. Lediglich 18 % führen eine Privatbuchhaltung.

Dr. Oetker! Kluge Frauen sind Oetker-Frauen, denn sie wissen, daß sie durch Verwendung der vorzüglichen Dr. Oetker Erzeugnisse Zeit und Geld sparen.

Hat Ihr Mann am 31. Mai den gleichen guten Appetit wie am 1. Juni?
Sicher – wie meiner auch. Darum muß ich mein Wirtschaftsgeld einteilen. Und deshalb schaue ich auf vernünftige Preise. Das ist einer der Gründe, warum ich SPAR treu bleibe.

Die Bildung war in der Zeitung rein männlichen Geschlechts, sie schadete der Fraulichkeit, war ihrem Liebreiz nicht zuträglich.

Hat die „dumme" Frau größere Heiratschancen?
Haben intellektuelle Frauen nicht typische weibliche Eigenschaften? Nein, diese Eigenschaften sind bei ihnen meist verkümmert. Die Natur läßt sich eben nicht vergewaltigen. Wenn eine Frau das abstrakt-logische Denken, Objektivität und die für den Berufskampf leider nun einmal notwendige Härte und Ellbogenkraft an sich besonders ausbildet, wird sie zwangsläufig von dem einbüßen, was der Mann bei einer Frau sucht: Stärke der Gefühle, Anpassungsfähigkeit und Mütterlichkeit, wobei hier Mütterlichkeit nichts mit Mutterschaft zu tun hat!
Zugegeben: Die intelligenten Frauen befinden sich in einem Dilemma. Der Frauenüberschuß zwingt Millionen Frauen zur beruflichen Tätigkeit, da sie von der Ehe ausgeschlossen sind. Die intelligenten Frauen haben sich einen geistig anspruchsvollen Beruf gesucht und haben sich typische männliche Eigenschaften angeeignet. Sie verloren dadurch häufig den Reiz des Ewig-Weiblichen. Hierzu kommt ein anderes: Gerade der geistig angestrengt arbeitende Mann möchte sich zu Hause nicht auch noch geistig strapazieren. Er möchte geistig ein wenig in Filzpantoffeln gehen, möchte es gemütlich haben und ein bißchen bewundert werden. Ein kluger Mann wird die Frau mit Herz und Gemüt heiraten, deren Intelligenz dazu ausreicht, seine geistigen Fähigkeiten zu würdigen, die jedoch nicht versucht, ihm immer wieder zu beweisen, wie wenig er im Vergleich mit ihr doch im „Gehirnkastl" hat. Die liebe, nette und anschmiegsame und etwas gefühlvolle Frau wird gerade beim intelligenten und sehr männlichen Mann das Rennen machen. (1958)

Ein lange respektiertes Anstandsbuch war das Innviertler Modeblatt. Dabei ging es um die Moral und gleichermaßen um die guten Sitten. Er behalte die Hosen an, sie trage auf Hosen getarnte Röcke. Mit einer Hose, die niemand sah, versuchte Mann Frau auf ihre Nicht-Hosenrolle zu beschränken.

Für extravagante Frauen – Hosenrock
Es gibt Anlässe, wo eine Frau durch Rock in der Bewegung behindert ist, aber doch nicht in Hosen erscheinen kann. Hosenrock: Nicht neu die Idee, aber eine besonders originelle Lösung.
In einen vorne geschlitzten Rock arbeitete der Modeschöpfer innen eine enge knielange Hose ein. (1960)

Was immer Frau trug oder auch nicht, ihr Hauptkleidungsstück war stets die männliche Verführung.

Mode Mann – Frau
Der Unterschied zwischen weiblicher und männlicher Mode drückt sich schon in der Bezeichnung aus. Frauen tragen Kleider, Gewänder, Roben, Kostüme. Männer tragen Anzüge. Das heißt, Männer begnügen sich damit, angezogen zu sein, sei es aus sittlicher Notwendigkeit oder auch nur aus Gewohnheit. Frauen hingegen schmücken sich, wenn sie sich anziehen. Man sieht, auf Seiten der weiblichen Mode sind so viele Einfälle, Witz und Phantasie, daß für die männliche nur noch die praktische Sachlichkeit bleibt. Er (Mann) ist nicht auf erotische Spekulation, sondern auf Brauchbarkeit ausgerichtet. Seine Qualitäten sind Solidität und Beständigkeit, was zu einer starken Bindung zwischen Mann und Anzug führt. Beide sind miteinander verheiratet, während Frauen mit Kleidern nur Verhältnisse haben. Vorübergehende Verhältnisse, die sich leicht und schmerzlos lösen lassen. Nichts nützt sich so rasch ab als Frauenliebe zu ihren Kleidern, wo Männer nur schwer von einem Anzug Abschied nehmen wie von einem Gefährten, der sie im Stich gelassen hat. In diesem Punkt sind die Männer durchaus monogam. Der Erwerb des Anzugs ist meist Familienbeschluß. Weil Männer, die im Kampf des Lebens und an der vordersten Front des Wirtschaftswunders stehen, mit wichtigeren Dingen beschäftigt sind, als nach Anzügen Ausschau zu halten. Männer sind unsicher beim Anzugkauf. Frauen, denen die Wahl keine Qual macht, sondern eine Lust ist, wählen mit sicherem Instinkt. (1961)

In Großstädten arbeiteten Frauen seit Jahrzehnten außer Haus. Und in den USA besonders. Trotzdem oder gerade deswegen sahen die Zeitungsherausgeber weibliche Eigenständigkeit ausdrücklich äußerst ungern.

Berufstätigkeit der Mütter
Die Berufstätigkeit der Mütter wirkt sich schlecht aus auf eine Leistung der Schüler. Dieser Meinung war die überwiegende Mehrzahl der Lehrer, die vom Institut für Markt- und Meinungsforschung Dr. Walter Fessel über Schulprobleme befragt wurden. Die Untersuchung erfaßte Volks-, Haupt- und Mittelschüler. Durchschnittlich 12 von 100 Schülern der österreichischen Pflicht- und Mittelschulen gelten bei Lehrern als in der Gesamtheit ihrer Leistungen überdurchschnittlich, 24 Prozent sind jedoch unter dem Durchschnitt. Daß die Berufstätigkeit der Mütter sich entschieden schlecht auf die Leistungen der Schüler auswirkt, stellten fast alle – 92 Prozent – der Befragten fest. (1957)

Die Schattenseiten des Wirtschaftswunders
Die Zahl berufstätiger Mütter kleiner Kinder hat sich seit 1950 in Deutschland um mehr als die Hälfte erhöht. Von 1.000 berufstätigen Ehefrauen in der Bundesrepublik erklärten kürzlich 270, sie würden nicht außer Haus arbeiten, wenn kein Auto

zu unterhalten wäre. Wie bedenklich für das ganze Volk die Auswirkungen durch die berufstätige Mutter auf die Erziehung des Kindes sind, erhellt die Tatsache, daß in der Bundesrepublik 2,5 Millionen verheiratete Frauen mit 2,3 Millionen Kindern unter 15 Jahren für den Lebensunterhalt der Familie mit aufkommen, das heißt, mindestens acht Stunden täglich die Kinder sich selbst überlassen oder in fremde Hände geben müssen. In vielen Fällen ist jedoch die Sucht nach höherem Lebensstandard die Ursache, daß neben dem Familienvater auch die Mutter Geld verdient.

Lebt der Österreicher im Wohlstand?
Daß drei Viertel aller österreichischen Arbeitnehmer nicht einmal 1.700 Schilling im Monat verdienen, geht aus einem Bericht im „Aufbruch" vom Februar 1958 hervor, der neuen gesellschaftskritischen Monatszeitschrift des Instituts für Sozialpolitik und Sozialreform. Aus dem Bericht geht hervor, daß der höhere Lebensstandard auf Kosten der Bevölkerungssubstanz geht aufgrund der gegenwärtigen Einkommensverteilung.
Neben dem steigenden Lebensstandard, neben den Autos und Kühlschränken, dem Vergnügungsbetrieb und dem Aufschwung des Fremdenverkehrs gibt es noch eine andere Realität. Die Frauenarbeit nahm überhand. Wo heute auch Familien einen gewissen Wohlstand erreichen konnten, wird dieser mit dem Verzicht der Mutter auf ihre naturgegebene Funktion erkauft.

Gegen die Frauen war auch das Gesetz. Bis 1975 hatte der österreichische Ehemann das alleinige Bestimmungsrecht über seine ihm angetraute Gattin. Reine Männersache waren die Frauenrechte. Außerhäuslich beruflich fremd zu gehen, darum musste Heimchen am Herd ihn bis dahin um Erlaubnis bitten. Zumindest laut Gesetz waren die Innviertlerinnen ab 1975 ihren Männern gleichgestellt. Nicht unwesentlich auch durch intensiven Zeitungsdruck funktionierte die Identifikation der Innviertlerin mit ihrem männlichen Erpresser erfolgreich weiter. Langzeitwirkung hatte ihr Unterwerfungs-Syndrom. Jahrzehnte noch hielten sich berufstätige Innviertler Frauen schuldbewusst für Rabenmütter.
Allen medialen und sonstigen Vorsichtsmaßnahmen zum Trotz wurde die Männer- und Herausgeberwelt dann dennoch überrumpelt. Um 1960 zogen die ersten Selbstbedienungsläden in Innviertler Dörfer ein. Nichts Schlimmes dachte sich dabei die Zeitung. Für die zur Devotheit sozialisierte Innviertler Frau wurde Einkaufen im SB-Geschäft aber schnell mehr als nur Erwerb von einzelnen Artikeln. Selbstbedienung wurde zum ersten öffentlichen Freiraum für die Frau, sie war dort nicht mehr fremdbestimmt, sondern bediente sich jetzt selber.

Österreichische Hausfrau nicht konservativ
Die Selbstbedienung hat auch in Österreich ihre Bewährungsprobe bestanden und ist im Begriff, ihren Siegeslauf zu beginnen. Vor allem waren es die freiwilligen Zusammenschlüsse im Lebensmittelhandel, die in Erkenntnis der schwierigen Wettbewerbslage des mittelständischen Einzelhandels auf diesem Gebiet Pionierleistung machte.
Die der Konsumentin nachgesagte Scheu „sich selbst zu bedienen" hat sich in der Praxis als überhaupt nicht zutreffend erwiesen. Bis auf ganz wenige Ausnahmen haben die Hausfrauen größten Gefallen an dieser Art des neuen Einkaufs. (1961)

Unbemerkt streifte Frau ihre Heimfußfessel ab, klammheimlich begab sie sich mit Einkaufskorb und etwas später mit ihrem Einkaufswagerl schnell auf die Überholspur. Ungestört, zielsicher und zunehmend selbstbewusst fand sie sich zurecht im Labyrinth der neuen Läden. Selbstbedienung machte zumindest ein Stück weit unabhängig und frei. Er fand sich nicht zurecht auf diesen neuen Wegen. Trotz Führerscheinbesitzes war nicht ein Innviertler Mann imstande, den Einkaufswagen selbstsicher durch ein SB-Geschäft zu lenken. Mit Kinderwägen war es ebenso. Als unmännlich galt öffentliches Herumkutschieren mit diesen kindlichen Kleingefährten.
Perfektes Lenken im Geschäft bedeutete deswegen lange noch nicht die Lenkerberechtigung für Frauen auch im Freien. Jede Innviertlerin, die am Steuer saß, galt bis Mitte der 1960er als verhaltensauffällig und exotisch. Noch dazu fehlte ihr jeder technische Hausverstand. Selbst OPEL vertrat öffentlich diese Meinung. Das Patriarchat erfuhr durch das Auto eine nicht unwesentliche neuerliche Stärkung. Für Frau war Autolenken nichts, sie durfte nicht in das für ihn vorbestimmte Lenkrad greifen. Noch dazu benötigte Autofahren viel Kraft – Kraft, die eine Frau nicht hatte.

Die meisten Ortsdurchfahrten waren 1950 ohne Beläge. Die Straßen waren nicht nur schmal und unübersichtlich, Staub, Schmutz und Schlaglöcher waren die gefürchteten Begleiter der Kraftfahrer. Jeder Fahrzeuglenker mußte wirklich ein „Kraft"-fahrer sein, denn zum Autofahren waren nicht nur Pferdestärken erforderlich, auch der Kräfteverschleiß jedes Lenkers war enorm. (1963)

Kraftfahrkurs in Waldzell
Fahrschule Steiner: Anmeldungen am Sonntag, den 18. Jänner, von 9 bis 11 Uhr im Gasthaus Mairinger, Waldzell.

Blinker und Frauen
Die Zeit, die heute im allgemeinen zur Verfügung steht, um sich einer Sache eingehend zu widmen, wird immer knapper. Hunderte Eindrücke stürmen auf uns

ein, schwirren im Kopf herum und verhindern, daß man sich auf die Tätigkeit des Augenblicks voll und ganz konzentriert. Gerade die Frau von heute ist diesem Streß stark ausgesetzt. Die vielfache Belastung der Frau durch Haushalt, Familie und Beruf bringt eine sehr verständliche Zerstreuung mit sich. So lange es sich nur darum handelt, daß man beim Greißler die Knackwurst liegen läßt, ist das keine tragische Angelegenheit. Beginnt sich aber bei der Frau am Steuer eine gewisse Vergeßlichkeit bemerkbar zu machen, so kann dies gefährliche Folgen haben. Denken wir nur an die Unsitte, den Richtungsanzeiger nicht zeitgerecht, sondern sogar falsch zu betätigen. Ein unerklärbares Phänomen und weit verbreitetes Übel unter autofahrenden Frauen ist das Vergessen auf den eingeschalteten Blinker nach Fahrtrichtungsänderung. Viele Autos stellen zwar automatisch auf „gerade" zurück, versagt aber die Automatik, so versagt auch meist die Fahrerin,

die oft nicht einmal das akustische Signal zur Kenntnis nimmt. Der nachfolgende Verkehr wird dann so irritiert, daß es zu äußerst gefährlichen Situationen kommen kann. (1970)

Frauen haben Angst vor Nebel
Wie gerade das Kuratorium für Verkehrssicherheit mitteilt, hat gerade die Dame am Steuer aus irgendwelchen ungeklärten Ursachen, vielleicht psychischer Natur, besondere Angst vor dem Nebel. Vielleicht ist es auch die Tatsache, daß man nicht allzu viel dagegen unternehmen kann, daß es einem bei Nebel das Gefühl des Ausgesetztseins in der Wüste gibt.

Abgeschreckt werden sollte die autofahrinteressierte Frau, denn selbst für den genbevorzugten Mann war eine Führerscheinprüfung kein Honiglecken.

Sternfahrt zum Führerschein
Beinahe ist man versucht zu sagen: Wer keinen Führerschein hat, der ist kein ganzer Mann. Wer gar einen Personen- oder Lastkraftwagen oder Traktor lenken will, muß seine motortechnischen Kenntnisse zeigen und eine praktische Fahrprüfung machen. Nicht immer geht die Prüfung gut aus und mancher beklagt sich über die sture Prüfungskommission. Die anderen Verkehrsteilnehmer aber danken ihr dafür und möchten eher noch eine Wiederholung nach Ablauf eines bestimmten Zeitraumes verlangen. Denn wenn ein angehender Kraftfahrzeuglenker schon bei der Prüfung bis zum Stop-Zeichen fährt und dann mit den Worten „Teufel, da ist was los" erst in seinem Büchl nachschauen muß, wie soll es dann später werden. (1954)

Konsequent beschrieben die Zeitungsmacher Anleitungen zur weiblichen Fahruntüchtigkeit.

Ehefrau am Steuer
„Endlich habe ich Johannes so weit, daß er ruhig neben mir am Steuer sitzt", sagt Kitty zu ihrer besten Freundin. „Ich fahre noch nicht lange und du weißt ja, wie Ehemänner sind, die ihren Frauen erlaubt haben den Führerschein zu machen." Die beste Freundin nickt verständnisvoll: „Mach' den Führerschein, sagen sie, aber fahr' nicht."

Die Ehemänner machen vier Stationen durch:
„Ich weiß zwar nicht, warum du unbedingt den Führerschein machen mußt, ich fahre dich zum Friseur, ich hole dich bei deiner Freundin ab, aber bitte, melde dich zum Fahrkurs an."

Nach bestandener Fahrprüfung sagt der Mann „Gratuliere, aber den Wagen bekommst du nicht. Leih dir lieber einen Wagen aus, ich zahle lieber die Leihgebühr, ehe du meinen teuren Wagen zu Schaden fährst."
Dritte Station: Eines Tages gibt der Mann doch seinen Wagen her, den er behandelt wie ein Heiligtum. „Du mußt ihm schwören, nie über 40km/h zu fahren und den geringsten Kratzer im Lack zu berichten."
Vierte Station: Mann fährt endlich einmal mit der Frau mit. Das ist für jede Ehefrau am Steuer eine wahre Hölle. Er setzt sich neben dich, wie einer, der sich zu Tode fürchtet. Er versucht tapfer zu lächeln. Dann geht die Fahrt los: „Nicht so schnell! Besser schalten! Achtung von rechts! Vorsicht, links! Nicht überholen! Obacht, ein Radfahrer! Um Gottes Willen bremsen!" Er fürchtet um sein Leben. Er atmet tief, röchelt, stöhnt, seufzt, betet, bebend und Zähne klappernd steigt er aus. Bei den meisten Ehemännern hört das nie auf. Sie halten Frauen für ein Auto-Untalent.

Mitte der 60er-Jahre wurden speziell junge Innviertlerinnen allen männlichen Bedenken und medialen Unkenrufen zum Trotz automobil. Schnell änderte Opel daraufhin seine Meinung.

Opel Kadett
„Ja, monza-rot-schwarzes Dach, und erst die elegante Innenausstattung"
Schick sieht er aus, ihr neuer Kadett, innen und außen. Doch das allein war bestimmt nicht der Grund, warum ich ihn als Frau gekauft habe. Entscheidend waren seine „unsichtbaren" Eigenschaften: Sein spritziger, zuverlässiger Motor, seine fantastische Straßenlage und seine sicheren Bremsen.

Die Innviertlerin legte den schicklichen Hut, das Haarnetz oder das Kopftuch ab, weil sie das beim Autolenken störte. Er behielt seinen Hut dafür noch trotziger auf, war er für ihn doch mehr als bloße Kopfbedeckung. In Zeiten einstürzender Männlichkeit wurde der Hut zum Helm. Doch Mann mit Hut, der fuhr nicht gut, vor allem nicht auf Dauer. Sie fuhr dafür unbehütet umso besser.

Ein Freibad kam in den 60ern in so manches Dorf. Nicht zufällig war die Freizügigkeit dieses Namens. Weil junge Innviertlerinnen sich nicht nur äußerlich fast vollständig entblößten. Gebräunte Haut ersetzte keusche Blässe. So viel reizvolle lebendige Nacktheit in Gottes freier Natur scheute bisher im Innviertel den öffentlichen Auftritt. So freizügig waren bisher nur Statuen oder Gemälde in der Kirche, Sex-Zelluloid und aufreizende Dessous in Quelle-Katalogen.

Waldzell. Feierliche Eröffnung des neuen Schwimmbads
Nach einjähriger Arbeitszeit ist es nun endlich soweit: Am Fronleichnamstag 1965 wird das neue moderne, mit schönen Anlagen ausgestattete Aluminium-Schwimmbad feierlich eröffnet. Sämtliche Vereine und die Schulkinder versammeln sich um 15.30 Uhr beim Gemeindeamt, wo Landeshauptmann Dr. Gleißner und die übrigen Persönlichkeiten empfangen werden. Im Festzug geht es dann zum Freibad, wo nach der Segnung der Anlage diese von Landeshauptmann Dr. Gleißner seiner Bestimmung übergeben wird.

Energie und Schönheit durch sommerliches Freibad
Nach Ansicht der Mediziner soll der werktätige Mensch einmal wöchentlich schwimmen, so würde er um 20 Jahre verjüngt! Gewiß, Kinder und Erwachsene fühlen sich im Wasser pudelwohl. In den letzten Jahren hat Österreich – durch den starken Fremdenverkehr dazu angeleitet – sehr viel bei der Errichtung von öffentlichen Bädern, Freibädern usw. aufgeholt. (1967)

Null Protest gegen so viel Freizügigkeit kam überraschenderweise von der sonst superprüden Zeitung. Mit bisher nie gelesener Toleranz bewarb sie den Itsy-Bitsy-Teenie-Weenie-Honolulu-Strandbikini. Ungläubiges Leserkopfschütteln dort und da, waren doch im benachbarten Bayernland Bikinis bis 1968 in öffentlichen Bädern gesetzlich noch streng verboten.

Ein Blick in die Badezukunft:
Badenixen bevorzugen kariert und gestreift
Solides Innenleben macht gute Figur – der neue Star am Badestrand heißt Helenca-Elastic.
Die Bademode des Jahres 1962 steht im Zeichen einer Vielfalt erlesener Materialien und aparter Dessins. Der Badeanzug, der auch trägerlos getragen werden kann, gewinnt wieder an Terrain. Im Bikini hat der einteilige Anzug allerdings einen scharfen Konkurrenten.
Unter den Materialien nimmt das neu entwickelte Helenca-Elastic eine besondere Stellung ein. Der mit Helenca umsponnene Lastex-Faden wird zu einem ebenso geschmeidigen wie die Form haltenden Material verarbeitet.
Der Bikini steht vor allem den jugendlichen, schlanken Teenagern gut.

Für die Badesaison 1965 bieten wir reiche Auswahl.
Damen-Badeanzüge
„Elastisana", Helanca in Größen von 36 bis 42 … S 109,–
Damen-Bikinis
„Elastisana", Baumwolle in Größen von 38 bis 44 … S 79,–

Damen-Bikini
reine Baumwolle, bunt und unifarbig ab S 79,–

Mit dem Bikini wurde die Innviertlerin in eine Uraltfalle gelockt. Nur eine perfekte Bikinifigur konnte taxierenden Männerblicken wenigstens ungefähr entsprechen. Abnehmmittel-Inserate nahmen stark zu, verstärkten drastisch ihre frustrierende Wirkung. Zahlreiche Verschönerungs- und Optimierungstipps prasselten auf die Dörflerinnen herein. Werbeschönheitsvorstellungen und irrealen Körperproportionen mussten sie zukünftig entsprechen. Die Innviertlerin war männlicher Reinheitsfantasie und gleichzeitig nuttiger Erwartung ausgesetzt. Das barocke, leicht füllige Innviertler Schönheitsideal galt nicht mehr. Zu klein, zu groß, zu dick, zu rotbäckig, zu lippenfahl, zu hautrissig, zu wenig seidenweich das Haar, zu zahnsteinig die Zähne, insgesamt nicht mehr entsprechend kam sich die Innviertlerin nach dem Zeitunglesen vor. Von Inseraten mit Frauenfotos, zu schön um überhaupt wahr sein zu können, wurde die Leserin gewogen und immer für zu schwer befunden. Der Fotovergleich ließ sie stets zu schwer aussehen. Religiöse Scham vor dem eigenen Leib nahm ab. Dafür schämten sich Innviertlerinnen jetzt für ihren vermeintlich unvorteilhaften Körper. Zum Haushaltsleistungsdruck kam nun der einer perfekten Selbstdarstellung. Schönheit wurde ein wichtiger Teil der weiblichen Erpressung. Das amerikanische Schönheitsideal fand mittels Film, Illustrierter und Inserat nachhaltig rasch Verbreitung.

Nervöse Frauen sind nicht schön
Wenn man nervös und unausgeglichen ist, spiegelt es sich im Gesicht wider. Dagegen hilft auch die raffinierteste Kosmetik nichts, denn die eigentliche Schönheit kommt bekanntlich von innen.

Durch ein neues Präparat: In 7 Tagen schlank
Bei der Entwicklung des Entfettungsmittels Adipex ist man von dem Gedanken ausgegangen, daß es möglich sein müße, wohl eine Beschleunigung der Lebensfunktionen zu erreichen, die Einwirkungen auf die Psyche jedoch zu verhindern. Das ist bei der Entwicklung von Adipex geglückt. Das Präparat wirkt auf jenen Teil der Großhirnrinde, der den Verbrennungsprozeß im Körper beeinflußt. Durch eine Beschleunigung dieses Verbrennungsprozeßes werden die unnötigen Fettschichten aufgebraucht, wodurch der Gewichtsverlust zustande kommt. Übermäßige Reizbarkeit, nachfolgende Mattigkeit und Schlaflosigkeit, die unangenehmen Folgen des Grundstoffes Pervitin, sind bei dieser Abart nicht zu befürchten. Das neue Mittel wird im Vergleich zu MAXITON, ein französisches Produkt, in Österreich hergestellt und wird bald in jeder Apotheke zu bekommen sein.

Lesen Sie sich schlank
Geistige Anstrengung führt zum Abbau überflüssigen Körperfettes
Geistige Tätigkeit setzt eine gewisse körperliche Vitalität voraus. Es ist eine Erfahrungstatsache, daß jene Menschen geistig am beweglichsten sind, die körperlich durch keinen allzu starken Fettansatz gehemmt und gebremst werden. Wenn also der Geist eine gewisse Schlankheit voraussetzt, so ist es schlüssig, den umgekehrten Weg zu beschreiten und zu versuchen, durch geistige Tätigkeit eine körperliche Schlankheit zu erreichen. Statt daß die molligen Frauen Tabletten und Pillen schlucken, Tee trinken, Hungertage einlegen usw., um ihre Körperlinie zu verbessern, empfehlen neuerdings sehr viele Ärzte in den USA ihren rundlichen Patientinnen: „Lesen Sie sich schlank!"
Allerdings ist es mit dem Lesen allein nicht getan, und eine Frau irrt gewaltig, wenn sie sich dem Glauben hingibt, sie brauche nur mehrere Liebesromane am Tag zu verschlingen, um die körperlichen Idealmaße einer Schönheitskönigin zu erlangen. Beim Lesen zum Schlankwerden kommt es darauf an, daß tatsächlich eine geistige Leistung vollbracht wird.

Wirklich schlank werden – mit Tomali
Die bewährte Tomali-Schlankheitscreme schafft es auch in den schwierigsten Fällen, lästige Fettpolster zu beseitigen. Täglich zufriedene und begeisterte Zuschriften. Gewichtsabnahmen zwischen 3 und 5 Pfund in jeder Woche sind erreicht worden. Selbstverständlich ist Tomali unschädlich und belastet auch keine inneren Organe, das ist der große Vorteil dieses Schlankheitsmittels. Auf Erfolg und Unschädlichkeit erprobt! Tomali ist ein Spitzenprodukt der deutschen Kosmetik. Zögern Sie nicht mit einer Bestellung – auch Sie werden begeistert sein.
Fordern Sie noch heute Prospekte an von
Tomali-Vertrieb, Innsbruck 2, Postfach 120

Kosmetikperlen
Schöner Teint – Schöne Haut
Auch ohne Make-up – in allen Fachgeschäften

Drei sind unzufrieden mit ihrem Teint, die vierte nicht.
Sie nimmt regelmäßig Tokalon! (1970)

Blitzschnelle
Schauma-Wäsche
Ob aus dem Beutel, ob aus der Tube
Der dichte, gründlich reinigende Schauma-Schaum macht Ihr Haar locker, duftig und seidenweich. Schauma-Blond ist die Spezialwäsche für Blonde.
Ein Schwarzkopf-Erzeugnis

Ria-Haarspray 1 Dose 27,50

LUX-Toilettenseife: Ihrem Teint zuliebe
Maria Holst erklärt: „Ich verlasse mich auf meine Lux-Schönheitspflege."
9 von 10 Filmstars verwenden Lux-Toilettenseife. Nur S 3,–

Erste Gewichtsmesser waren erhobene Zeigefinger ausschließlich für die Frau, beim Lesen schon sorgten sie für Ansporn und Verzweiflung.

Personenwaage bis 125 kg: S 139,–
Badezimmerwaage: S 148,–
(1967)

Die Eigenakzeptanz der Innviertlerinnen nahm ab, dafür strotzte die Innviertler Männerwelt vor Selbstbewusstsein. Dem Innviertler Mann schrieb seine Männerzeitung verbesserungsmäßig rein gar nichts vor. Von Natur aus perfekt gebaut, las er nie etwas von einem perfekten Badehosenkörper. Optimierungen hatte der gestandene Innviertler nicht not. Einzig das Rasierwasser Pitralon empfahl ihm die Kosmetikzeitung zur Männlichkeitspotenzierung. Dank Moschus-Pitralon-Geruch konnte er seine Duftspur unüberriechbar setzen.

„Der Pitralon-Geruch schmeichelt nicht, er hat eine gesunde männliche Note."
Pitralon, für richtige Männer 1 große Flasche nur S 23,90

Und Körpergerüche vertrieb Pitralon auch. Der Innviertler hatte es nicht so mit dem Waschen. War auch nicht not. Unrein war einzig nur die Frau, somit war sie natürliche Ansprechpartnerin für die aus den USA herüberschwappende Totalhygiene. Wieder einmal erzählte das Patriarchat seine Geschichte gut, die Frau blieb ihrer beschmutzten Rolle treu und damit weiter Mängelwesen.

Allgemein stand es mit der Baderei und Körperpflege in Österreich schlecht. Duschen gab es so gut wie keine, vor allem nicht in ländlichen Gemeinden, ein Mal pro Woche gab es Familienwäsche in der Wanne. Während der Woche war Katzenwäsche angesagt, im Haus im „Lavur“ oder am Brunnen im Hof im Freien.

Die Innviertler Zeitungsbastion gegen die emanzipierte Frau hielt bis Ende 1960 bröckelnd stand. 1960 kam aus den USA die Nachricht von einer Anti-Baby-Pille. Die Zeitungsmacher verloren fassungslos den letzten Glauben an das ehemalige Vorbildland. 1962 ließ man die Pille in Österreich zu. Nur verheiratete Frauen bekamen sie zuerst vorsorglich verschrieben. Noch vorsorglicher nahmen sie ihre Töchter ein. Über Verschreibungen für ihre Mütter, wegen angeblich starker Regelschmerzen oder entstellender Akne, die niemand sah, kamen sie an die Hormondragees heran. Immer mehr Innviertlerinnen erlebten die Pille als Befreiung. Bei Innviertlern wirkten die 21 antikonzeptionellen Monatspillen sich genau gegenteilig aus. Die männliche Dominanz war endgültig dahin, bis auf die letzten Grundfesten wurde die konservative Männer- und Zeitungswelt erschüttert.

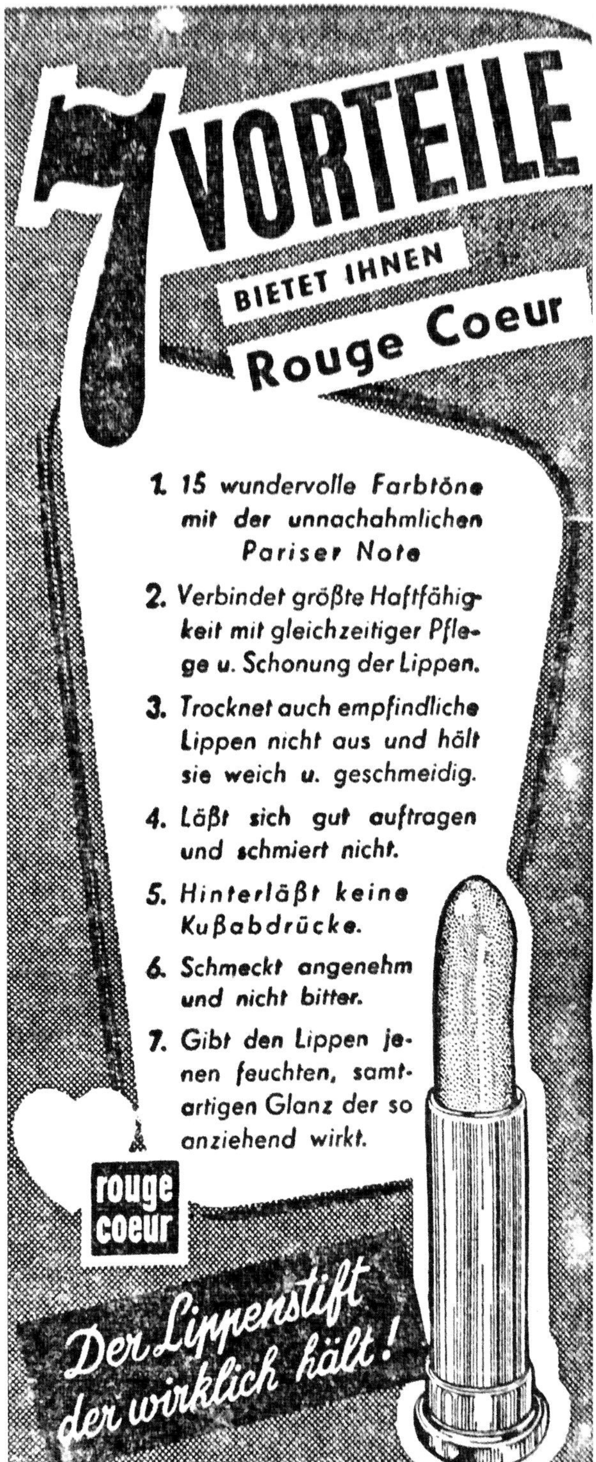

Daß man die heranwachsende Jugend zur sexuellen Beherrschung erziehen und nicht abenteuerlustigen Teenagern einen sorglosen Italienaufenthalt durch die Pille ermöglichen soll, war so gut wie unwidersprochen. (1965)

Pille kreist in den Schulen
Immer öfter müssen Lehrer und Schulaufsichtsorgane feststellen, daß in den oberen Mädchenklassen von höheren Schulen und Berufsschulen Antibabypillen genommen werden. In einzelnen Klassen, die allerdings Ausnahmen bilden, muß damit gerechnet werden, daß 100 % der Schülerinnen die Pille nehmen. Die Mädchen gehen dabei soweit, daß sie die Drogen auch untereinander austauschen, um die einzelnen Präparate zu „prüfen". Gerade dieses Austauschen der Drogen ist aber nach Ansicht der Mediziner vom gesundheitlichen Standpunkt aus äußerst bedenklich. Führende Ärzte weisen darauf hin, daß bei jungen Frauen oder Mädchen, bei denen die inneren Organe noch nicht vollständig entwickelt sind, die Pille das weitere Wachstum der Organe hemmt, sodaß diese in manchen Fällen für immer unterentwickelt bleiben. Eine dauernde Sterilität könnte dadurch eintreten, häufig seien jedoch auch Störungen des Hormonhaushaltes feststellbar. Da in Österreich kein einziges Antibabypillenpräparat ohne Rezept abgegeben wird, liegt die Vermutung nahe, daß sich manche Schülerinnen mit dem Rezept der Mutter die „Pille" verschaffen.

Die Pille und die Seelsorge
In Zusammenhang mit der Ehe-Enzyklika Papst Paul VI. haben seinerzeit die österreichischen Bischöfe Anweisungen für die Seelsorger in Aussicht gestellt, um den Priestern Richtlinien und Ratschläge an die Hand zu geben, wie sie im Einzelfall urteilen sollten, wenn es zu Gewissenskonflikten zwischen den hohen sittlichen Forderungen der kirchlichen Lehre und dem „schwachen Fleisch" des Menschen kommt. Diese Anweisungen sind nun fertiggestellt und werden dem österreichischen Klerus übermittelt. Eine der bemerkenswertesten Feststellungen der österreichischen Bischöfe war seinerzeit, daß der Papst in der Enzyklika wohl die hohe Sittlichkeit der Ehe unterstrich, aber nirgends von schwerer Sünde sprach.

Weil die Pille keine schwere Sünde war, wurde auch Zeitungswiderstand zwecklos. Die neue Zeit war unumkehrbar im Innviertel eingetroffen.

Die Suppe

Die Wirtschaftswundervöllerei begann nicht fest, sie begann flüssig. Fettaugen schauten groß, sie waren nicht mehr obenauf, das waren jetzt die Inseratensuppen.

Keine Küche ohne Knorr.
Sie sparen Zeit und Arbeit.
Knorr-Schwammerlsuppe.

Besser als jede Hausfrau.
Knorr – reichhaltiger und feiner gewürzt als die durchschnittliche Haushaltssuppe
11 Knorr-Suppen stehen zur Verfügung.
Die Hausfrau kann die feinsten Gewürze, die für die Abrundung des Geschmacks ausschlaggebend sind, die eben nur in verschwindenden Mengen verwendet werden dürfen, für einen Teller Suppe gar nicht abmessen! Knorr-Suppen enthalten bis zu 20 der feinsten Gewürze – das gibt ihnen den besonderen Wohlgeschmack.

Knorr: der Goldaugenwürfel von Knorr ist der meistgekaufte Rindsuppenwürfel und für hunderttausende Hausfrauen, die ihn täglich verwenden, der beste. Die sagen nämlich: „Ohne den Goldaugenwürfel könnt' ich gar nicht mehr sein!". Seine besonders hohe Fleischkraft ist eben die sicherste Garantie für gute Suppen und fürs Verfeinern vieler Speisen.
Wer KNORR't hat's leichter.

ETO-Suppen in 8 Geschmackssorten:
ETO Klare Fleischsuppe
ETO Ungarische Gulaschsuppe
ETO Feine Eier-Muschel-Suppe
ETO Kalifornia-Fleischsuppe
ETO Italienische Reissuppe
ETO Feine Champignon-Creme-Suppe
ETO Feine Erbsensuppe mit Speck
ETO Spargel-Creme-Suppe

Maggi – Extra Fleischkraft – Für Ihre guten Suppen, Soßen und Gemüse.
Sie wissen doch: Wenn Sie Soßen und Gemüse besonders fein machen wollen, dann gießen Sie mit einer kräftigen Maggi-Rindsuppe auf.
Maggi Klare Rindsuppe hat diese Extra Fleischkraft, die Sie so sehr schätzen. Und wie viel Extra Fleischkraft haben dann erst Ihre Suppen, die Sie mit Maggi Klare Rindsuppe zubereiten.

Besser kochen – besser leben mit Maggi.
Klare Rindsuppe in der Packung mit dem weißen Rindskopf.
Maggi – das Suppen-Nachtmahl
Nicht zu viel – nicht zu wenig – nicht zu schwer
Maggi Eiermuschel-Suppe mit Fleischeinlage.
Servieren Sie morgen einmal Maggi-Fleischklößchen-Suppe oder
Maggi-Steinpilz-Suppe.
Das sind Suppen wie aus dem eigenen Kochtopf.

Fremde Zeitungsküche schmeckte den Innviertlern schnell gut. Über ihren engen Tellerrand begannen die Leser hinauszulöffeln. Beeteigenes Gemüse geputzt und frisch geschnitten, die Zwiebel schön braun angeröstet, Markknochen vom Hausrind aufgekocht, alles zusammen stundenlang geköchelt, den gräulichen Schaum abgeschöpft und laufend abgeschmeckt, das war die gute alte Suppenküche. Zeitungsrezepte bevorzugten ETO und Knorr. Sie kochten schmackhafter und weniger umständlich ihr Süppchen. Goldaugenwürfelsprüche brodelten nur in Minuten auf, Suppen mit Herkunft von weiß höchstens Gott woher waren im Packerlaufreißen fix und fertig. Schon wieder hatte die Hausfrau nichts zu tun.

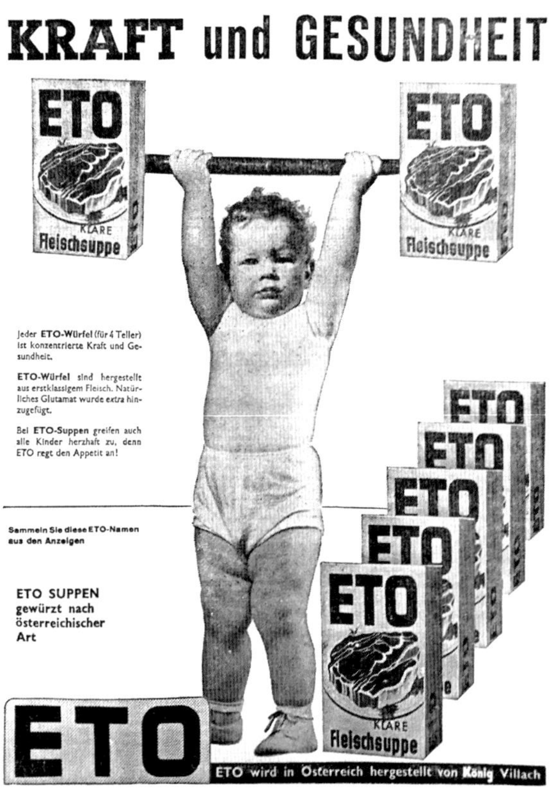

Knödel wurden in Klößchen umgetauft, hausgemachte Pofesen, Grießnockerl, Leberknödel, Milzschnitten, Fleischstrudel und Leberbunkl bestanden nicht im Knorrvergleich. Über Geschmäcker stritt man im Innviertel nicht mehr. Von Wien bis nach Vorarlberg schmeckten die Suppen immer gleicher. Die ultimative Explosion im Lesermund bescherten die Glutamat-Werbesuppen, sie machten unwiderstehliche geschmacksnachgebesserte Aroma-Angebote. Der imitierte Fleischgeschmack mundete Innviertlern einfach besser. Der Einheitsbrei wurde alltäglich.

ETO – Kraft und Gesundheit
ETO wird in Österreich hergestellt von KÖNIG.
Jeder ETO-Würfel (für 4 Teller) ist konzentrierte Kraft und Gesundheit.
ETO-Würfel sind hergestellt aus erstklassigem Fleisch.
Natürliches Glutamat wurde extra hinzugefügt.
Bei ETO-Suppen greifen auch Kinder herzhaft zu.

Kinderspeise wie im Märchen
Sie kennen doch das Märchen von dem Grießbrei-Töpfchen, das auf ein Zauberwort Brei kochte und dann die ganze Stadt mit Brei anfüllte, weil die Mutter nicht mehr wußte, durch welches Wort es zu kochen aufhört.
Mit MILUVIT ist die Zubereitung eines noch gesünderen, sehr schmackhaften Breis noch einfacher. Man braucht gar nicht mehr zu kochen, denn MILUVIT ist bereits auf schonendste Weise vorgekocht und braucht nur in heiße Milch eingestreut zu werden.
MILUVIT wird aus dem vollen Weizenkorn hergestellt und enthält auch die Randschichten und den Keimling, welche besonders reich an Mineralstoffen und Vitaminen sind. MILUVIT ist eine hervorragende Nahrung für den Säugling im Breialter wie auch für die älteren Kinder und sogar für Erwachsene.
MILUVIT bekommen Sie dort, wo Sie Ihr MILUPA und Ihre HONIG-MILCH kaufen. Lassen Sie sich gleich eine kostenlose Probe für einen ganzen Teller MILUVIT-Brei geben. (1959)

Das Essen

Über seine Verhältnisse lebte niemand am Land. Das Leben war bescheiden wie die Leute. An Überfluss fehlte es den Innviertlern stets. Dafür gab es an Kargheit keinen Mangel. Kaum einmal hat sich ein Innviertler überessen. Am 31. August 1950 endete in Österreich die Lebensmittelrationierung nach dem Krieg. Fleisch wurde trotzdem noch einmal knapp. Für 1951 und 1952 verordnete das Gesetz ein oder zwei Fleischlos-Tage pro Woche. Auf Innviertels Höfen aß trotzdem kein Mensch an diesen Wochentagen vegetarisch.

Rückfall in die Vergangenheit
Zur Überwindung der gegenwärtigen Fleischknappheit werden ab 24. August jede Woche zwei fleischlose Tage (Dienstag und Freitag) eingeführt. Die Anordnung sieht vor, daß an fleischlosen Tagen Fleisch, Fleischwaren und daraus hergestellte Speisen weder verkauft noch in Gaststätten, Beherbergungsbetrieben, Werksküchen oder in sonstigen Betrieben, in denen die Abgabe von Speisen an Personen erfolgt, verabreicht werden. An diesen Tagen dürfen Fleisch, Fleischwaren und Fleischspeisen (ausgenommen Beuschel sowie Blut- und Leberwürste) auch in Haushalten der Selbstversorger nicht zubereitet oder genossen werden. Lediglich Spitäler sind hier ausgenommen.
Wir sind nicht der Meinung, daß diese Verfügungen die ideale Lösung einer Krise darstellen. Außerdem muß man sagen, daß die Befolgung hinsichtlich Selbstversorger ein geradezu heroisches Maß von staatsbürgerlicher Disziplin voraussetzt.

Fleischloser Tag in Ried-Stadt nunmehr Mittwoch
Der fleischlose Tag wurde für das Gebiet der Stadt Ried von Dienstag auf Mittwoch verlegt, sodaß ab nun alle Fleischhauer, Gaststätten, Lebensmittelhandlungen und fleischverarbeitende Betriebe von nun ab an Dienstagen Fleisch und Fleischwaren verabreichen können.

Schwein gehabt haben die Innviertler immer irgendwie. Immer schon brauchte der Innviertler sein Fleisch, Schweinisches hatte er stets am liebsten. Fixe Kost war die tägliche Sau in beinahe allen chinesischen Variationen: Karree-, Schopf- oder Bauchschweinbraten, Beuschl, Stelze, Saukopf und Schmalz, mindestens 10 cm dicker Kübelspeck, Brat-, Speck- und Grammelknödel, frisch abgezapfte Blut- und dazu gebratene Leberwürste.

Waldzell
Innviertler Speckknödel-Essen. Die Sparrunde Steiner-Kino Wels unternahm einen Ausflug ins Innviertel. Den Schlußpunkt bildete ein Speckknödel-Wettessen im Gasthaus Schachinger.

Einladung zur Bratknödelpartie am Samstag, 23. November 1958, 20 Uhr, Jahnturnhalle TV Ried

Kaum waren die größten Entbehrungen vorbei, füllten SPAR, fachring und A & O die ersten Fressregale in der Zeitung.

fachring findet die günstigsten Angebote in allen Ländern und verbilligt durch rationelle „fachring-Arbeit".
Echt holländischer Cacao, Marke „DE ZAHN" 100 gr S 5,–
Weiße Bohne ungarisch aus der Dose Großimport 1 kg S 5,40
Kongo-Kipferln aus feinem Lebkuchen 200 gr-Beutel S 5,–

SPAR
6 Artikel – 6 Schlager
Thunfisch 1 Dose 100 Gramm S 3,90
Aprikosen-Jam
Bosnische Dörrpflaumen
Bienenhonig ausländisch
Kranzfeigen: griechisch, frisch importiert
Reines Marillenjam 1/2 kg S 6,–

SPAR
Im Dienst der Hausfrau
Für Ihren Weihnachtsfesttagstisch von 11. bis 31. Dezember 1955
Ananasscheiben, 1 Dose 11,90
Seelachsscheiben in Öl, 1 Dose 95 g, 6,–
Erdbeerkonfitüre – SPAR-Markenware, 450 g-Glas, 9,80
Schwarze Johannisbeerkonfitüre, 450 g-Glas, 11,80
Aprikosenkonfitüre aus vollreifen Früchten, 9,30
Siebenbürger Bienenhonig, 1 kg-Becher, 19,80

A & O
Glasierte Zimtsterne
Weihnachtsbäckerei nach Schweizer Art S 6,50

SPAR bringt zum Muttertag 1955
Muttertagsbonbonniere S 18,–
Wermut Adria-Perle S 15,–
Muttertags-Likör S 17,–
Blutorange, Marillen, Mocca-Kirsch, 1 Herzflasche S 18,–
Praline obwohl handgetunkt 10 dkg nur S 2,30
Würfel-Neapolitaner extrafrisch, 1/4 kg S 5,30
Original Kalterersee in bekannter Qualität 7/10 Flasche S 13,80
Feine Kochschokolade 1/6 Tafel S 5,20
Freude für Mutti, Freude durch SPAR

fachring
Hamburger Speck
Echt ungar. Herz-Salami
Polnisch gebratene Dauerwurst
Deutsche Salami
Schmalzfleisch aus reinem Schweinefleisch in der Dose

Inseratenstudium ließ Wasser speichelnd im Mund zusammenlaufen. In ersten Selbstbedienungsgeschäften wurden die angepriesenen Waren endlich käuflich. Und von wegen der Innviertler aß nicht, was er nicht kannte. Gedruckte Presseeinladungen zum Auswärtsessen nahm er gern an. Begierig graste er hinaus in nie geschmeckte Weidegründe. Die Lebensmittelinseratimporte machten hofeigen Produziertes zu Ladenhütern. Der kulinarische Prophet galt nicht mehr viel im eigenen Land, aus der Ferne mussten neue kommen. Auf Innviertlerisch nicht weit her war nun, was nicht von ganz weit her angeliefert wurde. Die Gürtel lockerten sich, die Fresswelle schwappte ins Innviertel herüber.

SPAR
Sonderangebot vom 20.–26. Oktober 1960
Ceylon-Tee
Polnische Eier
Ägyptische Zwiebel
Rumänischer Honig
Und dazu noch 3 Prozent SPAR-Rabatt
Großer Bananenschlager von SPAR
1 kg Bananen A-Ware
Gutes kauft man am besten bei SPAR

Mundgerecht präsentierte das Innviertler Konsumblatt sogar ideologisch bisher stets rigoros Verschmähtes. Irgendetwas aus kommunistischen Ländern wie Polen, Rumänien oder der Tschechoslowakei zu verspeisen wäre dem Innviertler bis zum preisgünstigen Inseratensonderangebot nicht im Entferntesten in seinen westlichen Sinn gekommen. Fleischpreisschlachten setzten inflationär ein, Rabatte unterboten sich. „Hauptsache billig" wurde zum billigsten aller Werbeargumente. Noch stärker als Glutamat verwirrte zeitungsgünstiges Fleisch Vernunft und Sinne.

CSSR-Enten ohne Darm
Prager Fleischente
CSSR-Jungente
Rumänische Ente, bratfertig, 1,60–2kg

SPAR – Geflügelwoche vom 25.2.–6.3. 1965
Feines Fleisch zum feinen Preis!
Dänische Poulets, bratfertig à 700 g 19,90
Dänische Poularden, bratfertig, 1A-Qualität, 28,50
Holländische Enten, bratfertig, 1kg-Packung, 23,50
USA-Truthühner, 1 kg, 28,40

SPAR Feines Fleisch zum kleinen Preis
160 t dänische Junghühner
SPAR-Großimport Marke „Svendborg"
Qualitäts- und gesundheitskontrolliert – also doppelt kontrolliert!
Zartes, saftiges Fleisch von hervorragendem Geschmack.
Beachten Sie das Geflügelangebot in der Tiefkühltruhe Ihres SPAR-Kaufmannes.

Am erstaunlichsten war die Gustomutation des Innviertlers bei Fisch. Genuss bei seinem Verzehr empfand er bisher höchstens bei heimlich schwarz Gefischtem. Der Zeitungskonservenfisch veränderte Innviertler Geschmäcker. Öltriefend, lange schon mausetot, dafür fangfrischer als jede heimische Forelle mundete er dem Dörfler. Und Fischkonserven schmeckten dem Innviertler nicht nur gut, der Bauer aß sie überdies aus Solidarität mit seinen Tieren. Je mehr Fischdosenfutter er verschlang, umso mehr fischiger Abfall fiel ab für die moderne Fütterung seiner Stallbewohner.

SPAR
Thunfisch, eine Dose, 100 g, S 3,90
Seelachsscheiben in Öl, 1 Dose, 95 g, S 6,–
Portugiesische Sardinen in Olivenöl, 3 Dosen, S 11,–

Jugoslawische Sardinen in feinem Olivenöl, 3 Dosen, S 9,90
Jugoslawische Sardellen, 3 Dosen, S 6,90
Räucherlachs, Seelachsscheiben in Öl, 1/8 Falzdose, S 7,70
Heringsfilet in Senf-Eier-Creme für Feinschmecker, 1 Dose, 100 g, S 4,60
Makrelenhechtfilet, 2 Dosen, S 4,70

fachring
Kanadische Ölsardinen
Japanischer Thunfisch
Portugiesische Sardellenringerl
Makrelen in Öl
Dorschleberpastete
Heringsfilet in Tomatensaft
Weihnachtsüberraschung Russenbecher

Der Innviertler, der einmal aus der Inseratenblechkonserve aß, konnte die Finger nicht mehr davon lassen.

Supermarkt Ried
Patent-Dosenöffner 1 Stück S 5,–
Bulgarische Pfirsiche, Großdose, S 7,90
Pfirsich in Dosen
Pflaumenkompott in Dosen
Felix Weiße Bohnen
Felix Karotten mit Erbsen
SELEX-Pfirsiche ausgewählte kalifornische Fürchte 1/2 Dose S 11,50

Selbst Ur-Innviertlerisches schmeckte dem Gaumen auf einmal aus der Dose besser.

A & O bringt vom 21. bis 27. Juni 1963
Blutwurst nach Thüringer Art, kalt und auch gebraten, eine Delikatesse;
1 Dose = 1/2 kg, S 6,90
Rindsgulasch 1/2 Dose, eine schnelle kräftige Mahlzeit, S 9,80
Gefüllte Paprika, nach einem alten Hausrezept, 400 g Dose, S 9,30
Reisfleisch mit reichlicher Fleischeinlage, 1 Dose, S 10,90
Delikatess-Weinbeuschl mit Knödel, sehr schmackhaft – tischfertig,
1/2 Dose S 7,90

Das Auge aß beim Lesen mit. Inseratenobst und -gemüseblattsalat, transparent, weil zellophanverpackt, überstrahlte folienfarbverstärkt bauernhofeigene Früchte.

A & O
Griechische Layers Feigen in der Cellophanpackung/2 Pakete S 3,–
Spalterbsen in der Allsichtpackung S 6,–

Mehr und mehr wurde die Rieder Zeitung zum Konsumwurfblatt. Ihr Bauchladen wurde adipös, sie verlor ihren asketischen Charakter. Auf Soletti wurde der Leser getrimmt, Hauptsache er war überall dabei und machte mit bei jedem beworbenen Fressgelage.

Soletti immer dabei
Ob im Büro und ob Zuhause, bei der Arbeit und beim Spiel, ob auf Reisen weit vom Ziel.
Zum Vergnügen wird die Pause,
wenn Soletti man verzehrt,
die leichte Kost, die nicht beschwert,
Soletti erhalten Sie bei Ihrem Kaufmann.
So knusprig, so schmackhaft
Feinste Salzstangerl für Jung und Alt, schmecken immer, besonders aber zu Wein, Bier und anderen Getränken.
Wer Soletti einmal ißt,
sie gewiß nicht mehr vergißt.
Soletti-Familienpackung (1964)

Campanile – bodengetunkte Mürbkeks, 200 g Beutel, S 5,–
DeBeukelaer-Keks gefüllt mit Pariser Creme
Dixi-Traubenzucker in Großtabletten mit Vitamin C, 2 Schachteln, S 5,–
Mortadella nach original ital. Rezept, 400 g, S 15,–
Eier Ravioli mit Tomatensauce von Maggi
Alpcheese, feiner Emmentalerstreichkäse, 200 g Schachtel
Rekorddrops gewickelt für Sport und Fernsehen, ein Sackerl, 250 Gramm, S 5,90
Weinbeißer, 330-Gramm-Säckchen, S 9,80
Milchnegerbrot mit gebrannten Erdnüssen, Riesenblock ca. 250g (1961)
Durchbeißer, die neue Spezial-Milchkaramell-Familienpackung

Wilde Fleischeslust und unmäßige Völlerei galten nicht mehr als Todsünden auf medialer Seite. Im Gegenteil, sie wurden massenhaft empfohlen. Inserate fraßen sich mächtig an, daraufhin überfraßen sich die Leute. Kalorien und Fleischberge nahmen zu, Backhendlfriedhöfe trugen nicht die geringste Trauer.

Karl Ketter Backhendlstation, Ried im Innkreis

Was der Österreicher so alles in sich hineinißt
Der Österreicher ißt im Jahr 1964 3,6 kg Käse und 63,2 kg Fleisch: Das bedeutet bei Käse eine Zunahme um 9 Prozent, bei Fleisch um 1 Prozent. Allerdings ist der Verbrauch an Rindfleisch um 4 Prozent zurückgegangen zugunsten von Schweinefleisch (+4 %).
Der Österreicher weicht auch immer mehr auf Geflügel aus (+18 %). Der Eierverbrauch liegt jetzt bei durchschnittlich 14,2 kg je Kopf und Jahr. Um 36 % mehr Fischkonserven wurden im Vergleich zu früher 1965 in Österreich verspeist. Kartoffel wurden um 2 % weniger gegessen, dafür um 7 % mehr Reis verzehrt, von dem es heißt, daß er nicht dick macht. Nicht ganz auf dieser Linie liegt die Zunahme bei Fett von 115 auf 119 g je Kopf und Jahr. Allerdings stieg der Butterverbrauch nur um 2 %, der Absatz von pflanzlichen Ölen um 10 %. Wer es in Kalorien wissen will: Der Österreicher verzehrt am Tag durchschnittlich 2.977 Kalorien, 1963 waren es 2.947 Kalorien.
Es steigt so viel, das Thermometer und die Preise, warum also nicht auch der Fleischverbrauch!

Fast 3.000 Kalorien täglich
Im Wirtschaftsjahr 1964/65 belief sich der gesamte Nahrungsmittelverbrauch in Österreich auf 7.860 Milliarden Kalorien. 1965 wurden pro Einwohner und Tag 2.977 Kalorien verbraucht. So nahm der Eierkonsum 1965 um 7 % zu und erreichte damit die Rekordhöhe von 14,2 kg bzw. 256 Stück pro Erwachsenem. Der Milchverbrauch zeigte keine wesentliche Veränderung, der Absatz von Butter, Topfen und Käse stieg jedoch merklich an.
1965 war der Nahrungsmittelverbrauch in Österreich zu 84 % durch die Inlandproduktion gedeckt. Eine gewaltige Erhöhung der Verbrauchsdeckung von durchschnittlich 64 % auf (!) 145 % brachte die Rekordweinernte 1964. Bei Zucker war die Produktion um 15 %, bei Butter um 12 % höher als der Verbrauch. Die Zahlen der Ernährungsbilanz 1965 demonstrieren die rasche Umwandlung der Ernährungswirtschaft zum Verbrauchermarkt.
Die wachsende Macht der Nachfragenseite bringt Rückwirkungen auf die Produktion mit sich, die zu beschleunigter Rationalisierung, Technisierung und Konzentration gezwungen wird.

Nach trostlosen Jahrzehnten waren die Österreicher endlich wieder wer. Zum Weltmeister im Schweinefleischverzehr haben sie sich heroisch hochgegessen.

Geht's uns gut? An Schmarrn geht's uns schlecht!
So könnte man die Statistik einleiten, die dem Österreicher vorrechnet, daß er voriges Jahr (1968) wieder mehrere Rekorde aufgestellt hat, diesmal freilich nicht mit Rennskiern oder Paddeln, sondern mit Messer und Gabel. Je Kopf der Bevölkerung wurden 64,5 kg Fleisch verspeist, das sichert uns den Spitzenplatz in Europa.
Dabei sind die Backhendl und alles andere Geflügel gar nicht mitgezählt, das wir uns auch mehr denn je schmecken lassen.
Absoluten Weltrekord halten wir im Verbrauch von Schweinefleisch: Hier haben wir es auf 38 kg je Kopf gebracht. In Deutschland kam man hingegen nur auf 33,5 kg und in den übrigen EWG-Ländern liegt der Durchschnitt nur bei 22,7 kg.
Obwohl wir also voriges Jahr den Schweinsstelzen, Karbonadeln [Fleischlaibchen] *und Surbraten so reichlich zusprachen, daß rund 80.000 Schweine mehr als sonst ihr Leben lassen mußten, haben wir auch das Rindfleisch nicht verschmäht. Der Verbrauch an Rindfleisch betrug 1967 knapp 23 kg je Kopf der Bevölkerung und ist 1968 auf 25 kg gestiegen.*

War die Vielfraßbilanz des Durchschnittsösterreichers schon nicht schlecht, so war die der Innviertler noch um die entscheidenden Kilos besser. Der Weltmeistertitel hätte genau genommen ihnen allein gebührt und damit mehr als nur ein „Bisschen" auch der Zeitung. Nicht umsonst rief sie über die Jahre zu immer mehr Fleischproduktion und Fleischverzehr auf. Die Zeitung vermeldete daher nicht ohne gewissen Stolz:

Wohlgemerkt: Diese Mengen gelten nur für die nichtselbständigen Versorger. Es ist anzunehmen, daß der Schweinefleischkonsum in den bäuerlichen Haushalten bei uns noch merklich höher liegt.

Der Imbiss

Fast Food
Entlang der Straßen in den USA gibt es überall kleine Restaurants. Man fährt mit dem Wagen unmittelbar zum Parkplatz neben der Straße und dreht das Fenster hinunter. Aus dem Restaurant wird sofort die Bedienung kommen und bringt das bestellte Essen oder Getränk direkt zum Auto, wo das Tablett mühelos mit einigen Handgriffen an der Wagentür befestigt ist. (1951)

Wer schneller aß, war früher fertig. Zeit wurde vom Mund hastig abgespart, die der Hausfrau genauso wie die des schnellen Essers.

Kochen wird mehr und mehr eine künstlerische Betätigung: Man schätzt sie, aber sie ist nicht mehr notwendig. Denn viele Speisen kann man direkt vom Geschäft auf den Tisch servieren, z.B. Kentucky Fried Chicken, es bedarf nur mehr weniger Handgriffe. Sehr populär in den USA ist Cook-Out, das ist das Backen von Hühnchen, Rippchen oder Steaks über glühender Kohle im Freien. Ein beliebtes Nationalgericht sind „Hamburger", gebackenes Faschiertes zwischen feinem Weißbrot.

Toastbrot oder Simonsbrot – in Stanniol verpacktes Vollkornschnittbrot – mit Allerlei drin oder drauf brachte die größten Zeitgewinne. Der schnelle Snack wurde als feiner Fingerschmaus empfohlen.

„Unser tägliches Brot“ verlor seine Heiligkeit, unbemerkt selbst von der wachsamen Wochenzeitung. Vielleicht hat sie es ohnehin gespürt, aber verdrängt wegen der notwendigen Umsatzsteigerung der Inserate. Zeitaufwendiges Bekreuzigen des Brotes mit der Messerspitze vor seinem ersten Anschnitt ersparte man sich beim schnellen Aufreißen der Zellophan-Verpackung. Toast plagte nicht mit einer überharten Rinde, blieb immer unverändert weich und wurde nicht steinhart und trocken. Beim weich-toastigen Brot biss sich kein Mensch die Zähne aus, vorteilhaft für die damals zahlreichen Innviertler Zahnruinen. Dem Backofenbrot vom Bauernhof wurde der Ofen von Werbestürmen ausgeblasen.

Eine ganz neue Pflanze trieb Ende der 50er zwischen den Zeitungsblättern die ersten wunderlichen Blüten. Es war ein Bromeliengewächs. Gut aufbereitete Inseratenböden bescherten überaus rasantes Wachstum. Keine andere Obstart wurde zwischen den Zeilen öfter angebaut, keine brachte der Zeitung bessere Gewinne. Der Zeitungsdschungel dampfte tropisch und sündhaft-schwül, scheibchenweise versprühte die fleischig-exotische Frucht aufreizende Erotik.

Orig. Hawaii-Ananasscheiben, 835 g; in ganzen Scheiben, beste Qualität. 1/2 Dose, S 15,80
Selex-Hawaii-Ananasscheiben erntefrisch konserviert
Ananas in Stücken, 850 g-Großdose, S 8,30
Ananasscheiben, beste Formosa-Qualität, ½ Dose, S 14,70

Ein leicht geröstetes Toastbrot gebuttert, mit je einer Scheibe Schinken, Ananas und Schmelzkäse belegt und überbacken, eine Cocktailkirsche obenauf und süßes Paprikapulver als definitive Würze.

Auf der Zunge zergehen ließen sich die Leser diese neue lukullische Exotik. Frische Ananas und geröstetes Brot, diese essbare Symbiose kam an. Gaumenkitzler für Innviertler wurde der Toast Hawaii. Ein paar Glückliche sahen ihn schon im deutschen Fernsehen. Vom deutschen Fernsehkoch Clemens Wilmenrod wurde er angeblich erfunden.

Fernseh-Funk
Mittwoch, 25. April 1956. 20.15 Clemens Wilmenrod bittet zu Tisch

1956 stellte er ihn erstmals deutschen und damit auch Innviertler Fernsehzuschauern vor. Der frugale Vorsprung der Innviertler war groß. From Here to Eternity, The Old Man and the Sea, Blue Hawaii mit Elvis Presley, Hollywood-Hula-Hula-Girls sorgten für knisternd aufregende Vorgeschmäcker.
Abspeisung kannten die Innviertler schon, so hieß der flotte Kommunionempfang im Volksmund. Ab 1960 kam sie auch für weltliches Wirtshausessen auf. Erste Raschgaststätten öffneten in der Stadt Ried hurtig ihre Pforten. Augen zu, Mund auf und ruckzuck hinuntergeschluckt, zumindest in der Rieder Stadt aß man schon amerikanisch.

Fleischwaren und Imbißstube
Im Zentrum der Stadt Ried, Hauptplatz 3, Passage Thurnerstraße, haben wir ein historisches Gebäude künstlerisch und technisch neu gestaltet. Wir eröffnen darin am Dienstag, den 1. August 1961 einen Fleischwaren-Filialbetrieb, dem eine Imbißecke angeschlossen wird. Durch eine zeitgemäße Geschäftsausstattung, verbunden mit unserem modernen Erzeugungsbetrieb in Eberschwang, können wir Ihnen beste Qualität und ein reichhaltiges, preisgünstiges Warenangebot bieten. Es wird unser ständiges Bestreben sein, Sie bestens zu bedienen und bitten höflichst um Ihren geschätzten Besuch.
Rudolf Reiter, Fleischwaren- und Konservenfabrik Eberschwang

Reiter Imbiß
Dem modernen Erzeugungsbetrieb der Firma Reiter entsprechend weist auch die neue Imbißstube in Ried alle technischen Vollkommenheiten auf. Moderne Küchenmaschinen fertigen alle Fleischwaren ofenfertig vor, keine Hausfrau braucht mehr ihre Schnitzel selber zu klopfen oder die Leber zu schneiden. Im Geschäft ist auch eine Imbißecke vorhanden, in der man während der Geschäftszeit kalte und warme Jausen erhält. Hinter dem blitzsauberen Geschäft sind die Kühlanlagen und Vorratsräume sowie eine Küche, in welcher die Speisen vorbereitet werden.

Schweinsbratwürstel mit Senf, Bratwurst, 10 Deka Leberkäs mit Gulaschsaft und Kraut und einem Semmerl, Reiter-Imbiss wurde der erste Innviertler McDonald's.

Imbiß – Grill-Restaurant – Espresso: Taferne Ried

Karl Ketter: Gasthaus und Espresso-Stüberl Ried

Auf Blattlinie wurde in Ried immer öfter auf Amerikanisch abgespeist. Das war zwar wörtlich nicht okay, doch praktisch war es schon in Ordnung.

Der „Großstadt-Bratrost"
Als letzte Neuheit auf dem Gebiet der Gaststätten haben wir in Ried mit den Einkehrgasthöfen, den Espressostuben und Büffets nun auch einen „City-Grill". Ein aufgelassener Pferdestall mit baulich schönem Kreuzgewölbe war wie geschaffen für ein nettes gemütliches Lokal, das aber nach allgemeiner Ansicht einen „Schönheitsfehler" hat: Die Bezeichnung „City-Grill". Nach Langenscheidts Wörterbuch bedeutet dieser Ausdruck so viel wie „Großstadt-Bratrost". (1961)

Die Limonade

Was dem Bauer sein blondes Bier, war der Bäuerin und den Kindern ihr buntes Kracherl. Vor allem im Gasthaus – also selten – wurde es getrunken. Himbeer-Rot und Zitronen-Gelb waren die ewig gleichen Kracherlfarben. Beim Öffnen des Verschlusses machte es einen lauten Kracher. Leicht überhörbar ploppten 1956 erstmals Frucade- und Coca-Cola-Miniinserate in der Zeitung auf. Noch übertönten die Innviertler Kracherlmacher die neumodernen Antialkoholgetränke.

Kellerbräu-Perle
Citra Cola
Rakete
Vertrieb Kellerbräu Ried (1955)

Die neuen Kracherl nannten sich nicht mehr so, sie riefen sich Limonaden. Um das Austro-Kracherl wurde es still, nicht der leiseste Kohlensäurekracher entwich bald mehr der Zeitung. Umso frischer sprudelten Frucade, Sinalco, Bluna und Libella aus Deutschland im Innviertler Wochenblatt. Almdudler und Schartner Bombe aus Österreich ließen ebenfalls nicht lange auf sich warten. Am allerfrischesten sprudelten die US-Getränkemultis Coca-Cola, Fanta und Sprite die Inseratenseiten auf. Vor ihrem ersten Schluck schon verfestigten sie den Glauben an das unübertrefflich köstliche Aroma amerikanischer Erfrischung.

Frucade
Eine Serenade für die Angebetete
Das ist heute noch Brauch in den Ländern des Südens, wo die Nächte traumhaft schön und verheißungsvoll sind. Von hier kommen die hochwertigen Orangen und Zitronen für Frucade.
Frucade – das Fruchtsaftgetränk für Anspruchsvolle (1959)

Sinalco
Auch in der großen Haushaltsflasche
Zum Vorteil der Familie

Sinalco aus frischen Früchten hergestellt
Nur echt in der Rotpunkt-Flasche

Libella
Eine wirkliche Erfrischung

Fanta
Klar und modern!
Ja, das ist Fanta, die neue Art, sich zu erfrischen, ein klares Getränk, ein modernes Getränk, klar und spritzig, eine klare Sache für frohe Menschen.
Probieren Sie Fanta und die klare Erfrischung
Frisch und froh. Ja, Fanta!
Fanta (abgeleitet vom Wort Phantasie) heißt die neue keim- und alkoholfreie, aus natürlichem Extrakt von Zitrusfrüchten hergestellte Erfrischungslimonade der Coca-Cola-Fabrik in Salzburg. Parallel mit der weiteren Coca-Cola-Erzeugung fand dieses Getränk bei Versuchen bereits lebhafte Aufnahme und wird ab September auch in Linz und anschließend in Braunau, Ried, Grieskirchen und Schärding zu haben sein. Selbst völlig alkoholfrei ist aber Fanta trotzdem bestens als Alkoholmischgetränk (z.B. mit Wacholderschnaps) geeignet.

Frischer Wind aus grünen Flaschen
Sprite
Eisklar herb und glitzernd frisch
Zitruslimonade
Es wurde Zeit für Sprite!

Schartner-Bombe
Die Bomben-Erfrischung aus der Quelle zu Scharten

Zuckerbombig präsentierten sich die Limo-Kostproben in der Zeitung. Hauptgeschmacksrichtungen waren köstlich, frisch oder froh, modern, südlich, eisklar, herb, glitzernd oder spritzig. Geschmacksintensivierend wurden die Limos „vor"bildlich präsentiert. Eine exotische Frau trank volllippig mit einem Strohhalm die Frucade. Wer das noch nicht verstand, für den stand „aus edelsten Südfrüchten" zur zweideutigen Erklärung.
Stellten sich Frucade, Fanta und Sprite in ihren individuellen Eigenarten vor, so schmeckten Coca-Cola-Inserate nach rein gar nichts. Nicht die allerkleinste Geschmacksaufhellung durch die Zeitung. Wenn überhaupt schmeckte es nach Amerika. Zumindest für die, die schon Cowboys

durch Cowboy-Filme reiten sahen. Im Rieder Zeitungs-Cola-Inserat hieß es nur schlicht: „Coca-Cola für starke Männer". Für schwache Männer, Kinder und Innviertler weiblichen Geschlechts war Coca-Cola damit nicht geeignet.
Noch wurden in den 50er-Jahren bei Innviertler Zechenraufereien ganze Wirtshausstuben zerlegt wie einst Saloons in Kansas City. Im tiefsten Sauwald, in Kopfing etwa, lebten noch echte Messerstecher. Auf diese Innviertler war Zeitungscola zugeschnitten. Gerade sie aber reagierten auf Amerikanisches sehr allergisch, tranken weiterhin nur Bier und Most statt künstlicher US-Getränke. Daraufhin genderte Cola frömmelnd um, machte scheinheilig auf Familie und katholisch. Unter jedem Innviertler Christbaum, hohoho, sollte ein 6er-Tragerl Coca-Cola liegen, und statt des ersten Biers sollte ein jeder Firmling sein erstes cooles Cola trinken.

Zu Pfingsten ist's bestimmt schön
Pfingsten ist ein fröhliches Fest. Machen Sie sich schöne Tage. Schalten Sie auf unbeschwert und heiter. Köstlich-kühles Coca-Cola paßt aufs Beste in die Stimmung. Für die Familie ist die Familienflasche besonders vorteilhaft. Sie ist preisgünstig, praktisch beim Servieren und reicht für alle. Haben Sie schon einen ausreichenden Vorrat für die Feiertage?

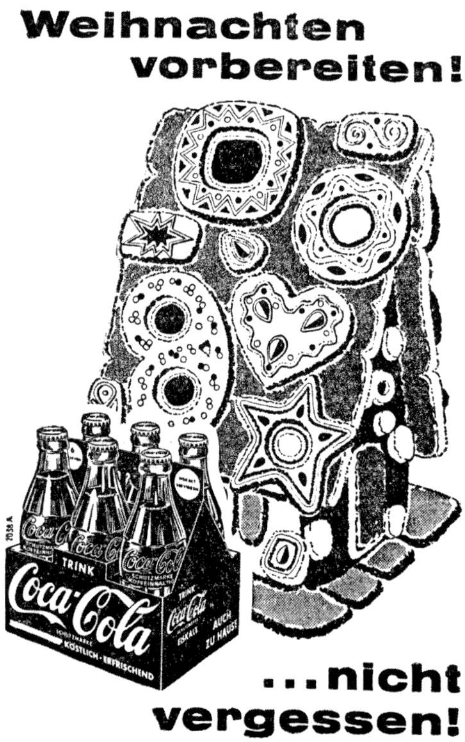

Kein Kraut wuchs gegen die Coca-Cola-Inserate. Viel Zucker machte nicht nur Durst, selbst stämmige Innviertler mit starkem Amerika-Antikörper wurden bald förmlich Cola-süchtig.

Picknick zu Hause!
Jawohl, man kann auch in den eigenen Wänden Picknick machen. Das ist so heiter und erfrischend wie draußen im Freien. Machen Sie es doch öfter so! Allen schmeckt's gut, und Ihnen macht es weniger Arbeit. Es geht ganz schnell: Einfach ein paar gute, appetitliche Sachen zusammen mit sprudelnd frischem Coca-Cola auf den Tisch bringen. Großartig – wie das schmeckt! – und wie vergnüglich und erfrischend so eine zwanglose Mahlzeit ist.

Mach mal Pause!
Mach Picknick zu Hause! (1959)

Alle freuen sich darüber!
Wenn man jetzt wieder bei weit geöffneten Fenstern auf dem Balkon oder im Garten sitzt, ist köstlich-kühles Coca-Cola immer willkommen. Zwischendurch, zu den Mahlzeiten und hinterher beim Beisammensein. Halten Sie gerade jetzt in dieser Jahreszeit immer frisches, sprudelndes Coca-Cola bereit. Sie machen allen Freude damit, denn alle mögen es so gerne. Denken Sie beim nächsten Einkauf daran: Coca-Cola in der Familienflasche ist besonders vorteilhaft!

Zeitungslimos erhöhten ihren Umsatz stark, ihr Durst auf Werbeseiten wurde ununterbrochen größer. Ihre Inserate wuchsen im selben Maß wie ihre zunehmend adipösen Flaschen.

Gleich 6 auf einmal!
Ja! Denn eine schmeckt besser als die andere. Und Coca-Cola erfrischt so herrlich.
Drum ist 6 x „die große" Coke gerade richtig.
Zugreifen, weil's vorteilhaft ist!
Mehr Frische, mehr Freude, mehr Coke (1960)

Zusätzlich mischten naturechte Verdünnungsgetränke auf, sogar in höchst rarer orangefarbener Zeitungsfarbe. Selbst hergestellte Himbeer-, Ribisel-, Holler- und Apfelsäfte schmeckten für Dörfler nur noch nach fader Mischung.

Der Alkohol

Most gab es überall daheim, Bier schäumte dafür mehr im Wirtshaus. Als männlich galt, wer viel vertrug, wer übermäßig trank, erntete Bewunderung in der Zeitung.

„Eins, zwei, drei, gsuffa"
Sport ist heute ein vieles umfassender Begriff geworden. Aber das Trinken zählt noch nicht dazu, obwohl man dabei auch seinen Mann stehen kann. In fröhlicher Gesellschaft wurde am Donnerstag im Gasthaus „Zum goldenen Stern" in Ried eine Wette ausgetragen, bei der es darum ging, einen Rekord im Gurgelbefeuchten aufzustellen. Ein junger Tiroler, dessen bajuwarisches Blut bisher noch wenig in Erscheinung getreten ist, ließ sich zu der Wette herbei, 15 Halbe innerhalb einer dreiviertel Stunde zu trinken. Es ging dabei um die Zeche und um 10 Schilling Prämie. Mit gelockertem Hosengurt begann er zum Gaudium der Gesellschaft sich vollzuschütten. In der ersten Viertelstunde vermochte er 9 Krügel zu stemmen. Das Endergebnis war 16 Halbe Bier in 37 Minuten. Das kühle Naß hatte ihn aber heiß gemacht. Mit Schweißtropfen auf der Stirn und etwas schwankenden Beinen kassierte er den gewonnenen Preis.

Alkohol galt grundsätzlich im Innviertel als gesund, Bestätigung dafür kam aus dem wissenschaftlich-medizinischen Teil der Zeitung.

Bier, Most gesund
Ohne Alkohol geht es nicht
Wein und Bier als Heilmittel – der Magen als „Schwarzbrenner"
Die Mediziner haben in den letzten Jahren eigenartige Beobachtungen gemacht. Die genaue Untersuchung der Blutproben von Abstinenzlern ergab, daß sie etwa 0,03 Promille Alkohol enthielten. Man hatte ursprünglich vermutet, daß ein Fehler in den Messgeräten vorlag, denn es handelte sich um Menschen, die seit Jahren keinen Tropfen Alkohol getrunken hatten. Dann machten mehrere Gruppen von Physiologen aber interessante Entdeckungen: Wenn jemand seinen Magen mit viel Kohlenhydraten, also Brot, Kartoffeln und ähnlichen Nahrungsmitteln vollstopfte, dann verwendete der Magen einen Teil dieser Produkte, um daraus Schnaps zu brennen. Allein in einem Fall wurden 23,6 Gramm reinen Alkohols gebildet. Das ist die Menge, die ein großer Pokal Rheinwein enthält. Wieder waren die Forscher zunächst geneigt, an krankhafte Vorgänge zu denken. Es wäre ja möglich, daß eine Riesenportion Kartoffeln nicht genügend verdaut werden könnte. Der Rest bliebe dann also im Magen zurück, gärte und produzierte dabei Alkohol. Deshalb machten die Wissenschaftler eine Gegenprobe: Sie setzten einem Mann, der vorher seinen Frühschoppen gehalten hatte, einen großen Topf

Kartoffeln vor. Der Magen wurde anschließend genau beobachtet: Er verdaute die Kartoffeln schnell, ohne auch nur einen Tropfen Alkohol zu bilden. Offenbar war er nach dem Frühschoppen nicht mehr auf das Schwarzbrennen angewiesen.
Nachdem sich herausgestellt hat, daß der Körper auf gewisse Mengen Alkohol gar nicht verzichten kann, halten die Mediziner alkoholische Getränke nicht mehr für unbedingt gesundheitsschädigend. Der Münchner Professor Wilhelm Stepp, ein bekannter Kliniker, empfiehlt (natürlich mäßige Mengen) Bier als Entspannungs- und Schlafmittel. Außerdem dürfte es mit einer gewissen Einschränkung als Nahrungsmittel gelten. Der Bierbauch ist ein Zeichen dafür, daß Bier nahrhaft ist. Kein Wunder: Starkbier enthält etwa ebenso viele Kalorien wie die Milch.
Für Most gilt, er ist ein billiger Gefäßerweiterer.

Überschritt jemand über längere Zeit die allgemein anerkannten ohnehin hohen Promillegrenzen, erhielt er sichere Hilfe aus der Zeitung.

Gesundheitsberatung
Antabus heilt den stärksten Trinker
In einer wissenschaftlichen Sitzung der Gesellschaft der Ärzte in Wien berichtete Dr. W. Solms über eine interessante neue Methode zur Heilung des chronischen Alkoholismus. Zwei dänische Forscher entdeckten eine chemische Substanz, nach deren Einnahme das Trinken von Alkohol fast unmöglich war. Die Reaktionen auf Alkoholgenuß waren Kopfschmerzen, Übelkeit und Erbrechen. Es war daher sehr naheliegend dieses Präparat, „Antabus-Medix" genannt, zur Behandlung der chronischen Trunksucht zu verwenden. In der Wiener Psychiatrischen Universitätsklinik wurde in letzter Zeit dieses Medikament genau untersucht und es konnten damit sehr gute Erfolge erzielt werden. Der Patient erhält vorerst durch einige Tage morgens und abends eine Tablette des Mittels und nach dieser Vorbereitung eine geringe Menge Cognac. Sofort danach treten Herzklopfen auf, Kopfschmerzen, Atemnot, Angstgefühle und starke Übelkeit. Wenn der Kranke noch weitertrinkt, verstärken sich diese Beschwerden und es kommt zum Erbrechen. Durch diese äußerst unangenehmen Begleiterscheinungen wird dem Patienten das Trinken unmöglich gemacht und verleidet. Es gelingt meistens schon nach zwei derartigen Behandlungen auch schwere Trinker zu heilen. Die Angst der Patienten vor einem neuerlichen Anfall ist so groß, daß die Kranken irgendwelche Spirituosen gar nicht mehr sehen können.
Die Behandlung muß unbedingt in einem Spital erfolgen, und es ist auf jeden Fall abzulehnen, daß das Medikament dem Kranken ohne sein Wissen durch Angehörige beigebracht wird. In genau überlegter Dosierung und in der Hand des Arztes ist es ungefährlich, doch durch Verwendung von Laien kann das Mittel schwere körperliche Schäden und sogar den Tod herbeiführen. Der größte Vorteil dieser Methode liegt in ihrer Kürze. Die früher übliche Entziehungskur, die oft mit einer

viele Monate dauernden Internierung verbunden war, stellte in den meisten Fällen für den Patienten eine überaus große wirtschaftliche Belastung dar.

88 Brauereien gab es in Österreich 1958, allein 15 davon brauten im Innviertel ihre Biere. Bier trank sich im Innviertel von allein. Stark bayerisch wirkten hier die Gene. Fast ohne jede Zeitungswerbung floss Gerstensaft durch immer durstige Kehlen. Selten warb Bier für sich, und wenn, dann klein und ohne Brauername.

Kauft österreichische Qualität
maßhalten – Bier trinken

Wobei „maßhalten“ im Innviertel immer nur eindeutig gemeint war, sich also nie auf eine Halbe Bier beschränkte. Das christliche Verständnis für Biertrinker war groß. Bier hält nicht zufällig den Rekord an Schutzpatronen – nicht weniger als 16 Heilige sorgen für eine gelingende Braukunst.

Der Bierverbrauch in Österreich ist mit 92,9 Liter seit Jahren unverändert. (1962)

Bier konsumierte Mann im Innviertel jedenfalls mehr als die für ihn bescheidenen österreichischen 93 Durchschnittsliter. Das garantierten die zahlreichen Bierfräsen und Biertümpler. Getrunken wurde viel im Ort, die 60er- und 70er-Jahre waren das Goldene Zeitalter für Wirte. Kleinbrauereien gab es viel, das Schaumgekrönte war im Innviertel konkurrenzlos. Trotzdem wurde Zeitungsbier etwas mehr, persönlicher und größer ab etwa 1965. Nie aber überschäumte es die Werbeseiten.

Zipfer Bier, ein Glas heller Freude
Bei blauweißen Außenschildern an Lokalen gibt es Zipfer Bier. Die blaue Zipfer Bier-Kiste – ein wahrer Fortschritt. Geringes Gewicht, sauber, appetitlich. Für Sie ein Vorteil.

Kapsreiter Hopfenkrone
Nach dem ersten Schluck Kapsreiter Hopfenkrone wissen auch Sie, wie gut wirklich gutes Bier schmeckt. Das erste und einzige Bier Westösterreichs in der Europaflasche.

Absolut Gegenteiliges galt im Innviertel für den Wein. Er hatte dort nicht eine einzige Domäne. Ein Schattendasein führte der vergorene Rebensaft am Land. Nur Pfarrer tranken bei der Wandlung Wein, das aber auch meist nur ein bisschen. Ein paar Städter in Ried tranken ihn auch, Notare, Rechtsanwälte, Ärzte und Professoren. „In vino veritas", darin lag für den Innviertler Biertrinker nicht die geringste Wahrheit. Wein schmeckte ihm nicht, übermannt wurde er von ihm, weil er ihn wie Bier nur großschluckweise trank. Was folgte, war meistens eine Katastrophe. Eine schwierige, aber notwendige Missionsaufgabe wartete auf das Rieder Bekehrungsblatt, war doch der Wein das biblischste aller geistigen Getränke.

Der Wein in der christlichen Religion
Zur Zeit des Wirkens Christi in Palästina waren Weingärten häufig anzutreffen. Es gab damals zahlreiche Sorten, doch scheint man zur Zeit Christi nur rote Trauben gekannt zu haben. Der Weinstock wird oft in der biblischen Symbolsprache herangezogen, um in volkstümlicher Weise religiöse Wahrheiten den Zuhörern nahe zu bringen. So ist der Weinstock im Alten Testament ein Symbol Israels. In den Psalmen wird er mit der Ehefrau verglichen, er gilt sogar als Symbol der Weisheit. Im Christentum wurde die tiefste Symbolik des Weinstocks ausgesprochen, der ein Bild für die lebendige Verbundenheit Christi mit seinen Jüngern darstellt. Christus verwendete des öfteren in seinen Gleichnissen Bilder aus der Weinkultur. Die Hochschätzung des Weines kommt besonders beim Wunder von Kanaa zum Ausdruck.
Heute ist Wein ein Element der Meßfeier. Beim Meßopfer wird dem Wein ein wenig Wasser beigegeben. Das Wasser wird hier als Symbol der Völker gesehen.

Wein galt der Zeitung ebenfalls als gesund, schon weil er zu den Alkoholika gehörte. Und Wein besaß zusätzliche Heilungskraft, weil er die Wirkung von Terramycin verstärkte. Zeitungsverschrieben wurde er auch, weil er sogar die für das Innviertel bedrohlichen Tropenkrankheiten verhindern konnte.

Wein macht gesund
Merkwürdig sind die Forschungsergebnisse, die im letzten Jahr an Weintrinkern gewonnen wurden. So wird z.B. die Wirkung der modernen Heilmittel Terramycin und Aureomycin erhöht, wenn der Patient gleichzeitig Weißwein trinkt. Terramycin und Aureomycin, die erst in den letzten Jahren entdeckt wurden, werden gegen schwere Entzündungen und Infektionskrankheiten verordnet und wirken stärker als Penicillin. Weil sie manchmal Übelkeit auslösen, wird jetzt gegen diese häßliche Begleiterscheinung Wein verordnet.

Wenn Wein als Medizin getrunken wird, scheint außer dem Alkohol (10–20 %) auch der starke Säuregehalt zu wirken. Die Ärzte haben gute Erfahrungen gemacht, wenn sie Wein gegen Diphterie, Typhus, Grippe, Lungenentzündung und Malaria verordneten. Herzkranke sollen möglichst bukettreiche Weine meiden, brauchen aber sonst nicht auf Wein verzichten.

Mit Aufrufen zur Rettung der notleidenden Weinwirtschaft versuchte die Rieder Zeitung den Weinkonsum im Innviertel anzukurbeln.

Relativ gering ist der österreichische Weinkonsum, dessen Anteil an den 1964 verkauften Getränken 18,7 % betrug. Jährlich werden in Österreich etwa 1,5 Millionen Hektoliter Wein getrunken. Angesichts der übergroßen Ernte 1963 mit mehr als 3 Millionen Hektoliter Wein sehen Österreichs Weinbauern mit Bangen der heurigen Ernte entgegen. Wenn sie ähnlich groß ist wie 1963, könnte die gegenwärtige Absatzkrise zur Absatzkatastrophe werden.

22 l Wein pro Person
Wie in keinem Jahr zuvor wurde 1964 zu Weihnachten Wein verschenkt, gegenüber 1963 um schätzungsweise 10 % mehr. Geschenkkartons und vor allem Siebenzehntel-Liter-Flaschen gehen ständig besser. Darin offenbart sich ein unverkennbarer Zug zum Qualitäts- und Spitzenwein, der schon seit einiger Zeit feststellbar ist. Und eine zweite Entwicklungstendenz: Der Zug zum leichten Wein mit weniger Alkoholgehalt. Die Österreicher lieben liebliche, leichte, aber doch volle Tropfen. Sortenmäßig stand auch 1964 wieder der Grüne Veltliner an der Spitze der Nachfrage, aber auch Rheinriesling, Neuburger und Rotgipfler hielten sich gut. Der Durchschnittsverbrauch der Österreicher lag im letzten Jahr bei 22 l pro Jahr und Nase – ein schönes Quantum, wenn man bedenkt, daß in der Durchschnittrechnung auch Nichttrinker enthalten sind.

1964 wurde um 55 % mehr Alkohol getrunken als 1955, doch bedauerlicherweise ist der Weinkonsum im Innviertel noch gering.

Leicht hatte es die Rieder Vinologen-Zeitung nicht. In Innviertels Wirtshäusern gab es nur rote und weiße Doppler. Jeder Beschreibung spotteten die ins Innviertel gelieferten alkoholischen Rebensäfte. Die Winzer aus Südtirol, Niederösterreich und dem Burgenland lieferten gezielt die allersauerampfigsten ihrer Tropfen. Einfach, geschmacklos und trotzdem ordinär, so schmeckten im Innviertel die Weine. Umso mehr aufgesüßt wurden sie mit Lieblichnamen von den Inseraten. Aus der Taufe hoben sie Wein für Wein, gaben ihnen ihren Segen und hofften inständig auf biblisch wundersame Placebo-Reifung im Mund des Trinkers.

Priorato – Julius Meinl
Gewächs „Felsengottes" – tiefdunkler, spanischer Rotwein, 0,7 l Flasche, S 15,–
Dürnsteiner Flohhaxn: voller spritziger Weißwein mit zarter Blume, 0,7 l, S 20,–
Kalterer See, 1 l, vollmundiger Südtiroler Wein, S 17,90
San Antonio, 1 l-Flasche, S 17,30 ein feuriger, spanischer Rotwein mit edler Herbe
Marsalvo: original sizilianischer Dessertwein, 0,7 l, S 25,50
Tarragona: original spanischer Rotwein, schwer und voll-herb, S 26,–
Südtiroler Rotwein „Marzemino", 1 l, S 19,–
Loibner Kaiserwein, erlesener Spitzenwein, 0,7 l Flasche, S 29,50
Barbarossa-Wein, ein kräftiger feuriger Rotwein, 1 l, S 20,70
Bürgerstolz-Weißwein, ein bekömmlicher, süffiger Weißwein, 2 l, S 25,50

SPAR-Weinwochen: Zu frohen Stunden gehört ein guter Tropfen.
Beste Spitzenweine zu günstigsten Preisen.
Mundschenk: Kremser Riesling, feiner Tischwein, 1 l, S 19,50
Beaujolais: Der beliebte französische Rotwein, 0,7 l, S 21,30
Hauersteig: Bekömmlicher weißer Tischwein
Schluck: trockener gefälliger Sylvaner

A & O
Goldhügel, burgenländischer Weißwein, 1 l, S 11,–
Vogelbeer-Tischwein: der Wein, der in keinem Haushalt fehlen sollte;
weiß, mild, 1 l, S 12,90
Roßhimmel, Sonnenwein, naturbelassen, S 24,80
St. Virgil, Tiroler rubinroter kraftvoller Flaschenwein
Weißburgunder, 0,7 l für Kenner und Genießer, Weißwein, ganz besonders preiswert

Auch mit Ruster und Kreuzer Riesling, Diamant, Leonardi-Rotwein, Dürnsteiner Katzensprung, Bozner Leite, ungarischer Badacsony, Marsoner-Rainer-Sonne aus dem Süden, Stierblut und Adabei-Ribiselwein schenkten die Winzer dem Innviertler kopfwehmäßig ein. Dazu passend gab es die dementsprechenden Gefäße.

Bozen-Weißweingläser mit zartem Weinlaub-Dekor
Römer-Gläser 1/8l mit zartem Weinlaub-Dekor

Weinwerbung war selbst im Innviertel auf Dauer nicht vergeblich, irgendwann entstanden die ersten kleinen Weinlokale. Steter Wein-Inseratentropfen weichte selbst die härteste Bierleber auf. Der ländliche Weinkonsum nahm zu, das Zeitungsbekehrungsziel wurde langsam erreicht, Innviertels Männer tranken sich bibelfester.

1960: „Komm' mit mir in die grüne Wachau."
Das ist wohl in Braunau nicht möglich, aber ein Besuch des Wachauer Weinstüberls mit herrlicher, einmaliger Weinlaube und einem köstlichen Tropfen mit gutem Imbiß wird Sie in die rosigste Stimmung versetzen, in welcher Sie den grauen Alltag vergessen.
Wachauer Stüberl, Weinhandlung en gros – en detail

Burgenländische Weinstube und Weinhandlung
Oggauer, Ruster und Neusiedler Weine
J. Hafner, Ried
Grafingers Weinklause
Ried im Innkreis, Rainerstraße 23
Nußberger, Gumpoldskirchner, Himmelsteig, Weinzirlberger

1968: Um die großen Mengen Alkohol zu verbrauchen, muß der Österreicher durchschnittlich mehr als 200 Stunden im Jahr „aufwenden".

Da kam 1957 aus Deutschland ein riesiges alkoholisches Problem.

Kraftfahrer – 1,5 Promille, die äußerste Grenze
Mit 1,5 Promille Alkohol im Blut sei kein Kraftfahrer mehr in der Lage, sein Fahrzeug sicher zu führen. Dies treffe auch für den zu, der an Alkohol gewöhnt ist. So eine Feststellung des deutschen Bundesgerichtshofes. Geklagt hat ein Brauereivertreter, der einen Unfall in alkoholischem Zustand hatte, weil er trotz eines täglichen Konsums von etwa 20 Glas Bier jahrelang seinen Wagen unfallfrei gelenkt hat.

Schlagartig wurde der Innviertler Zeitungsleser nüchtern. Denn für die Österreicher galten inoffiziell etwa die gleichen Verträglichkeitsnormen wie in Deutschland. Offiziell gab es in Österreich bis 1960 keine Promilleobergrenze für Autofahrer. Über die eigene Fahruntüchtigkeit entschied allein die subjektive Fehleinschätzung. Zusätzlich verleideten Autoweiheberichte die Unbekümmertheit beim alkoholisierten Autolenken. Meist nur bei schwerer Berauschung plus Unfall wurden nämlich die Führerscheine abgenommen.

St. Martin im Innkreis – Autoweihe
„Die Kraftfahrer brauchen den Herrgott mehr als andere Menschen", predigte der Pfarrer von St. Martin bei der sonntägigen Kraftfahrzeugweihe in St. Martin. Er entnahm aus dem 5. Kapitel des ersten Petrusbriefes, Vers 8-9: „Brüder, seid nüchtern und wachsam…", um die drei Tugenden der motorisierten Verkehrsteilnehmer zu beschreiben: Nüchternheit, Verantwortungsbewußtsein, Rücksichtnahme. Im Anschluß an die würdig verlaufene Feier konzertierte die Musikkapelle von St. Martin vor den Festgästen, die bei einem gemütlichen Beisammensein nette Stunden verbrachten.

Zu viel war so viel Nüchternheit sogar der katholischen *Rieder Zeitung*. Noch dazu widersprach das lokalen Gewohnheitsrechten. „Schnell fahrn und schwa tringa, so ham's de Innviertler gern", lautete ein allgemein anerkanntes Innviertler Gstanzl. Daher wiesen die Zeitungsmacher indirekt darauf hin, dass Wasser zwar gepredigt, Mann als Autofahrer aber weiterhin unbesorgt Alkohol trinken könnte. Sonst wäre das an die Autoweihe anschließende Beisammensein nicht extra als gemütlich herausgestrichen worden. Der kundige Leser kannte sich aus. Gemütlichkeit im Innviertel ging niemals antialkoholisch.
Unglaubliche 0,8 Promille wurden ab 1960 oberste Promillegrenze.

Trotz der schwerwiegenden Folgen, die das Lenken eines Fahrzeugs in einem durch Alkohol beeinträchtigten Zustand nach sich zieht, können viele Fahrzeughalter beim Trinken nicht maßhalten. Von den Verkehrsunfällen hat noch immer ein hoher Prozentsatz die Ursache in Alkoholbeeinträchtigung des Lenkers.
Es ist allgemein bekannt, daß eine unwiderlegliche Beeinträchtigung durch Alkohol bei dem vorliegt, dessen Blutalkoholgehalt über 0,8 Promille liegt.
Es ist rechtlich nicht von Belang, ob sich der Fahrzeuglenker berauscht fühlt oder nicht. Die 0,8-Promille-Grenze wird daher geeichten Trinkern gefährlich werden, da der Gesetzgeber darauf keine Rücksicht nimmt.

Momentan ernüchterte der neue Alkomat schon. Doch wiederum beruhigte die verständnisvolle Innviertler Autofahrerzeitung.

„Alcotest" ohne Beweiskraft
Mit 1. Jänner 1961 wurde ein Gerät zur Prüfung der Atemluft auf Alkohol, genannt „Alcotest", eingeführt. Doch damit haben die Behörden kein Glück. Es kann nur einmal verwendet werden und daher auch nicht geeicht werden. In der Folge wurde klargestellt, daß er überhaupt keine Beweiskraft habe, er könne lediglich dem Polizisten in der Feststellung dabei helfen, ob er einen betrunkenen Autofahrer vor sich hat. Grundlage für eine Anzeige könne das Testergebnis nicht sein. Lediglich ein Amtsarzt kann über den Grad der Alkoholisierung entscheiden.

Fahren auch nach sehr viel Alkoholgenuss blieb somit für den Innviertler bis weit in die 70er hinein promillemäßig hochgradig unbedenklich. Mann hörte zwar immer „Komm gut heim", nie aber „Trinke nicht beim Fahren". Alle Ängste und Sorgen der Alkolenker lösten sich schließlich 1969 auf durch eine berauschende Trinkerzukunftshoffnung.

Eine Pille gegen Promille
Der Hautarzt Dr. Kühnau entwickelte 1969 zusammen mit Schweizer Chemikern eine Pille gegen Promille. Das Medikament, das den Alkohol im Blut innerhalb einer halben Stunde um ein Drittel herabsetzt, soll in der Schweiz in 4 Monaten und in Deutschland in 1,5 Jahren auf den Markt kommen. Es wirkt auf die Leber ein, so daß diese mehr Fermentstoffe zum Abbau des Alkohols produzieren kann. Die Pille soll zuerst rezeptpflichtig sein, Leberkranke und Minderjährige soll sie nicht verschrieben werden.
Viel mehr hofft Dr. Kühnau, den Menschen mit der Promille-Pille zu helfen, „daß ein vernünftiger, normaler Mensch ein Glas Wein trinken kann, ohne dass er als Kraftfahrer Todesängste vor polizeilicher Bestrafung auszustehen hat."

Zwar hatte der Innviertler die Anti-Alko-Pille nicht not. Nahm er doch aus Erfahrung an, dass er betrunken noch besser fuhr als nüchtern. Die Polizei jedoch zweifelte zusehends daran. Und deshalb empfand er die Erfindung der Alko-Pille für ihn als trotzdem beruhigend und günstig.

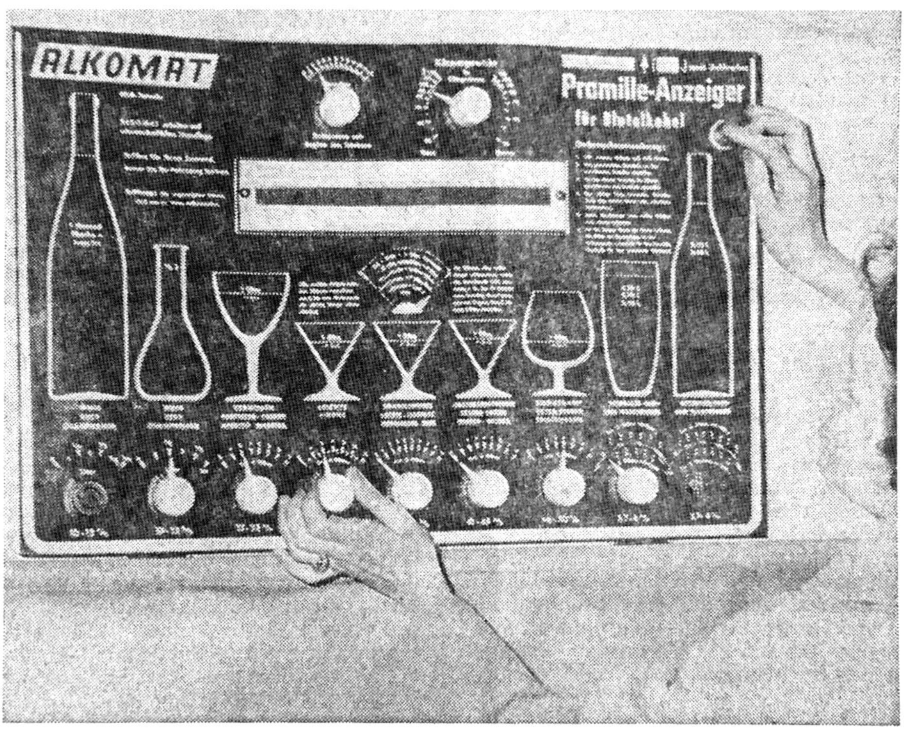

Auch dieses Alkohol-Test-Gerät wird auf der Wiener Frühjahrsmesse 1961 gezeigt. Es trägt den Namen Alkomat. Nach dem Einwurf einer Einschillingmünze stellt man ein, welches Getränk, in welcher Menge und in welchem Zeitraum man es genossen hat. Der Alkomat zeigt dann automatisch an, wie lange man warten muß, um wieder ans Steuer des Wagens zu dürfen.
Foto: Basch

Der Supermarkt und das Großkaufhaus

Über die Budel ging nichts mehr. Immer weniger wollten sich fremdbedienen lassen. 1950 eröffnete in Linz der erste Selbstbedienungsladen Österreichs. Um 1960 zogen diese US-Einkaufsbräuche in die ersten Innviertler Dörfer ein. Verkauft haben sich ihre Produkte gut, sie brauchten die Zeitung aber weiterhin wie einen Bissen Brot. Diese fütterte den Leser exklusiv an, nur das, was donnerstags in ihren Werbeseiten stand, fand freitags zuverlässig seinen Absatz. Kleine Gemischtwarenkrämer sperrten reihenweise zu oder sie stellten sich ein und um auf Selbstbedienung. Herkömmliche Kaufgeschäfte konnten die ausufernde Inseratenflut schon lange nicht mehr fassen. Die Rieder Zeitung sah ebenfalls ihr Heil in Selbstbedienungsläden, wurden doch alle ihre papierenen Phantomprodukte endlich käuflich. Die Inseratenwarenfülle gab es nun in der Wirklichkeit, die bunte Verpackung wurde wichtig. Der schöne Schein verkaufte sich gut. Wie hypnotisiert verfielen Einkäuferinnen einem Kaufrausch. Die SB-Geschäfte verzeichneten hundert, zweihundert, dreihundert Prozent mehr Umsatz.

Selbstbedienungsläden mit Umsatzsteigerungen
Jedenfalls beweisen die eklatanten Umsatzsteigerungen nach Umstellung von Geschäftslokalen auf Selbstbedienung das Gegenteil mancher pessimistischer Voraussagen. Zögernde Anfänge 1955 und 1956 haben sich erst 1960 stärker entwickelt. Die SPAR, eine starke Handelskette, konnte 1960 größere Erfolge buchen, ein beachtlicher Teil der 1.500 SPAR-Kaufleute hat auf Selbstbedienungsläden umgebaut.

Der Siegeszug der Selbstbedienung
Als wichtigste Rationalisierungsmaßnahme des Lebensmittel-Einzelhandels in den letzten zehn Jahren ist die Selbstbedienung anzusehen. Dieses Absatzsystem erspart hohe Lohnkosten und wirkt daher preisstabilisierend. Selbstbedienung beim Einkauf hat sich aber nicht nur im Einzelhandel durchgesetzt, auch der Großhandel hat sich darauf eingestellt, um dem Einzelhandelskaufmann gleichgelagerte Vorteile zu bieten.

Ried. Gerhard und Edeltraud Würzner eröffnen das erste Rieder Selbstbedienungsgeschäft, bei dem die Kunden selber mit einem Korb die Waren aussuchen können. Voraussetzung für die Umstellung war der Kauf einer Aufrechnungskassa, die 39.000 Schilling kostete, so viel wie ein Auto. (1959)

Anfangs herrschte Verunsicherung über die ungewohnte Art amerikanisch einzukaufen. Zur Überwindung der Schwellenangst bezeichneten die Würzners ihr neues Selbstbedienungsgeschäft als Wunschbedienungsladen.

A & O hält Einzug in Ried!
Im altbekannten traditionsreichen Handelshaus Josef Mayer Ried, Hauptplatz 43, entstand das modernste und schönste Geschäft, ein A & O Selbstbedienungs-Freiwahl-Laden.
Eröffnung am Donnerstag, den 27. Oktober 1960, 10 Uhr.

Lohnsburg. Kaufhaus Kahrer, Gunzing – moderne Einkaufsquelle
Als neues, ansprechendes Kaufgeschäft präsentiert sich heute in der Ortschaft Gunzing bei Lohnsburg das Kaufhaus Kahrer, das nach gründlichem Umbau und neuzeitlicher Gestaltung der Inneneinrichtung am 22. Oktober 1964 eröffnet wird. Es ist ein altes, gut eingeführtes Geschäft für Lebensmittel und Feinkost, Textilien, Strickwaren und Wäsche; es führt Geschirr, Farben und Lacke, ein Kaufhaus also, das auch in seiner neu gestalteten Form den ursprünglichen Charakter erhalten konnte.

Mettmacher Kaufmann geht mit der Zeit
Geschäftsneubau in Oberdorf – Eröffnung des Teilselbstbedienungsladens am 30. Oktober 1965
Seit 80 Jahren besteht in Oberdorf 7, Gemeinde Mettmach, das Kaufgeschäft Feichtenschlager, das in herkömmlicher Weise geführt, sich eines guten Zuspruchs erfreute. Doch es genügt heute nicht mehr, so wie vor Jahren ein Geschäft zu führen und deshalb entschloß sich der heutige Inhaber zu einem Neubau des Geschäftshauses, um seine Kunden besser und umfassender betreuen zu können.

Mitte der 60er tauchten die ersten Großstadt- und Kleinstadtgroßkaufhäuser auf. Wie dem Dorfkrämer erging es nun der Zeitung. Sie konnte deren zigtausendfaches Warenangebot beim besten Seitenwillen nicht annähernd mehr fassen.

Der Supermarkt Reinhold Hummer in Ried im Innkreis ist eröffnet
Es war eine kleine Sensation für die Stadt Ried, als in der Thurnerstraße das Rieder Einkaufszentrum eröffnet wurde. Es ist der erste oberösterreichische Supermarkt. „Ein Wagnis" sagten die einen, „ein Fortschritt" die anderen, „ein Zeitbedürfnis" aber sagte Kaufmann Reinhold Hummer, der diesen Supermarkt, den größten in Oberösterreich, errichten ließ. Solche Einkaufszentren entstanden zunächst in allen großen Städten, um vor allem der geplagten Hausfrau die Möglichkeit zu geben den täglichen Haushaltsbedarf in einem Geschäft decken zu können. Dazu kam das Prinzip der Selbstbedienung. Selbstbedienungsgeschäfte haben sich im ganzen Land schon längst eingebürgert. (1965)

Die sensationellen Sonderangebote!
Jetzt läßt der Kaufhof Vöcklabruck die Preise sprechen.
Immer erst zum Kaufhof!
Jede Fahrt zum Kaufhof lohnt sich – eigener Kundenparkplatz – tausendfach alles unter einem Dach
Kaufhof Vöcklabruck – das Warenhaus im Großstadt-Stil mit Supermarkt und Möbelhof, Sie finden das Richtige für jeden Geschmack, für jede Figur, für jeden Geldbeutel und jedes Alter.

Weihnachts-Sonderangebote: Cocktail-Sessel, bequem abgerundeter Rücken, glatt verarbeiteter Federkern, Sitz und Rücken mit Polstermatte und Watteabdeckung, Damenfeinstrümpfe, nahtlos, Whiskey-Garnitur, Rosinen, Manner-Fredi-Keks, Riesenschokolade, Schokolade-Cremewaffeln, 4 Rollen Keks, Kakao dunkel und ausgiebig, Felix Erbsen mit Karotte, griechische Kaiserorangen, Plastikkübel, Gänse, Dauerwurst, Cherry-Brandy, Napoli-Europakekse, Mignonschnitten, Krapfen täglich frisch, Tilsiter-Käse, Semmeln, Schwarzbrot, Manner-Vollmilchschokolade, Felix grüne Gemüseerbsendose, Knacker, kalifornische Pfirsiche, Fleischenten, Truthühner erste Wahl, bratfertig, Schweineschulter gerollt, Selchspeck, Spitz-Weinbrand, Großauswahl in Seifen und Waschmitteln, Christbaumkerzen, Christbaumkugeln, Damen-Velours-Lederjacken, Damenbikini, Damenperlonstrümpfe, Herren-Blouson-Jacken, Eckbänke, Schlafzimmer, Handrasenmäher, Gartenschlauch, Gartenzwerge, Gartenregner, 60 x Tempotaschentücher, Hollywoodschaukel, Luxusausführung für 4 Personen, Bungalow-Zelt für 3 Personen, Hauszelt, Campinggeschirrsortiment, Reisetasche, Reisekoffer, Zippkoffer,

links: Würzner Ried.
rechts: Supermarkt Ried.

Doppelbett, Nachtkästchen, eine Kommode mit Spiegel, Omo, Dorschleberpastete, Orangeade, Himbeersaft, Mörbischer Seeacker, voller Wein vom Neusiedler See, Sonderangebot: Magere Schweinehälften, ca. 30 kg zum Großhandelspreis pro kg S 22,–.
Kaufhof Vöcklabruck hilft sparen

Das neue Vöcklabrucker Einkaufszentrum
Im Februar 1967 fand in Vöcklabruck die Eröffnung des hochmodernen Lebensmittel-Supermarktes als Ergänzung zu dem bereits seit vielen Jahren bestehenden Kaufhof Vöcklabruck statt. Im erweiterten Kaufhof findet der Kunde nun nicht weniger als 30.000 Artikel unter einem Dach, dem auch das gesamte Sortiment des Großversandhauses „Quelle" zur Verfügung steht. Einschließlich des Möbelhofes kann der Käufer auf 6.000 m² großer Verkaufsfläche aus dem reichhaltigen Angebot des Unternehmens wählen.

Der Vöcklabrucker Kaufhof wird 1971 erweitert
Großzügiger Ausbau um 10 Millionen Schilling
Die Autoparkplätze werden um das Doppelte vergrößert. Auf 1.000 m² wird die Verkaufsfläche des Kaufhofs erweitert, dazu kommen 1.000 m² Nebenräume, dadurch Sortimenterweiterung von 30.000 auf 35.000 verschiedene Waren. 14 Abfertigungsstellen (Kassen), in Zukunft kein Schlangestehen. Der Kaufhof erhält Rolltreppen. Die Kunden brauchen keine Stufen mehr zu steigen, sondern gleiten elegant in die oberen Etagen. Oder sie können sich auch des Lifts bedienen.

Großsupermärkte wurden zum Selbstläufer des Verkaufs. Ein nur einmal in der Woche erscheinendes Werbeblatt wurde bei so vielen realen Tagesangeboten überflüssig. Zu Einkaufstempeln in Ried, Vöcklabruck, Wels und sogar Linz zogen die zeitungskonsumfromm gemachten Innviertler Pilger. Die Dörfler erlebten direkt

Es ist soweit

großzügig – aufregend – modern

KAUFHOF mit KAUFHALLE

Das Warenhaus im Großstadt-Stil

Wir eröffnen am Mittwoch, 8. März 1967, 8 Uhr, offiziell unseren neuen

Lebensmittel-Supermarkt

mit sensationellen Sonderangeboten!

Jetzt läßt **KAUFHOF** *Preise sprechen ...*

1 Semmel beim Kaufhof nur	–.50	**Streichwurst** 1 Kilo beim Kaufhof nur	23.–	**Manner-Milchschokolade** 10 Riegel beim Kaufhof nur	7.90
1 Brot (Striezel) beim Kaufhof nur	4.50	**Wiener Wurst** 1 Kilo beim Kaufhof nur	35.–	**1 Tafel Rigoletto** 400 Gramm sehr gute Speiseschokolade beim Kaufhof nur	8.50
Rama 1 Paket beim Kaufhof nur	3.80	**Preßwurst** 1 Kilo beim Kaufhof nur	19.–	**Ananas-Scheiben** 1 Dose, 822 Gramm (Südafrika) beim Kaufhof nur	7.90
Thea 1 Paket beim Kaufhof nur	2.80	**Bauernspeck** 1 Kilo beim Kaufhof nur	35.–	**Ananas-Stücke** 1 Dose 384 Gramm Del Monte (Bits) beim Kaufhof nur	4.50
Mehl glatt oder griffig, 1 Kilo beim Kaufhof nur	5.40	**Frische Masthühner** (erste Wahl) 1 Kilo beim Kaufhof nur	25.–	**Pfirsiche** 1 Dose (halbe Früchte) ca. 850 g (Griech. Goldstar) beim Kaufhof nur	6.90
Zucker 1 Kilo beim Kaufhof nur	6.60	**Bratenten** (erste Wahl) 1 Kilo beim Kaufhof nur	20.–	**Pfirsiche, Del Monte** 1 Dose (halbe Früchte) ca. 850 Gramm beim Kaufhof nur	9.90
Butter 1/4 Kilo beim Kaufhof nur	4.90	**Pflaumen** 1 Dose, 1 Kilo beim Kaufhof nur	7.50	**Ananassaft** 1 große Familiendose 1½ Liter Libby's beim Kaufhof nur	8.80
10 Eier (Import) beim Kaufhof nur	7.90	**Zipfer Bier** 1 Flasche beim Kaufhof nur	2.50	**Kanadische Ölsardinen** 1 Dose beim Kaufhof nur	2.–
Reis 1 Kilo (Kartonpackung) beim Kaufhof nur	5.90	**Echter inländ. Rum** 1 Flasche, 38 %, 1 Liter beim Kaufhof nur	29.90	**Japanischer Thunfisch** 1 Dose vier Diamanten, mit Gemüse beim Kaufhof nur	6.–
Eierteigware ½ Kilo beim Kaufhof nur	7.20	**Scotch Whisky** (in England abgefüllt) 1 Flasche, 0,75 Liter beim Kaufhof nur	73.–	**Portug. Sardellenringe** 5 Dosen beim Kaufhof nur	9.90
Weiße Bohnen 1 Dose (Ia Qualität), 1 Kilo beim Kaufhof nur	6.90	**Kalterer oder Retzer** 1 Flasche, 0,7 Liter beim Kaufhof nur	14.90	**Heringfilet mit Tomaten** 1 Dose, 200 Gramm beim Kaufhof nur	3.90
Öl, Bona 1 Dose, 700 Gramm beim Kaufhof nur	13.30	**Kremser oder Poysdorfer** 1 Flasche, 0,7 Liter beim Kaufhof nur	12.90	**Napoli-Haselnußschnitten** 1 Paket beim Kaufhof nur	3.80
Ria-Schokolade 3 Tafeln à 100 Gramm beim Kaufhof nur	7.90	**Darling Sekt** (einschließlich Sekt- u. Getränkesteuer) 1 Flasche beim Kaufhof nur	35.–	**Tilsiter Käse** 1 Kilo beim Kaufhof nur	19.–
Bienenhonig 1 Kilo beim Kaufhof nur	18.50	**Delikateß-Frischgurken** 1 Dose, 1 Kilo beim Kaufhof nur	8.90	**100 Papiertaschentücher** beim Kaufhof nur	6.–

Diese Preise gelten schon heute

Versäumen Sie nicht am 8. März, 10 Uhr, das große Tagesfeuerwerk
Eröffnungsüberraschungen – Tausende Geschenke warten auf Sie

Immer erst zum **KAUFHOF** **Vöcklabruck** (Nähe Stadtplatz)

vor Ort, was ihnen die Rieder Zeitung aus Platzmangel vorenthalten musste. Sofortige Triebbefriedigung stellte sich beim Großkaufhauskäufer ein ohne vorausgehendes langwieriges Studium von Inseraten.

Die Landmenschen erlebten eine faszinierende Einkaufswelt, machten sich in der Folge nicht nur beim Einkaufen frei von ihrem Zeitungsvormund. Mit Lift und auf der Rolltreppe schwebten sie hinauf – derentwegen allein sie oft schon ein Großkaufhaus besuchten – in den strahlenden Wirtschaftswunder-Konsumentenhimmel. Es ging nur noch bergauf, Talfahrten waren keine mehr vorgesehen. Ein jeder erlebte konsumierend seinen Aufstieg. Wer mehr erwarb, der fühlte sich gleich besser. Immer weniger wurde der Zeitung etwas abgekauft. Längst ging es nicht mehr nur um die Produkte. Immer mehr Innviertler jauchzten vor Glück, sie wurden fernbelieferte Katalog-Besteller. Noch blasser schaute die ohnehin farblose Zeitung jetzt aus im Gegensatz zur Knallbuntheit von Quelle.

Quelle-Katalog 1961
Sie sitzen direkt an der Quelle!
Noch heute können Sie in der Quelle-Niederlassung prüfen, probieren und kaufen, was immer Ihnen aus dem großen außergewöhnlich preiswerten Quelle-Angebot gefällt. Modische Bekleidung, Wäsche, moderne Waschmaschinen, Kühlschränke, Nähmaschinen, Foto- und Filmkamera erhalten Sie in der Quelle-Niederlassung zu Original-Quelle-Preisen. Nehmen Sie die Quelle-Waren kritisch unter die Lupe und vergleichen Sie sie mit den üblichen Angeboten. Sie verstehen dann, warum immer mehr Verbraucher auf Quelle schwören.
Unverbindliche Beratung – bequeme Teilzahlung – Kundendienst
Auf Wunsch sendet Ihnen die Quelle-Zentrale Vöcklabruck den großen Quelle-Katalog kostenlos zu – Postkarte genügt.

Der neue Quelle-Herbst-/Winterkatalog 68/69 – ein wertvolles Einkaufsbuch
In fast jedem 2. Haushalt liegt der neue Quelle-Katalog auf, 900.000 Exemplare werden kostenlos zugesandt. 260 Seiten mit hervorragender Bildwiedergabe machen den Quelle-Katalog zum größten und wertvollsten Einkaufsbuch Österreichs. Durch preisgünstige Großeinkäufe gute Qualität und viel billiger.
Kleine Quelle-Preise

Von der Quelle zum Großversandhaus
Das Großversandhaus Quelle AG feierte am letzten Freitag 16. September 1969 seinen zehnjährigen Bestand. Quelle hat zuerst in Vöcklabruck 1959 mit 34 Kräften begonnen und ist dann nach Linz übersiedelt und beschäftigt heute 2.200 Mitarbeiter. Der Umsatz stieg von 6 Millionen S auf 1,45 Milliarden S. Der Versandkatalog wird jetzt in einer Auflage von 1,7 Millionen Exemplaren verschickt.

Die Mobilität

Die Mobilität um 1950 im Innviertel bewegte sich nicht viel, verlief in engen Grenzen. Gut war sie zu Fuß, fuhr mit dem Fahrrad oder dem Pferdefuhrwerk. Mit Moped und Motorrad war sie schon manchmal unterwegs.

1963. Moped feiert Jubiläum
1953 begann der große „Mopedfrühling". Zu Beginn der 1950er-Jahre beschäftigten sich zahlreiche Zweiradfirmen intensiv mit der Entwicklung „Moped". Für damalige Zeiten geradezu revolutionäre Konstruktionen lösten schließlich den „Moped-Boom" aus. Heute, 1963, ist das Moped gesellschaftsfähig und ein vollwertiges Verkehrsmittel.

Den Traktor warf sie selten an. Und niemals fuhr sie mit dem Auto. Der Verkehr im Innviertel war so gering, dass auf amtliches Geheiß die Wegmacher jeden vorbeikommenden Autofahrer grüßen mussten. In Detroit, Michigan, flossen da schon Millionen Autos von den Bändern.

Täglich 6000 Autos vom laufenden Band

Im Hauptwerk Henry Fords in Dearborn bei Detroit — 75.000 Arbeiter arbeiten im größten Industriewerk der Welt

Im Jahre 1915 faßte Henry Ford den Gedanken, eine neue Fabriksanlage in Dearborn, etwa 20 Kilometer von Detroit entfernt, zu errichten. So entstand die Rouge Plant, deren Betriebe so angeordnet sind, daß von Erz und Kohle an bis zur letzten Montagehalle sich alle Fertigungsprozesse direkt aneinanderreihen. Das Geheimnis des Erfolges der Autoerzeugung Henry Fords beruht nämlich darin, alles, was man zur Herstellung eines Autos braucht, selbst zu produzieren. Deshalb besitz Ford heute noch Erzbergbaue in Minesota und Kohlenlagerstätten, von denen er auf eigenen Schiffen über Flüsse und Seen die Rohmaterialien für seine eigene Eisen- und Stahlerzeugung nach Dearborn bringt, wo sich auch die übrigen zusätzlichen Betriebe wie die Glas- und Reifenfabriken befinden.

Das Fabriksgelände ist begreiflicherweise ungeheuer groß. Die eigentlichen Werkstätten liegen auf einem umzäunten Gelände, das rund 500 Hektar groß ist. Dazu gehören noch Gründe, die außerhalb des Zaunes liegen und mehreremale so groß sind. Dort befindet sich auch der Parkplatz für die Arbeiter, der 1,6 Kilometer lang ist. Die Arbeiter kommen nämlich alle im eigenen Auto zur Schicht.

Wenn man nach Dearborn kommt, um den Betrieb zu besichtigen, wird man vom Empfangsbüro beim Tor zunächst in das Büro für die Public Relations (Oeffentlichen Beziehungen) geschickt. Ich kam zum Direktor dieser Abteilung und erinnerte mich daran, daß ich in Oesterreich an einer solchen Stelle unfehlbar ge-

stung von 2800 Tonnen Roheisen. Der modernste von ihnen allein erzeugt 1400 Tonnen im Tag. Ein imponierender Spezialbetrieb ist die Motorenfabrik, besonders effektvoll aber ist das Preßwerk, in dem 280 Maschinen unter gewaltigem Getöse und mit starkem Funkensprühen aus Blechplatten verschiedener Größen die äußere Verkleidung der Karosserie und die Kühlerhauben zurecht biegen. Hier kann die Arbeit besonders gut beobachtet werden, weil durch die Riesenhalle in Stockwerkshöhe aus betriebstechnischen Gründen ein geschlossenes System von Gängen führt.

Auf dem Gebiet der Unfallverhütung ist man beim Ford stets bestrebt, mehr zu tun als der Sicherheitsinspektor des Staates verlangt. Man behauptet dabei gar nicht, daß man es aus reiner Menschenliebe tue, sondern ist sich bewußt, daß man durch Vermeidung von Unfällen viel Geld erspart. Es fehlt

Bereits während der Fertigmontage werden die neuen Autos mit Benzin und Oel versehen, so daß sie schon mit eigener Kraft am Ende des 330 Meter langen Bandes auf den Platz gefahren werden können, wo die wichtigsten Kontrollen

Deutschland erreichte seine erste Auto-Million um 1957. Anfang der 50er-Jahre fuhren im Innviertel die ersten modernen Automobile vor. Mit Vollgas startete die KFZ-Motorisierungswelle. Gut voran kam sie vorerst aber nur in Inseraten, um vieles weniger auf Straßen. Hohe Affinität hatten das Auto und die Wochenzeitung, wurden doch beide mit viel Blei betrieben.

Alle möglichen Marken und Modelle verparkten großflächig ganze Werbeseiten. So einen blühenden Autofrühling gab es woanders nicht am Land. Dort gab es keinen so großen Wochenzeitungsparkplatz. International wurde die Rieder PKW-Revue. Englische Autos fuhren Automatik, russische boten dafür Liegesitze an.

Volkswagen neu 1954
Exportlimousine in 6 neuen Farben … S 43.200,–
Schiebedachlimousine … S 44.600,–
Cabriolet … S 56.700,–
Standardlimousine … S 39.700,–
Kasten- und Pritschenwagen … S 50.700,–
Kombi mit Sitzen … S 59.300,–
8-Sitzer Kleinbus … S 61.900,–

Motor bei allen VW-Typen um 5 PS verstärkt, dennoch gleichbleibend niedrige Versicherung und Steuer

Opel – der Zuverlässige
Gestern. Heute. Morgen
R. Steiner, Ried, Kirchenplatz 11 (1954)

Opel bringt 1954 sein Lieferprogramm für jeden:
Opel-Olympia-Lieferwagen S 52.000,–
Olympia-Rekordwagen S 54.000,–
Opel-Car-A-Van-Kombiwagen S 57.500,–
Opel-Kapitän einfärbig S 79.500,–
zweifärbig S 80.500,–

Der neue IFA Wartburg ist eingetroffen.
Das Herz des Autofahrers schlägt höher. Elegante Pontonform, Frischluftheizung, Freilauf.
Vier Türen, 990 ccm, 37 PS.
Preis: Sie werden staunen! Nur S 37.900,–

Taunus 15M: 42 % Steigfähigkeit, 1,5 l-Kurzhub-Motor, 55 PS Leistung
Sekundenschnelle Beschleunigung, 125 km/h Dauergeschwindigkeit,
8 l Kraftstoff-Normverbrauch
Ein hohes Drehmoment gibt dem neuen Taunus 15 M sekundenschnelle Beschleunigung.

Citroen 2CV
Der Wagen mit der längsten Lebensdauer!
12 PS, 425 ccm
200.000 km keine Seltenheit!

Mercedes-Benz
Ihr guter Stern auf allen Straßen
Ein Programm für alle Wünsche!

In England haben mehr als 20 % der verkauften Modelle Zephyr und Zodiac bereits ein vollautomatisches Getriebe. Durch die hohen Verkaufszahlen war es möglich, den Preis für vollautomatische Getriebe drastisch herabzusetzen. Vollautomatische Getriebe in Österreich: 9.400,– (früher 12.400,–)

Isar Staatsmeister des Automobil-Wertungssports 1960

Moskwitsch S 33.900,–
Der preiswerteste Wagen seiner Klasse
45 PS, 1360 ccm, 4 Zylinder, 120 km/h, 7–9l/100km
4-türig, 2-färbig, Lenkradschaltung, Radio, Liegesitze
Er schafft's spielend

Die Fahrzeugtypen 1961 auf unseren Straßen
Im Wagenpark der Kraftfahrbesitzer des Rieder Bezirks zählt man mehr und mehr Mercedes als Puch 500. Durchgesetzt hat sich auf weiter Front der Volkswagen mit 872 Stück, Opel mit 633, gefolgt von Fiat mit 451, während Ford-Automobile nur mit 192 Wagen, darunter 67 Ford Anglia, vertreten sind. Dann folgt Mercedes mit 199, DKW mit 166, Puch 500 mit 133 und Goggo-Mobil mit 67 Fahrzeugen.

Jeder neunte Österreicher hat ein eigenes Auto. Der Besitz eines Autos wird als Symbol für einen hohen Lebensstandard betrachtet. In der BRD besitzt jeder sechste ein eigenes Auto.

Ein PKW, der nicht in der Innviertler Autozeitung stand, blieb unbekanntes und imageloses Wesen. VW und Opel fuhren fast wöchentlich vor, dementsprechend oft begegnete man ihnen auf der Straße. Der Innviertler Mann, der *Rieder Zeitung* las, wurde zum Autofreak und ausgewiesenen Autokenner erzogen. Overdrive, Roadster, Cabrio, Pontonform, Kurzhub-Motor, Defroster und Frischluftheizung wurden für ihn geläufige Begriffe. Freilauf war nun etwas anderes als seine freilaufenden Schweine, Rinder oder Hühner.
Ein neuer Glaubenskrieg entbrannte bei den Menschen via Zeitung. Zwei Urelemente kämpften gegeneinander an, das Wasser gegen die Luft, Opel oder VW wurde zu einer heiß und für die Herausgeber vorteilhaft inserierten Glaubensfrage.

Luft siedet nicht! Luft gefriert nicht!
Daher einen Volkswagen 1954 mit luftgekühltem Motor!

Das Auto wurde für Innviertler zum Heiligtum und Goldenen Kalb. Neuen Missionsauftrag und Chance gleichermaßen sahen darin die Zeitungsmacher: Männer, die sonst ganz weite Bögen um die Kirche machten, sollten mittels weihrauchumwölkter Autoweiheberichte zum rechten Glauben umgeleitet werden. Die *Rieder Volkszeitung* wurde zum Auto-Journal, eine eigene „Ecke für den Kraftfahrer" wurde 1956 eingerichtet. Den männlichen Kraftfahrer wollte man sympathiemäßig gewinnen.

Die verölte Zündkerze.
Was soll ich vom Straßenverkehr wissen?
Starten bei Kälte – kein Problem
Einfaches Mittel gegen Autodiebe
Kommt das pneumatische Kraftstoffventil?
Tips für den Kraftfahrer
Fahren im Nebel
Fahren bei Hagel und Gewitter
Vorsicht bei Bordsteinen!

Waldzell – Kraftfahrzeugsegnung
Am Nachmittag, 14. September 1956 war am Sportplatz eine eindrucksvolle Demonstration der „Motorgewaltigen". Die Musikkapelle eröffnete

Die Luftkühlung: Der VW-Motor wird mit Luft gekühlt und nicht mit Wasser. Nichts kocht über, nichts friert ein, rostet oder leckt. Er hat keinen Kühler, keine Schläuche, keine Wasserpumpe. (Teile, die fehlen, können nicht kaputtgehen.)

die Feierlichkeiten. Über 200 Kraftfahrer sowie zahlreiche Zuschauer konnten begrüßt werden. Bürgermeister Lang brachte seine Freude über dieses prächtige Fest zum Ausdruck, worauf Nationalrat Dr. Kranzlmayr mit aufrüttelnden Worten die Kraftfahrer zur Rücksichtnahme auf den nächsten aufforderte. Der Ortspfarrer vermittelte den Kraftfahrern den tieferen Sinn einer Kraftfahrzeugweihe. Der von der Musikkapelle gespielte „Feierliche Auftakt" leitete zu den Weihegebeten über. Dann erfolgte ein eindrucksvoller „Aufmarsch" aller Fahrzeuge vom Sportplatz zum Gemeindeamt, wo sie vom Primizianten gesegnet wurden: 8 LKW, 48 Traktoren, 25 Mopeds, 5 Roller und 81 Motorräder, 31 PKW, bei denen 9 Opel und 16 Volkswagen in geschlossenen Gruppen fuhren, bildeten den Abschluß dieser stolzen Kraftfahrzeugweihe.

Erfolgreich war diese Automission schon. Selbst der, der nie zur Sonntagsmesse fuhr, fuhr nicht mehr ohne geweihte Christophorusplakette.

Auto- und Christophorus-Weihe
Im Rahmen des Schärdinger Grenzlandvolksfestes
Sonntag, 16. Juni 1963, 14 Uhr
Schärding, Hauptplatz
Anschließend werden geweihte Christophorusplaketten an die Teilnehmer verteilt.

Kraftfahrzeuge machten die Menschen nur zum Schein mobil und frei, tatsächlich standen sie auf der Bremse. Die unverrückbare Gesellschaftsordnung wurde durch PKWs nachdrücklich noch einmal einzementiert. Den kleinen Mann machte sein Kleinwagen restlos froh, den mittleren sein oberer oder unterer Mittelklassewagen, die Oberklasse blieb weiterhin exklusiv unter sich und oberklassig. Die Personenkraftwageninserate verinnerlichten dem Leser die hierarchische Zeitungsabsicht.

Lloyd motorisiert den kleinen Mann
So kann man die Vorstellung des neuen Lloyd 600 überschreiben. Dessen größte Überraschung ist die erstmalige Anbringung eines Zweizylinder-4-Takt-Motors anstelle der bisher verwendeten Zweitakter. Er ist als ausgesprochener Drosselmotor angelegt und vor allem im Hinblick auf größte Wirtschaftlichkeit und lange Lebensdauer konstruiert. Bei 4500 Umdrehungen pro Minute werden eine Leistung von 19 PS und eine Spitzengeschwindigkeit von 95 km pro Stunde erreicht. Auf der Autobahn kann er eine Dauergeschwindigkeit von 90 km halten und der Kraftstoffverbrauch wird mit 5,5 l für 100 km angegeben. Eine weitere Neuerung ist auch die Anlaßvorrichtung, denn ein Drehen des Zündschlüssels genügt, um den Starter in Tätigkeit zu setzen.

Autos forderten Staubfreiheit und für ihre hohe Geschwindigkeit gerade Straßen wie in den USA. Groß- und vielflächig gepriesen wurde die Politik für ihre ländliche Staubfreimachung.

Vorzügliche Straßen – eine Selbstverständlichkeit
Das Auto in den USA ist tatsächlich das Hauptbeförderungsmittel. Niemandem würde es einfallen, zu behaupten, South Haven habe eine schlechte Verbindung, weil es nur an einer Güterzugslinie liegt und kein Personenzug hinkommt. Kein Mensch interessiert sich dafür und die in allen Richtungen verkehrenden Autobusse sind in der Regel halbleer. Und „weit" ist in Amerika etwas anderes als bei uns. Dementsprechend durchzieht ein dichtes Netz bester und vorzüglicher Straßen das ganze Land, ohne weiteres sind Durchschnittsgeschwindigkeiten von 80 bis 100 Stundenkilometern möglich. (1957)

Waldzell. Staubfreimachung der Ortsdurchfahrt.
Zum Jahresende 1959 konnte mit der Staubfreimachung der Ortsdurchfahrt ein alter und berechtigter Wunsch der Bevölkerung erfüllt werden. Die Gesamtbaukosten beliefen sich auf rund 650.000,– S, wovon die Gemeinde 265.000,– S aufzubringen hatte. Bemerkenswert ist die freiwillige Beitragsleistung der Ortsbewohner, die einen Beitrag von 70.000,– S gespendet haben.

Ende 1961 waren im Bezirk Ried 97 % aller Bundesstraßen mit einem Belag versehen. In einigen Jahren werden fast alle Gemeindeorte Oberösterreichs über staubfreie Straßen erreichbar sein.

1964 sind die wichtigsten Straßen im Bezirk staubfrei, meist nach modernsten Gesichtspunkten ausgebaut und mit Belägen versehen. Fast alle Ortsdurchfahrten der Gemeindeorte sind staubfrei, viele haben auch schon eine staubfreie Zufahrt.

6.630 km Straßen in Oberösterreich staubfrei
Jede Gemeinde Ende 1970 auf staubfreier Straße erreichbar

Nicht nur der Verkehr, auch Bäche sollten schneller fließen. Die Natur wurde auto- und landwirtschaftstauglich begradigt. Die Zeit und der neue Grund am Bach wurden zu purem Geld, da gab es nichts zu mäandern und herumzutümpeln.

Bachregulierung – St. Georgen: Gurtenbach erhält neues Bachbett
Im Zuge des Ausbaus der Weilbacher Landesstraße ist es notwendig, mit der neuen Trasse zwischen der Ortschaft Röfl und der Lautersbachmündung den Gurtenbach zu queren. Der Bach liegt nun hier im Staubereich einer Wehranlage. Da

der Wehrkörper nicht in der Tiefenlinie des Gurtenbaches steht, ufern Hochwässer regelmäßig aus und fließen entlang der Talsohle weiter. Aus diesem Grund muß der Gurtenbach verlegt und begradigt werden, um den Hochwasserabfluß hintanzuhalten.

1967: Regulierung der Antiesen in St. Martin
1969: Regulierung der Lohnsburger Ache

Der Urlaub

Die freie Zeit am Bauernhof war etwas völlig anderes als Freizeit. Arbeit und Nicht-Arbeit waren nicht streng getrennt, sie gingen ineinander über. Überhaupt war „Freizeit" für Dorfbewohner neu. Urlaub existierte sowieso nicht im bäuerlichen Wortschatz. Innviertler Bauern waren von Natur aus standorttreu, starke Schollenverbundenheit war ihr erdiges Markenzeichen. Urlaub war nichts für sie, daheim war es von Haus aus ohnehin am schönsten. Mit Fortfahren wenigstens zu Pilgerzwecken versuchte es die Zeitung.

Pilgerfahrten 1950 Ostern in Rom
Unter diesem Motto fährt eine Gruppe Pilger vom 5. bis 12. April 1950 in die Ewige Stadt. Es werden auch Padua und Venedig besucht. Fahrpreis inklusive Verpflegung, Quartier, Pilgerausweis, Führungen S 750,–
Fahrtroute: Ried – Attnang-Puchheim – Salzburg – Villach – Tarvis – Rom.
Besuch von Assisi gegen Aufzahlung von S 40,– möglich.
Anmeldungen (Prospekte) werden noch entgegengenommen

Mettmach: Rom-Pilger 1951. Wer wird als erster aus unserer Pfarre an einer Wallfahrt nach Rom teilnehmen? Und siehe da, 3 Vertreterinnen des schwachen Geschlechts waren die mutigen, die Ostern in Rom verbrachten.
Es sind dies die beiden Schwestern Maria und Kreszentia Huber aus Großpiesenham und die Schneiderin Anna Gruber aus Reith. Gewiss werden die drei Pilgerinnen viel von dem Geschauten und Erlebten zu erzählen wissen, sodaß auch noch andere Lust bekommen, nach Rom zu pilgern.

Pilger-Fahrt ins Heilige Land
Der III. Orden des Hl. Franziskus der Vorstadtpfarre Wels veranstaltet vom 25. Juli bis 8. August 1952 eine Pilgerfahrt ins Hl. Land für Männer und Frauen.

Die Fahrt wird am 25. Juli in Wels angetreten und geht über Innsbruck nach Rom, von dort weiter nach Neapel, dann mit einem modernen türkischen Dampfer über Alexandrien nach Beirut. Von der libanesischen Hauptstadt fahren die Pilger mit einem Autobus nach Damaskus – Amman – Jericho, nach Jerusalem – Betlehem und wieder zurück nach Beirut. Mit einem Griechen-Dampfer geht es über Port Said – Alexandrien nach Griechenland, wo in Athen Aufenthalt genommen wird, von dort mit dem D-Zug über Belgrad zurück nach Wels.

Geworben wurde viel für frommes Reisen, gefahren ist, wenn überhaupt, aber meist sie, er hatte es nicht so mit dem mobilen Beten.
Mit zunehmender Freizeit bogen immer mehr Reiseinserate ab zu immer unchristlicheren Reisezielen. Ein kleiner Urlaubs-Katalog wurde die Wochenzeitung. Kurzausflüge gingen für Dorfbewohner schon, ein richtiger Urlaub weiter weg blieb für sie unleistbar und undenkbar. Urlaub und Sommerfrische galten ihnen als gutbürgerliche, adelige Attitüden.

1959 wurde die 45-Stundenwoche eingeführt. 1964 kam die dritte Urlaubswoche per Gesetz. Einkommen stiegen an, Kleinwagen konnte man sich langsam leisten. Das länger schon beworbene Adria-Meer mit Lignano, Jesolo, Bibione und Jugoslawien rückten erreichbar näher. Wer kein eigenes Auto besaß, fuhr mit Busunternehmen fort oder dem „Bäder-Drahrer", dem wöchentlichen Busshuttledienst zu Sonne, Meer und Stränden. Wenigstens ein paar Innviertler Beamte,

Selbstständige und höhere Angestellte machten sich daraufhin auf den Weg in die verführerisch beworbene Fremde.

Adria-Bäder-Bus
Pauschalpreis für Vollpension inkl. aller Abgaben in 2-Bett-Zimmern einschließlich Hin- und Rückfahrt, ab Salzburg im Autobus, für 14 Tage bis 10. Juli und ab 20. August.
Rimini 785,– S
Cattolica 840,– S
Riccione 840,– S
Anmeldungen Reisebüro Ried, Bahnhofstraße 5

Raml-Reisen 1959
Badefahrt nach Grado, der Sonneninsel an der blauen Adria, 8 Tage S 810,– mit Autobus
Badefahrt nach Jesolo, 8 Tage S 795,–

Der moderne Badeort mit seinem herrlichen Strand bietet unseren Kunden jeden Komfort.
Badefahrt nach Bibione, 8 Tage S 710,–
Dieser erst in den letzten Jahren entstandene Badeort ist bereits zu einem Begriff geworden.
Badefahrt Chioggia
10 Tage S 1.050,–
Italiens größter Fischereihafen mit seinem „Lido di Sottomarina“ bietet einen interessanten und kurzweiligen Aufenthalt. Ein „Klein-Venedig“ erwartet unsere Reisenden.

Vorfreude auf den Urlaub weckten die Inserate in der Zeitung.

Eine Luftmatratze muß her!
Voriges Jahr haben Sie sich an Leuten leid gesehen, die auf einer

Luftmatratze stundenlang im Wasser herumschwammen. Jetzt gibt es sie schon um S 110,–. Es gibt Luftmatratzen aus Plastik, Gummi und aus gummiertem Stoffgewebe. Dazu noch Schwimmringe, Wasserbälle, Badepantoffeln, Badehauben, Sprunghauben, Badetaschen in reichen Mustern und Federbälle.

Nicht vergessen: Sonnenbrille
Modebrillen und unzerbrechliche Kinderbrillen ab S 4,50
Jungmädchenbrillen, modische Damenbrillen ab S 13,–
Dauerhafte Herrenbrillen aus Metall oder Kunststoff ab S 12,–
Tashan-Creme, Sonnencreme, sie kühlt und heilt Hautschäden nach einem Sonnenbrand. Normaltube S 26,–
Delial, Piz Buin, Zeozon, Hamol Ultra, Valluga 3000 Sonnencreme,
Kamill-Glycerin-Creme-Sonnenöl

Japanische Badesandalen, alle Farben ab S 8,–

Spar – Denken Sie an die schönen Badetage!
Nivea-Creme 1 Großdose 11,90, Sonnenspray 1 Sprühdose 23,–
Sonnencreme – Delial 14,80, Sonnenöl 29,50
Valluga-Creme, die besondere Sonnencreme, eine Tube 18,–

Hinein in die Badezeit! Wer im Kaufhof kauft, geht nicht unter.
Familienboot aus hochwertigem, alterungsbeständigem gummiertem Stoff,
Platz für vier Personen oder 400 kg, sieben Luftkammern S 2.335,–
Luftmatratze, fünf Wülste, rot/blau S 99,–
Sonnenschirme
Stahlgestell, Stoffbespannung S 120,–
Kühltasche mit Doppelgriff, Reißverschluß S 75,–
Sonnenbrillen für Erwachsene S 15,–

Erst ganz am Ende der 60er-Jahre nahm die Innviertler Reiselust etwas zu. Italien war ein schönes Land, von Sonne warm beschienen. Cocobello gab es am Badestrand, die Nudeln aß man mit Gabel und mit Löffel, Gelato tropfte von der Hand, einschmeichelnd spielten Mandolinen. Wasserbälle, Sonnencreme und Luftmatratzen machten zusehends Lust auf Meer.
Der Bauer blieb weiterhin daheim und folgte ausnahmsweise nicht einmal seiner Zeitung. Gefeit war er gegen die In-die-Ferne-Schweif-Inserate. Heiß hatte er es am Feld genug und braun gebrannt wollte er ohnehin nie werden. Für Abwechslung brauchte er keinen Strand, Zerstreuung hatte er wie Sand am Meer am Hof. Sein Ruf als „Topfenneger“ störte ihn nicht, sah keinen Sinn darin, sich stundenlang zu

rösten. Kindisch erschien ihm das Federball-Inserat. Holzpantoffeln benötigte er, nicht Plastikbadeschlapfen. Reisen in ferne Länder und Ansichtskartenschreiben von irgendwo brauchte er nicht zum Aufpolieren seines Egos.

„Sie glauben gar nicht", sagte einmal der Chef einer großen Reiseorganisation, „wie viele Leute in den Süden fahren, nur um den Daheimgebliebenen Ansichtskarten schreiben zu können."

Urlaub und Prestige
Italienreisende könnte man eventuell mit einem Spanientrip übertreffen. Die Zeit des Urlaubs wird vielfach nicht nach den gesundheitlichen Erfordernissen und finanziellen Möglichkeiten geplant und gestaltet, man macht vielmehr aus ihr eine Prestigeangelegenheit. Wie das Auto zum Statussymbol des Wohlstandsbürgers geworden ist, so droht es immer mehr auch mit dem Urlaub zu werden. Dabei ist natürlich absolut nichts gegen einen Auslandsaufenthalt gesagt, der aus vielerlei Gründen seinen Reiz haben kann. Aber muß es partout eine Afrikareise sein, nur um damit im Freundeskreis zu prahlen? (1970)

Weiter und ganz weit weg ging es für Durchschnittsdörfler lange noch nur via Inserate. Das Fernweh ließ sich nur durch Zeitunglesen stillen. Der erstmals zögerlich beworbene Winterurlaub 1961 war nur etwas für sehr Betuchte.

Ruefa 1960
Flugreisen nach Spanien, Marokko, Ägypten und ans Schwarze Meer
14 Tage ab S 2.290,–

Flugreisen als Gesellschaftsreisen
Nach Mallorca, Trauminsel des Mittelmeers
Ab Mai viele Direktflüge ab Linz (mindestens 3 Abflüge monatlich)
14 Tage ab Linz S 8.200,–

Flugreise nach Teneriffa oder Gran Canaria, Agadir (Marokko), nach Sizilien (Taormina) ab monatlich 2 Abflüge ab München, weitere Flüge nach Portugal, Costa Brava (Spanien), Griechenland, Türkei, Elba

Der Traumurlaub, eine Schiffsreise
Atlantik-Mittelmeer-Kreuzfahrt, 4.–28. September 1962, ab S 4.490,–

1964: Schiffsreise zur Weltausstellung nach New York mit TS Hanseatic der Hamburg-Atlantik-Linie

Vorrang für Kaufi!
Sternfahrt noch bis zum 31. Mai !
Auf geht's in den Kaufhof
Weitfahne und Gewinne
für Kraftfahrer winken
VÖCKLABRUCK
Teilnahmeberechtigt sind alle PKW aus Oberösterreich und Salzburg.
Täglich zwei Preise (Große Geschenkkörbe, Wert S 500.-)
Sie gewinnen an jedem Tag, wenn Sie z. B. die weiteste Anfahrtsstrecke zurücklegen mußten.
Gratis Fahrzeugtest!
Eine Fahrt zum Kaufhof lohnt sich immer!
Luftmatratze
rot - blau, 190×65, 5 Wülste, Semperit-Listenpreis S 198.— S 99.-
Camping-Klappstuhl
stoffbespannt, 38×28 cm Sitzfläche S 58.-
Kühltaschen
in großer Auswahl ab S 75.-
Luxus-Hollywoodschaukel
Blumendessins, Schaumstoffpolster S 1790.-
Schlauchboot strapazierfähiger Kunststoff
Boden aufblasbar, einschließlich Sitzkissen S 695.-

Winterurlaub auch für Sie möglich
Ausgewählte 7-tägige Pauschalaufenthalte in den interessantesten Skigebieten Österreichs. Arlberg, Pinzgau, Hochkönig und Wagrain, Kitzbühel, Saalbach, Radstädter Tauern. Winterurlaub mit Reisebüro Ruefa

Der Fremdenverkehr

Der Fremdenverkehr kam im Innviertel verglichen mit anderen ländlichen Gebieten verspätet an. Die Zeitung begrüßte ihn als Devisenbringer. Sie machte es ihren Lesern schmackhaft, für Deutsche und selbst für Wiener herzliche Gastgeber zu sein.

Rege Fremdenwerbung im Schärdinger Bezirk
Bereits 11 Gemeinden zur Fremdenverkehrsaktion bereit
Die Gemeinden des Bezirkes Schärding erwarten eine nachhaltige Verstärkung des Fremdenverkehrs und damit eine Verbesserung der wirtschaftlichen Situation breiter Bevölkerungsteile. Die Grenzgemeinden hoffen durch bescheidene Preise vor allem den ruhe- und erholungssuchenden „kleinen Mann Westdeutschlands" für den Besuch ihrer noch sehr ursprünglichen und durch die technische Entwicklung der letzten Zeit weniger berührten Heimatlandschaft stark interessieren zu können.

Waldzell: Von 2.000 auf 14.000 Nächtigungen
Auch im übrigen Innviertel beträchtliche Zunahme der Sommergäste
Eine niemals in diesem Ausmaß erwartete Steigerung der Nächtigungszahlen kann Waldzell in der heurigen Sommersaison 1965 verzeichnen. Wurden im vergangenen Jahr insgesamt 2.000 Fremdenübernachtungen gezählt, so hat sich die Zahl heuer ungefähr versiebenfacht. Auch in den übrigen der Verbändegemeinschaft Inn-Hausruckwald angegliederten Gemeinden ist eine sehr beträchtliche Verstärkung des Fremdenzustroms zu verzeichnen. Inzwischen sind auch viele Sommergäste unangemeldet eingetroffen, für die darüber hinaus Quartiere geschaffen werden mußten. Ein Problem, das zwar nicht immer leicht zu lösen war, aber dennoch bewältigt werden konnte, wenn auch manche Gäste mit einem Notquartier vorlieb nehmen mußten.
Auf der anderen Seite hat diese Invasion von Sommergästen dazu geführt, daß in zwei Fällen Familien Wohnräume den Gästen überlassen haben und selber in Notquartiere übersiedelten.

Der Großteil der Waldzeller Urlauber kommt aus Großstädten der Deutschen Bundesrepublik, und hier wieder vor allem aus dem Ruhrgebiet, aus Hamburg und Berlin. Ein Teil der Gäste kommt auch aus Wien.

Lohnsburgs Fremdenverkehrsverband ist rührig – fast 9.000 Nächtigungen
1967 wurden in Lohnsburg 8.894 Übernächtigungen gezählt (4.526 in Gasthäusern, 3.194 in Privathäusern und 1.174 in Bauernhöfen).
Besonders erfreulich ist, daß Lohnsburg schon als „international" bezeichnet werden kann, da es Gäste aus Deutschland, Italien, Dänemark, Schweiz und Holland gibt.

Das Innviertel – ein idealer Erholungsraum
Landesrat Kolb bezeichnete das Innviertel als einen idealen Erholungsraum, der wie kein anderer Landesteil nach dem Westen hin orientiert sei. Das sei in der bayrischen Vergangenheit des Innviertels begründet. Der deutsche Gast werde daher im Innviertel immer eine große Rolle spielen.

„Fremde" hießen die Kurzzeitzugezogenen am Land. Folklorismus wurde den Urlaubsgästen vorgespielt. Original urige Sänger und ebensolche Volkstanzgruppen in Tracht und Lederhose traten auf. Eigene Heimatabende wurden aufgeführt für die Fremden. Das niedliche Innviertler Völkchen kam gut an, den Urlaubern gefiel's, sie kamen gerne wieder.

Gruß aus einem Erholungsdorf
Die Schönheit Oberösterreichs beeindruckt einen deutschen Sommergast so sehr, daß er sich nicht zurückhalten konnte und ein Lobgedicht schrieb. Für uns ist dies eine Freude und ein Kompliment, für die deutschen Gäste eine Empfehlung, noch recht oft nach Österreich zu kommen.
Ich mußte diesen Gruß entwerfen: Wie schön ist Oberösterreich! Ein Balsam für die Großstadtnerven und ein Gesundheitsbrunnen zugleich. Man „mahlzeitet" und trinkt vom Besten und unterhält sich ringsumher in Heimatabenden und Festen, bei Platzkonzerten und noch mehr. Man kümmert sich um unsere Freude und bietet alles was man hat, denn gastfreundlich sind alle Leute zu uns, aus einer fernen Stadt.
Waldemar K.

Lohnsburg
Der Fremdenverkehrsverband Lohnsburg ladet Sie herzlichst ein zu einem Heimatabend mit dem Schlagersänger Jan Berthold, weltbekannt durch sein Lied „Abschied von der Mutter". Weiters tritt auf das Gesangstrio Leitner.

Lüneburger Volkstänzer in Waldzell zu Gast. Heimatabend mit norddeutscher Anmut und österreichischer Herzlichkeit.

Treue Gäste wurden geehrt
Natternbach: Im überfüllten Saal des Pfarrheims fand am 19. August ein weiterer Begrüßungs- und Heimatabend statt. Von den Donauspatzen und dem Jodlerkönig Koller wurde ein sehr gutes volkstümliches Programm geboten. Wieder konnten elf langjährige, treue Gäste durch Überreichung eines Natternbach Bildes mit Widmung und eines Blumenstraußes geehrt werden.

Wenn der Prophet nicht zum Berg kommt, muss der Berg zum Propheten kommen. Der Innviertler Bauer kannte Urlaub nicht und machte trotzdem einen. „Urlaub am Bauernhof" redete ihm die Zeitung erfolgreich ein, winkte ihm doch die stark begehrte D-Mark. Und endlich hatte auch die Bäuerin wieder zu tun. Durch den modernen Haushalt war sie bei Weitem nicht mehr ausgelastet. Noch dazu versprach der Heile-Welt-am-Land-Urlaubszeitungsprospekt tatkräftige Unterstützung durch die Urlaub machenden Fremden.

Sonderschau Urlaub am Bauernhof
Auf der Rieder Landwirtschaftsmesse gab es eine Sonderschau „Urlaub am Bauernhof". Die vom OÖ. Heimatwerk vorgeschlagenen Zimmereinrichtungen sind nicht pompös und bauen auf die Tradition bäuerlicher Wohnkultur. Wie eine bäuerliche Wohnstube aussehen sollte, wurde auch gezeigt: ein Eßtisch mit einer Eckbank, ein Kachelofen mit der Ofenbank, eine Liege und entsprechende Sitzgarnituren. Wie man ein billiges Schlafzimmer dennoch nett ausgestalten kann, wurde ebenfalls gezeigt, durch entsprechende Anwendung von Textilien (Karostoffe) können selbst alte Möbel zur Geltung kommen.

Urlaub am Bauernhof – immer mehr Freunde
Ried. Eine neue Erholungsform, die in einigen ländlichen Gemeinden Oberösterreichs seit einigen Jahren feststellbar ist, gewinnt immer mehr Freunde: Der Urlaub am Bauernhof. Bereits nach den ersten zaghaften Versuchen hat sich gezeigt, daß ein großer Teil des Ferienpublikums auf diese Art der Erholung geradezu schon gewartet zu haben scheint, denn die Nachfrage übertraf das Angebot bei weitem.
Im Besonderen sind es kinderreiche Familien, die einen ungezwungenen Urlaub fern von städtischem Getriebe und in enger Naturverbundenheit oftmals vorziehen. Ja, es konnte sogar festgestellt werden, daß die Sommerurlauber, ohne daß ihnen solches abverlangt worden wäre, freiwillig in der Landwirtschaft mithalfen und sich dabei gar nicht ungeschickt anstellten. Die Kinder aus den Großstädten

lernen vielfach zum ersten Mal das bäuerliche Leben kennen und auch für die Eltern ist es erholsam, wenn sie ihre Sprößlinge frei herumlaufen lassen können und nicht immer beaufsichtigen müssen.

Zufriedene Urlauber kommen wieder

„Sagen Sie mal, Herr Bürgermeister, bei Ihnen hier gibt's wohl auch eine Trachtenkapelle. Bei uns daheim spricht man viel davon, ich habe noch keine gehört." Der Gast aus dem Oldenburgischen hat das Gemeindeoberhaupt hellhörig gemacht. So ein Landbürgermeister, der erstmals in seiner Gemeinde Fremdenverkehr Marke „Urlaub am Bauernhof" praktiziert, hat viel um die Ohren. Trotzdem, schnell organisiert er seine Musiker und setzt am Abend selbst das Baßflügelhorn an die Lippen, ein Platzkonzert wird gegeben, das bei den Fremden helle Begeisterung auslöst.

So mühen sich die Landgemeinden rund um Ried um die Urlaubsgäste aus der Ferne, und wenn sie auch nicht mit allerlei Fremdenverkehrsattraktionen aufwarten können, der Gast aus Deutschland bemerkt mit Verständnis die Anstrengungen und ist zufrieden. Die einfache Lebensweise am Bauernhof behagt ihm mehr als überzüchteter Komfort. Den hat er sowieso zu Hause. Was er aber daheim nicht hat, ist die frische Luft und Wald, Felder und Wiesen. Wenn es ihn einmal gelüstet, fährt er in die weitere Umgebung und kommt abends wieder in sein Quartier, das sauber gehalten und nebenbei auch billig ist. Und er registriert die Besonderheit der Landschaft und der Leute, etwa die Mirzel, wenn sie mit aufgedrehten Lockenwicklern in der Frühe mit dem Traktor Gras einfährt, lernt die Arbeit des Bauern verstehen und die Plage der Bäuerin und greift auch manchmal zu, wenn er Lust hat. Hier im Innviertel schalten die Gäste richtig ab. Große Pannen hat es beim „Urlaub am Bauernhof" noch nicht gegeben. Außer dem kühlen Wetter der letzten Tage hat alles bisher geklappt. Und die meisten Gäste, Familien aus dem Norden Deutschlands, wollen wieder kommen.

Der kleine zweite Urlaub

Menschen, die konzentriert arbeiten und wenig Freizeit haben, merken oft mitten im Winter plötzlich, daß sie am Morgen schwer aufstehen und auch tagsüber die Müdigkeit nicht ganz abstreifen können. Sie fühlen sich erschöpft und merkwürdig energielos. Wenn nicht Jänner, sondern Mai wäre, würden sie sich offen eingestehen, daß sie urlaubsreif sind. Da aber die Ferienzeit noch weit ist, werden Müdigkeit und Unlust unterdrückt. Im Jänner hat man noch nicht urlaubsreif zu sein, denken sie, da muß man sich zusammenreißen. Warum eigentlich sollte man nicht eine kurze Erholungspause einschalten, wenn man so deutlich spürt, daß man ausspannen muß? Es ist erwiesen, daß eine Urlaubswoche im Winter oft mehr zur Erholung beiträgt als doppelt so lange Ferien im Hochsommer. Keine andere Jahreszeit bietet gleich gute Voraussetzungen für körperliche und nervliche Kräftigung wie der Winter.

Wieder einmal hat sich die gutgläubige Zeitung gründlich geirrt. Beim Begriff „Fremdenverkehr" hätten ihr gleich alle Alarmglocken schrillen müssen. Die Zeitungsurlaubsblase zerplatzte beim ersten direkten Kontakt von Innviertlern mit den bisher stets misstrauisch beäugten Städtern. Nicht wenig katholische Innviertler Landjugendliche männlichen und weiblichen Geschlechts nahmen die Aufforderung zum Fremdenverkehr buchstäblich allzu wörtlich.

Fremdenverkehr birgt Gefahren – Fremdenverkehr nicht nur Devisenbringer
Rückwirkungen auf Kultur, Volkstum und Sitten meist unerfreulich
Im Volksbildungsheim Puchberg bei Wels trafen kürzlich viele Dekanatsführer der Katholischen Landjugend zusammen, um über Fragen des öffentlichen Lebens und auch des Fremdenverkehrs zu beraten. Dabei wurden gerade zum Problem des Fremdenverkehrs Gedanken geäußert, die es verdienen, breiteren Kreisen bekannt gemacht zu werden.
An sich könnte man meinen, der Fremdenverkehr wäre in jeder Hinsicht zu begrüßen. Sichert er doch die Lebensfähigkeit vieler kleinbäuerlicher Existenzen in den schönen Gegenden unserer Heimat, bringt er doch eine Menge fetter Devisen. Die Folgen sind Wohlstand, Hochkonjunktur und höherer Lebensstandard.
Fremdenverkehr ist aber dennoch nicht lauter Segen. Denn beim Menschen ist es nun einmal so, daß gewisse Dinge der Seele schaden, die dem Körper wohl tun. Dabei sei nicht vergessen, daß der Fremdenverkehr auch viele geistige Vorteile bringt. Unsere Leute werden aufgeschlossen und weltweit, sie werden zur Fortbildung förmlich gezwungen (Sprachen), und auch im religiösen Bereich gehen von den Fremden manche Impulse aus.
Der Fremdenverkehr bringt aber andererseits auch viele sittliche Gefahren und für manche Dörfer einfach den Ruin. Eine ganze Hierarchie vielfältigster Genußmittelreklame hält Einzug im Dorf. Mancher Sommergast verwechselt die Landstraße mit einem Badestrand und die Nordländer gehen sogar noch weiter und bringen die Unsitte des Nacktbadens an unsere schönen Alpenseen. Reiche Damen, besonders aus England, mieten sich nicht nur elegante Zimmer, sondern auch flotte Bauernburschen. Der gefährdeteste Beruf ist der des Skilehrers. Bei den sogenannten Tirolerabenden bringen Wiener Amateurmusiker ihre „echten" Volkslieder neben exotischen Tänzen, neben Jodler und Swing. Die Bauern und die bäuerliche Jugend verlieren ihre Freude am Beruf, sie äffen viele Lebensgewohnheiten der Fremden nach und fallen auf die billigsten Verführungstricks herein. Die beste Polizei müßte in den mondänen Fremdenverkehrsorten stationiert werden.

Sowohl bei den Hotelangestellten (von den Chefs gar nicht zu reden) als auch bei den Dorfmenschen im allgemeinen macht sich ein hemmungsloses Streben nach Geld und Gut breit. Die ohnehin schlecht bezahlte Landarbeit wird aufgegeben, Väterglaube und Vätersitte, Tischgebet, Weihbrunnkessel und Kruzifix werden gegen Hausbar und Espressomaschine ausgetauscht. Tausende junge Menschen (Burschen und Mädchen) gehen Jahr für Jahr in den großen Fremdenzentren moralisch vor die Hunde.

Jaja, die Liebe in Tirol
Die gewissen Trachtlervereine mit wenig Moral bringen unsere ländliche Kultur höchstens in Mißkredit. Auch der Großteil unserer heißgeliebten „vielgeschmähten" Heimatfilme ist nicht gerade fremdenverkehrswerbend. So wurde kürzlich ein Herr aus Amsterdam auf das schöne Tirol aufmerksam gemacht. Der aber hat den Film gesehen „Jaja, die Liebe in Tirol" und lehnte die Einladung mit der Begründung ab: „Dort haben mir die Leute zu wenig Anstand."

Was muß geschehen?
Die Verantwortung ist groß. Erste Aufgabe muß es sein, die jungen Menschen religiös und sittlich zu festigen. Nur reife, gläubige Menschen können den schweren Anforderungen gerecht werden. Es heißt, den Fremden ein Beispiel zu geben. Der Großteil der oft müden und erschöpften Städter will echte, frohe, frische Landjugend erleben. Kirche und Staat zusammen haben die Aufgabe die Atmosphäre sauber zu halten. Soll der Fremdenverkehr weiterhin eine Quelle des Wohlstandes bleiben, muß er dem Reinen, Guten und Schönen dienen. Nur so kann der Ruf Österreichs als führendes Gastland bewahrt werden.
Manche Sommerfrische hat zwar geldlichen Nutzen von den Urlaubern, aber der sittliche Verlust wiegt im Lichte der Ewigkeit besehen viel schwerer.

Stadtsitten machten es sich im Dorf bequem und blieben. Der alte Väterglaube verabschiedete sich und kehrte trotz Zeitungsrückholaktion nie wieder.

Die Angst

Der Innviertler fürchtete sich vor fast nichts, Satan, Hölle und Fegefeuer einmal explizit ausgenommen. „Fürchtet euch nicht!", größtmögliche Sicherheit garantierte ihm beruhigend die Bibel. Sie schenkte den Dörflern Gottvertrauen, dazu aber war Gottesfurcht vonnöten.

Hauptursache des Herzinfarkts ist unsere „reizende" Lebensweise. Reizend im doppelten Sinn des Wortes, nämlich genußreich und aufreibend. Ein Grund für die zunehmenden Herzinfarkte ist die sicherlich nicht zuletzt beständige Lebensangst, genährt aus einer geistigen und weltanschaulichen Orientierungslosigkeit. Wer ein gutes Gewissen und ein festes Gottvertrauen hat, braucht nichts zu fürchten – auch keinen Herzinfarkt. (1966)

Beichtbildchen, die man nach einem erlösenden Beichtgang bekam, waren die sichersten Jenseits-ohne-große-Sorgen-Versicherungspolizzen.
Der Innviertler wurde praktizierender Konsument. Die Folge war, das Fressen kam zuerst und ließ den Glauben schwinden. Ein voller Bauch betete auch im Innviertel nicht gern. Der Messbesuch am Land ging zurück. Beichtaufrufe verhallten ungehört, weil über- oder ungelesen. Allgemeine Verunsicherung ging um, nur Ältere folgten in ihrer Gottergebenheit noch der Zeitung.

Angst – die seelische Krankheit unserer Tage
Es gibt jetzt eine schleichende, seelische Krankheit, sie heißt Angst. Die modernen Menschen leiden an ihr mehr denn je. Man hat Angst vor einem Vorgesetzten, Angst vor einer Parteimacht, Angst vor Wirtschaftskrisen, Angst vor Wohnungsnot, Angst vor der Ehe und dem Kind, Angst vor einem neuen Krieg, Angst vor dem Sterben. Nur vor einem hat der heutige Mensch keine Angst mehr: Vor der Sünde. Vor der Tat, Gott den Herrn, Schöpfer und Erlöser jedes Einzelnen, zu beleidigen. Dahinter verbirgt sich die schrecklichste Wahrheit des modernen Menschen: Er liebt Gott nicht mehr. Weil man Gott nicht mehr liebt, fürchtet man sich nicht mehr ihn zu beleidigen, man fürchtet nicht mehr die Sünde. Es bedarf also einer großen Besinnung, Einkehr, Umkehr und Hinkehr zu Gott. (1967)

Eine Unzahl von Ängsten überflutete das Land und seine Leute. Ängste vor Leben und vor Tod, vor Krankheiten, Unfällen oder Armut, Ängste jeglicher Art vermehrten sich traumatisch. Verunsicherungs- und Beunruhigungsinserate auch, sie wirkten gut als Angstverstärker. Gefährdung war nun überall, es wirkte die Rhetorik aus der Zeitung. Vor Kurzem hat ein kleiner Kirchenobolus zum sicheren Seelenheil genügt, jetzt musste man sich das um teures Geld erkaufen.

Bei Nerven- und Kopfschmerzen – Togal
Bei Neuralgien, rheumatischen Schmerzen wirkt Togal vorzüglich. Togal wird erst im Darm aufgespalten, weshalb auch Magen- und Darmempfindliche Togal vertragen! Über 8.000 Ärzteatteste! In 46 Ländern bewährt. Ein Versuch überzeugt. Togal erhalten Sie in jeder Apotheke.

Familiensicherung durch Familienversicherung
Bei der Wiener Städtischen

Einer unserer vielen Dienste: Lebensversicherung
Raiffeisen-Lebensversicherung

Bei all der Verunsicherung – wenigstens im Pferdegiebelkreuz war sichere Rettung.

Nachbemerkung

Überall am ländlichen Land wurde die Einschicht weniger abgelegen, das aufkommende Wirtschaftswunder wirkte. Am schnellsten lichtete sich im Innviertel der Hinterwald. 1970 war nicht mehr so wie 1950. Die Welt wurde zum Dorf, das alte Dorf verschwand und damit seine alte Ordnung. Die dörflichen Sprachbiotope trockneten aus, die Dörfler wurden uniformer. Vielfältiger wurde der Medienkonsum, der Zeitungseingottglaube machte dem Polytheismus Platz. Ein Umbruchprozess begann, der bleierne Zeitungsdruck verblasste, sogar der Bleisatz wurde zugunsten elektronischer Systeme abgeschafft. Die Innviertlerin und der Innviertler wurden dynamisch, fortschrittlich, pünktlich, modern, sie gingen und sie sprachen schneller.

Dank ihrer Wochenzeitung waren sie immer um den einen entscheidenden Schritt voraus. Forsch schritten sie hinein in ihre neue Zukunft. Die Rieder Volkszeitung selbst aber kam außer Tritt. Zum Schein nur ging sie mit der Zeit. Am Vergehenden, das schon verloren war, hielt sie zu lange krampfhaft fest, wollte es chancenlos unbedingt bewahren. Opfer wurde sie ihrer sturen Beharrlichkeit. Das Moderne zu benutzen, um Vorgestriges zu retten, ging sich auf Dauer unmöglich aus. Die Oberhand gewann schließlich das Moderne.

Im 128. Lebensjahr verschied die alte Rieder Zeitung im Großformat zum Kaufen. Am 25. Dezember 2008 erschien die Zeitungstrauerparte. So überraschend der Zeitungstod für viele kam, ihr künftiges Ableben hätte man schon am 28. Juli 1966 erkennen können.

4 Rollen Clopapier nur 6.90

Klopapierwerbung tauchte erstmals in der Zeitung auf. Ihr zweites Standbein ging ihr damit verloren. Despektierlich wurde sie nach dem Ausgelesensein verbrannt oder ganz einfach weggeschmissen. Kein Renommee für dieses renommierte Blatt. Zum Wegwerfprodukt degradiert wurde die Wochenzeitung. Eine Zeitlang kaschierte sie das gut. Es wechselten ihre Besitzer, Zeitungsfaceliftings wurden gemacht, mit 1990 hieß sie dann sogar anders. Bunt wurde zur neuen Zeitungslieblingsfarbe, mit vielen Fotos und grellem Schein versuchte sie zu blenden. Trotz all dieser Veränderungen, die Innviertler nannten ihr Wochenblatt immer noch liebevoll *Riada Ratschn.* Am 25. Dezember 2008 war es mit dieser Anrede vorbei.

„Alles hat seine Zeit und unter dem Himmel auch die Rieder Zeitung ihre Stunde", gut 2000 Jahre vor dem ersten Klopapierinserat stand im Buch Kohelet des Alten Testaments, was kommen würde. Die bibelfesten Rieder Volkszeitungsmacher hätten es eigentlich wissen müssen.

Heilige Woche in Sevilla

Von Wilhelm v. Tayenthal

Zur „Semana Santa", der heiligen Woche, kommen die Menschen aus ganz Spanien nach Sevilla. Aber auch amerikanische und englische Touristendampfer liegen an den Ufern des Guadalquivirs vertaut, schwimmende Hotels, die ihre Gäste zu dieser einzigartigen Prozession gebracht haben. Eine Prozession? Nein, es sind einige Dutzend Prozessionen, die sich nach einem eigenen dreitägigen Aufmarschplan zu einer gigantischen Auferstehungsfeier vereinigen.

Schon am Mittwoch vor Ostern beginnen die Zeremonien mit dem Zerreißen des Tempelvorhanges. Eine Kerze wird nach der anderen bis auf eine ausgelöscht, leise ertönen die Klagegesänge. Abends leuchten aus den hohen gotischen Fenstern der Kathedrale die bunten Scheiben, während die schönen Stimmen der Sevillanerinnen das Miserere von Eslava singen. Dann begibt sich der Zug mit dem Allerheiligsten langsam durch das prachtvolle Bronzetor in die weltberühmte Capilla Major, deren Hintergrund der mächtige, gotische Hochaltar abschließt.

Die Morgensonne bestrahlt am Gründonnerstag die Türme und Zinnen der Kathedrale. Nun wird die Monstranz in feierlichem Zug in das sogenannte Monumento übertragen, einen dreißig Meter hohen, in Weiß und Gold dekorierten Holztempel. Durch die alten Straßen der Stadt ziehen die Prozessionen. Standbilder von zehn und fünfzehn Metern Höhe sind keine Seltenheit und oft müssen sechzig bis hundert Brüder die weitverzweigten Gestelle tragen. Es liegt etwas in diesem alten Brauchtum, diesen historischen Gewändern aus dem Mittelalter, die Gestalt und Gesicht verbergen. Sie wollen nicht gesehen, nicht erkannt werden. Es ist ein Heer der zehntausend Namenlosen! Sie dienen Christus um seinetwillen!

Die Fußwaschung findet nachmittags im Querschiff der dunklen Kathedrale vor dem holzgeschnitzten Chor statt. Nachts flackert der Schimmer von zehntausenden Kerzen aus dem Triumphzug der heiligen Jungfrau.

Am Karfreitag wandern die Prozessionen weiter, deren endlose Länge, Weg und Stundenplan nur an Hand von Stadtplänen und Programmen zu studieren ist. Nach der morgendlichen Passionspredigt wandeln die Mitglieder des Kapitels barfüßig in langem, feierlichem Zug zur Kreuzverehrung. Alle Lichter werden ausgelöscht, während die Matraca, ein mächtiges, auf dem Turme stehendes Klapperwerk ertönt.

Und wieder wandern sie weiter, die tausend Brüder in ihren Mönchskutten, viele davon barfüßig, wandern durch die Stadt, singen und beten. Die ungeheuren Marienfrauen erglänzen in der südlichen Sonne, begleitet von Reitern und Garden.

Nun strömen auch die Frauen aus der Kathedrale, nachdem sie der im Flüsterton, dem Semitonado, abgehaltenen Vesper beigewohnt haben. Wir begegnen der Hauptprozession. Diese zehn bis zwanzig Meter hohen Standbilder, von hundert Händen sorgsam getragen, stellen in ihrer Gesamtheit die Passionsgeschichte des Herrn dar. Die Straße ist von den Bruderschaften in ihren bunten Mönchskleidern gefüllt, die Spitzen der einen halben Meter hohen Mützen schwanken in dem unabsehbaren Zuge. Nun nähert sich die Semana Santa ihrem feierlichen Abschluß. Nachdem die letzte Nacht die frommen Gesänge nicht enden wollten, strömt am Karsamstag alles, was noch Platz gefunden, von dem harten Klappern der Matraca gerufen, zur heiligen Messe, in der das Cirio pascual, eine acht Meter hohe Osterkerze geweiht wird.

Während auf den Plätzen und Straßen die Prozessionen sich nach 36stündiger Dauer (es wird natürlich abgewechselt) mit wehenden Fahnen der Kathedrale zu bewegen, wird um zehn Uhr vormittags der Hauptaltar durch Zerreißen des velo negro, des schwarzen Vorhanges, enthüllt. In den vollen Klang der Orgel, in Donnerschläge und Paukenschall fallen die 24 großen Glocken der Giralda ein, während sich das „Gloria in exzelsis" aus dem Dom über Plätze und Straßen, ja durch ganz Sevilla fortpflanzt.

Die vielen Zehntausende, die aus ganz Spanien nach Sevilla kamen, die Bruderschaften in ihren Kutten und spitzen Hauben, die Reiter und Garden, Polizisten und Soldaten, sie alle haben nicht Platz in der Kathedrale und so feiern sie die Auferstehung bei dem Geläute der Glocken unter Gottes freiem Dom, über den der blaue Himmel strahlt. Aber erst am Mittag des Ostersonntags erreicht das Ende dieser kilometerlangen Prozession ihre Ausgangsstätte, werden die Standbilder zurückgetragen, die Fahne eingeschwungen. Nun flutet eine festlich erregte Menge durch die Straßen. In den Cafés der Sierpa werden die Tische zu klein, vornehme Familien der Stadt haben Geschäftslokale gemietet und bewirten dort mit Wein und Süßigkeiten Freunde und Bekannte, Gäste und Fremde. Immer wieder fallen die 24 Glocken der Giralda ein.

Christliche Welt

Osterglocken

Wenn rings neues Leben der Fr[...]
gebracht,
Die Vöglein nun singen, die Blümlein e[...]
Zu Ostern die Glocken dann läuten:
„Der Herr ist erstanden, gesiegt hat das [...]
Erlösung ward sündigem Menschengeſ[...]
Drum freut euch", — ihr Klang soll bed[...]

Millionen nicht hören den lieblichen [...]
Gefang'ne im Feindesland seufzen dort
Wann wird uns die Freiheit geboren
Und hier, wo viel Kirchtürme ragen [...]
Gar manche verschließen den Glocken ih[...]
Sie haben die Liebe verloren.

Zwar hören sie läuten, doch bleiben sie
Gehn nicht mit den Scharen zum Hau[...]
Herrn
Mag Torheit das Kreuz ihnen schein[...]
So manche, die Krankheit und Schwach[...]
fangt,
Auch solche, die menschliche Bosheit bed[...]
In einsamer Stube heut weinen.

„Es lebt mein Erlöser", heut klingts un[...]
Herz,
Wie Job einst gerufen, soll Balsa[...]
Schmerz
Die Stimme der Glocken uns werden
Wenn treu wir der Wahrheit und f[...]
Vertraun,
Wenn allwärts beglückende Liebe wir f[...]
Dann blüht neuer Frühling auf Erde[...]

Johann Me[...]

Gesundheitsberatung

Schlank werden, aber nicht mit Gewalt

Der schlanke Frauentyp gilt heutzutage als schön und gesund. Und das mit vollem Recht. Fettleibigkeit führt zu einer Ueberbelastung des Herzens, die Atmung wird wesentlich erschwert und es kommt zu lästigen Fußbeschwerden (Plattfüße, Krampfadern, Kniegelenksschmerzen). Dicke Menschen leiden doppelt arg an Sommerhitze und Schweißabsonderung. Es lohnt sich also, schlank zu bleiben oder wieder schlank zu werden.

Will man unerwünschtes Fett wirksam bekämpfen, so muß man zuerst wissen, weshalb es entstanden ist. Die Medizin unterscheidet zwischen exogener und endogener Fettsucht. Wer mehr ißt als sein Körper verbrauchen kann, wird es mit exogener Fettsucht zu tun haben. Sie ist — da sie keine organischen Ursachen hat — leicht zu bekämpfen. Man wird einfach jene Speisen wählen, die das lästige Hungergefühl vertreiben, ohne dick zu machen. Ein leerer Magen muß vermieden werden, denn er führt zur Nervosität und schlechter Laune. Immerhin bleibt eine ganz stattliche Auswahl von Genüssen. Man wird sich auf Eiweißprodukte (Fleisch, magerer Käse, Eier, Topfen, entrahmte Milch), Salate, Obst, Gemüse usw. stürzen, dagegen fett-, stärke- und zuckerreiche Kost möglichst meiden. Weißgebäck und frisches Brot sind Gift. Gleichzeitig sollte die Arbeitsleistung des Körpers langsam gesteigert werden.

Die endogene Fettsucht macht mehr Kopfzerbrechen. Sie entsteht dadurch, daß gewisse Drüsen (Schilddrüse, Hirnanhang, Bauchspeicheldrüse usw.) schlecht arbeiten. Auch wenn die Eierstöcke in den Wechseljahren ihre Tätigkeit einstellen, hat das Fettbäuchlein gute Chancen. Mit Diät wird man also wenig Glück haben. Man muß vielmehr dem Körper ein Präparat zuführen, das die Untersekretion der Drüsen wettmacht. Aber es muß das richtige Präparat sein — nicht eines, das der Freundin oder der Frau X geholfen hat. Jede Drüse sondert ein anderes Sekret ab, müssen auch die Ersatzmittel verschiede[...]

Neben diesen beiden Arten der Fe[...] gibt es noch lokale Fettansa[...]lungen, die — leider — besonders [...]näckig sind. Schlanke Frauen werden [...]lich an Hüften, Nacken, Bauch oder [...] besonders stark. In leichteren Fällen wi[...] manuelle schwedische Heilmassage ode[...] sogenannte Zertrümmerungsmassage mi[...] elektrischen Vibrationsapparat Hilfe br[...]

Man sieht also, daß verschiedene [...] zum Fettbäuchlein führen. Man muß [...] auch verschiedene Wege gehen, um [...] schlank zu werden. Was für den einen [...]tig ist, kann für den andern grundfalsch [...] Auch ist es notwendig, das Tempo der [...]fettung der jeweiligen Körperkonstitutio[...] zupassen. Bei herzkranken, nervösen oder [...] armen Menschen würde eine radikale [...]magerungskur mehr schaden als nützen.

RADIOPROGRAMM

Sonntag, den 9. April

7.00 Bunter Sonntagsmorgen
9.00 Du holde Kunst: „Spätes Erwachen"
9.45 Katholische Sonntagsgedanken. Es spricht Fürsterzbischof Dr. Andreas Rohracher
10.00 Gottesdienst aus dem Dom zu Salzburg
11.00 Feuilleton am Sonntag
11.15 Frühschoppenkonzert
14.30 Aus der Heimat: Frühlingsfest-Ostern
15.00 2. Philharmonische Akademie
18.00 Schöne Stimmen — schöne Weisen (Mascagni, Schubert, Richard Wagner)
19.15 Klingendes Mosaik — Sportschau
20.15 „Künstler-Rendezvous"
21.00 Wir bitten zum Tanz
21.30 Verliebte Musik
22.05 Sport vom Sonntag
22.45 Zur 5. Wiederkehr des Todestages von Josef Weinheber

Montag, den 10. April

7.00 Frohe Festtagsklänge
8.10 Volkstümliche Opernmelodien
9.00 Gottesdienst aus der Franziskanerkirche, Salzburg
11.00 „Ostern auf dem Lande"
11.30 Ein Streifzug durch Wiener Operetten
12.45 „Sang und Klang"
14.00 Was Sie gerne hören
14.45 Osterhase — einmal etwas anders
15.00 „Die holdselige Wachau"
16.00 Frohe Ostern — frohe Musik
16.30 Ein musikalisches Ostermärchen
17.00 Frisch, froh und fidel. Ostern und seine Bräuche
18.00 „Don Quichotte"
19.15 Gute Unterhaltung!
19.30 Sportschau
20.15 „Polenblut", Operette von Oscar Nedbal
22.05 Sportnachrichten
22.45 „Vom ewigen Oesterreich" von Prof. Otto Forst-Battaglia

Dienstag, den 11. April

6.15 Musik am Morgen (aus Innsbruck)
11.00 Vergnügt um 11
13.00 Mittagskonzert
13.45 Kultur und Wissenschaft
14.00 Was Sie gerne hören
14.45 Für die Frau: Küchentechnische Ratschläge
16.00 Konzertstunde
16.30 Jugendstunde: „Ritter und Burgen in Oesterreich
17.00 Frisch, froh und fidel
17.30 Oberösterr. und Salzburger Mundartdichter
18.45 Wissenschaft für alle
19.40 Rendezvous mit Musik: Lustige Lotterie
20.15 Zauber der Musik
21.00 „Stimme aus dem Dunkel", Hörspiel
22.45 Musik hören und verstehen
23.00 Konzert vor Mitternacht

Mittwoch, den 12. April

10.30 Vor 5 Jahren brannte der Stephansdom
13.00 Mittagskonzert
13.45 Kulturelle Nachrichten
13.55 Kleine Briefmarkenplauderei
14.00 Was Sie gerne hören
14.45 Für die Frau: Morgen ist der 13.!
16.00 Richard Strauß: Sonate für Violine und Klavier
16.30 Kinderstunde: „Der Springerwirt", Sage aus Oberösterreich
17.00 Frisch, froh und fidel
17.45 Ernst und heiter
19.40 Gemütliches München
21.00 „Linzertorte"

Donnerstag, den 13. April

10.05 Liederabend bei der Bachhäuerin (RWR)
13.45 „Die Kultur Alt-Amerikas"
14.00 Was Sie gerne hören
16.00 Zeitgenössische amerikanische Musik
16.30 Kinderstunde: Der Kinderfrageonkel
17.00 Frisch, froh und fidel
17.45 „Großkraftwerk Wiese arbeitet wieder"
18.03 Zum Feierabend
18.45 Jeder lernt englisch
19.40 Heimatklänge
20.15 Rot-Weiß-Rot-Theater: „Die Kreutzersonate" von Leo Tolstoi
22.45 Univ.-Prof. Dr. Hans Finsterer: Die Chirurgie
23.00 Französische Musik

Freitag, den 14. April

12.00 Unterhaltungskonzert
13.00 Mittagskonzert (aus Graz)
13.45 Technische Rundschau
14.00 Was Sie gerne hören
14.45 Für die Frau: Die Radiopost
16.00 Konzertstunde mit zeitgenössischer Musik von Cesar Bresgen
16.30 Kinderstunde: Das Märchen von den 4 weißen Hasen
17.00 Frisch, froh und fidel
18.03 Zum Feierabend: Aus dem Londoner Senderaum
18.30 Im Spiegel der Zeit: Oesterreich baut auf
18.45 Radio-Universität
19.40 Wir raten — Sie gewinnen!
20.15 Orchesterkonzert (Mozarteum-Orchester)
22.15 Chanson aus Paris

Samstag, den 15. April

7.15 Musikalisches Allerlei mit Balduin und Adelheid
10.05 Schulfunk (I): Eichhörnchens Geburtstag
11.05 Schulfunk (II): Die stolze Föhre
13.45 „Der Schilling geht uns alle an"
14.00 Was Sie gerne hören
14.45 Die Humoreske der Woche: „Die leichtsinnige Maus"
15.00 „Sie haben 30 Sekunden Zeit"
15.45 Ihre Meinung, lieber Hörer?
16.00 Im Heimgarten
16.30 Kinderstunde: „Der kluge Kasper"
17.00 Hereinspaziert!
17.45 „Das Glück des kleinen Mannes"
18.03 Musik-Almanach
19.15 Frohes Wochenende
19.30 Sportschau
20.15 „Wiener Luft und Wiener Melodien"
22.15 Das heitere Quartett des Wiener Schubertbundes
22.45 Nachtstudio: Geheimnisse des Lebens

Ostersendungen aus Rom

Der österreichische Rundfunk bereitet aus Anlaß des Heiligen Jahres für die Osterfeiertage eine Reihe von Uebertragungen aus Rom vor, die es den Hörern ermöglichen werden, am Lautsprecher eine Anzahl Feierlichkeiten in der Ewigen Stadt mitzuerleben. Die österreichischen Sendergruppen werden gemeinsam einen Aufnahmewagen mit einem kleinen Stab von Sprechern und Technikern nach Rom senden, mit dessen Hilfe sowohl direkte Uebertragungen als auch Tonbandaufnahmen durchgeführt werden sollen. — Das bedeutungsvollste Ereignis des römischen Osterzeremoniells, die Erteilung des apostolischen Segens an die gesamte katholische Welt durch den Heiligen Vater von der Loggia der Peterskirche nach der Papstmesse am Ostersonntag, wird von sämtlichen österreichischen Sendern direkt aus Rom übertragen. Die Sendung wird unter dem Titel „Benedictio Apostolica urbi et orbi" im Rahmen eines erlesenen musikalisch-religiösen Programms zwischen 12 und 13 Uhr durchgeführt. Am Ostermontag von 10 bis 11 Uhr bringen der Sender Wien I und die übrigen Sendergruppen eine weitere Uebertragung aus Rom „Osterbesuch in der ewigen Stadt" mit verschiedenen auf Tonband festgehaltenen Reportagen. Den Höhepunkt wird die Aufnahme von einer Audienz beim Heiligen Vater mit einer Ansprache von Papst Pius XII. bilden.

Oster-Silbenrätsel

Aus den Silben her - bus - co - do - e - frank - ger - har - hans - her - in - let - lo - lo[...] macht - me - me - mie - mo - mord - nie - n[...] ohn - pi - raub - rie - ro - ruck - se - see - seg - - ster - stinkt - te - te - trau - vem - xi - zie, Wörter nachfolgender Bedeutung zu bilde[n]

1. Erfinder des Blitzableiters † 1790. 2. [...]brechen. 3. Schwebeanfall. 4. Seuche. 5. [...]tracht. 6. Glücksspiel. 7. Naturtrieb. 8. Entd[...] Amerikas. 9. Oberösterr. Gebirge. 10. D[...] 11. Eierkuchen. 12. Halbjahr. 13. Salzkamme[...]see. 14. Lehrer. 15. Österr. Schriftsteller † 16. Monat.

1. ....
2. ....
3. ....
4. ....
5. ....
6. ....
7. ....
8. ....
9. ....
10. ....
11. ....
12. ....
13. ....
14. ....
15. ....
16. ....

Auflösung in nächster Nummer

Auflösung aus letzter Nummer

FERMENTATIO[...]
DESTILLATIO[...]
GOUVERNEMEN[...]
ILLEOALITAT
NEUTRALITAT
PHANTASTERE[...]
HERMANNSTAD[...]
PREISELBEER
MOORSCHNEPF[...]
QUADRATMETE[...]
KARAWANSERE[...]
NEUGEDORFE

FEUERANBETER

Rieder Volkszeitung

Bezugspreise: Einzelnummer 70 g
Zusendung durch die Post: Viertel-
jährlich S 9·—, ganzjährlich S 35·—

Erscheint jeden Donnerstag
Redaktion: Ried im Innkreis, Wohlmayrgasse 6 / Fernsprecher Nr. 8
Verwaltung: Ried im Innkreis, Bahnhofstraße 7 / Fernsprecher Nr. 9

Schluß der Inseraten-Annahme am
Montag um 5 Uhr nachmittags, für
Kleine Anzeigen Dienstag mittags

. 15 Ried i. I., Donnerstag, 13. April 1950 61. Jahrgang

Großbritannien und unser Staatsvertrag

österreichische Außenminister Doktor
er, der Dienstag zum Vizepräsidenten
arshall-Plan-Verwaltung, OEEC, er-
worden ist, hat seinen Aufenthalt in
dazu benützt, um mit maßgebenden
lichkeiten Besprechungen über die Fra-
Staatsvertrages zu führen. Dr. Gru-
eine längere Unterredung mit dem
en Außenminister Bevin und mit
anzösischen Delegierten bei den Staats-
sverhandlungen, Berthelot, gehabt

er Staatsvertrag im Unterhaus

gleicher Zeit wurde im britischen Unter-
ie österreichische Frage von mehreren
dneten angeschnitten, die einen raschen
ß des Staatsvertrages forderten und
ische Regierung ersuchten, auch gegen
rschleppung österreichischer Staatsbür-
rch das russische Element zu interve-

el versicherte der britische Staats-
Kenneth Younger, Großbritan-
erde weiter sein Bestes tun, um den
ß des österreichischen Staatsvertrages
frühest möglichen Zeitpunkt sicherzu-

nger erklärte, nur fünf Artikel des
es seien noch nicht fertiggestellt. Der
ß des Vertrages sei nur dadurch bis-
hindert worden, daß der sowjetische Vertreter seit November die Diskussion über diese fünf Artikel ablehne, und zwar unter dem Vorwand, daß die Frage der sowjetischen Ansprüche für Dienstleistungen und Lieferungen in der ersten Zeit nach Beendigung des Krieges noch nicht geregelt sei.

Das Problem der Entführungen

Im weiteren Verlauf der Debatte stellte der konservative Abgeordnete D. L. Savory fest, daß die sowjetischen Behörden in Wien 750 Oesterreicher „entführt" hätten. Savory forderte den britischen Außenminister Bevin auf, dagegen bei der Alliierten Kommission in Wien Protest einzulegen und die Freilassung dieser Personen zu verlangen.

Younger erwiderte, der britische Vertreter im Alliierten Rat habe gegen diese Verhaftungen und Deportationen fortgesetzt protestiert. Diese Vorstellungen seien jedoch ebenso wie die der Vertreter der Vereinigten Staaten und Frankreichs von den Sowjets zurückgewiesen worden. Wenn sich die Gelegenheit ergebe, würden weitere Proteste erhoben werden.

Krise in Belgien hält weiter an

Nachdem der letztdesignierte belgische Ministerpräsident Deveze, wie wir noch letztmalig berichten konnten, sein Mandat dem Prinzregenten zurückgab, übernahm am 5. April der bisherige belgische Außenminister von Zeeland die schwere Aufgabe, die Bildung einer Regierung zu versuchen, welche, so oder so, die Königsfrage endgültig lösen muß. Wenn anders nicht das ganze Land in dauernder Unruhe schweben soll. Van Zeeland gehört dem rechten Flügel der Christlichsozialen an und ist ein entschiedener Vertreter der Rückkehr König Leopolds auf den Thron.

Der Sekretär des belgischen Königs in Brüssel, Jaques Pirennes, überreichte van Zeeland eine Botschaft Leopolds, in der es heißt: „Solange das Parlament zu keinem Beschluß gekommen ist, wird auch der König keine Entscheidung politischen Charakters treffen können.

Nach der Entscheidung des Landeskongresses der Liberalen Partei, eine bedingungslose Rückkehr König Leopolds abzulehnen, blieb van Zeeland keine Möglichkeit mehr für eine Koalition mit den Liberalen.

Auch in den Ostertagen stand van Zeeland mit seiner Mission noch vor großen Schwierigkeiten. Der sozialistische bisherige Außenministeer Spaak gab vor dem Kongreß seiner Partei eine äußerst scharfe Erklärung ab, in der es unter anderem heißt:

„Wir werden schwerwiegende Beschlüsse fassen müssen, denn wir nähern uns einem Umsturz alles dessen, was uns während der letzten fünfzehn Jahre vertraut war. Es ist dies ein Krieg, der uns vielleicht in einen mehrjährigen Kampf hineinziehen wird, einen Kampf ohne Barmherzigkeit und ohne Gnade. Angesichts der Folgen eines solchen Kampfes haben wir die Pflicht, alles ins Auge zu fassen, was zu einer versöhnlichen Lösung führen könnte." Der Kongreß erklärte, daß die letzte Botschaft des Königs, die vage und unklar gehalten sei, kein anderes Ziel zu verfolgen scheine, „als die Wachsamkeit der Gegner einer Rückkehr des Königs auf den Thron einzuschläfern". Die Leiter des nationalen Aktionskomitees wurden aufgefordert, den Kampf im geeigneten Moment zu eröffnen.

ie Urteile im Prager Schauprozeß

Prager Schauprozeß gegen die
Würdenträger der katholischen Orden
CSR. ist am 5. April zu Ende ge-
Alle zehn Angeklagten wurden des
rrates" und der „Spionage" für
befunden und zu Kerkerstrafen von
nglich bis zu zwei Jahren verur-
e Verurteilten haben ferner die Ge-
len und die Gefängniskosten zu
sowie Geldstrafen von 10.000 bis
Kronen zu bezahlen. Alle Verur-
verlieren ihre Bürgerrechte. Das Ver-
der Verurteilten wurde beschlag-
Nur drei der Angeklagten, der zu
en Kerker verurteilte Provinzial des
ordens, Frantisek Silhan, der zu 20
Kerker verurteilte Abt des Prämon-
erklosters in Zeliv, Bohumil Tajovsky
zu lebenslänglichem Kerker verur-
ektor des Theologischen Instituts in
, Dr. Mastilak, legten Berufung
e übrigen befanden sich in einer Ge-
fassung, in der sie — wie auch im
des ganzen Prozesses — alles willen-
sich ergehen ließen.

offizielle Organ des Vatikans, der
atore Romano" bezeichnete den Pro-
„lächerlich und grotesk". Das Blatt
Verwunderung Ausdruck, daß man
hre gewartet habe, um Personen vor
zu stellen, denen man heute Ver-
vorwirft, deren maßlose Ueber-
gleich groß ist, wie die Angst, daß
nicht genügend überzeugend be-
könne. In Wirklichkeit werde heute
dem Eisernen Vorhang eine neue Seite der Katholikenverfolgung geschrieben.

Dieser Prozeß sei nur ein Anzeichen mehr, daß das kommunistische Regime als nächsten Schritt im Kirchenkampf die Vernichtung der religiösen Orden plant. Nach mehreren bereits erfolgten Ausweisungen sind nun auch die letzten Benediktiner amerikanischer Nationalität der Abtei Broumov in Böhmen des Landes verwiesen worden. Darunter P. John Cherf, der seit 1946 Prior war. Zurückgeblieben sind nur vier Mönche, von denen zwei Sudetendeutsche sind, die wegen ihres hohen Alters der Vertreibung nach Kriegsende entgingen, und zwei Tschechen, von denen der eine fast 80 Jahre alt ist.

Italien appelliert an Jugoslawien

Am 8. April richtete in Mailand Außenminister Graf Sforza in einer Rede einen direkten Appell Italiens an Jugoslawien, alle Schranken niederzureißen, die die beiden Völker heute noch trennen, das Problem Triest sofort zu lösen, umfassende wirtschaftliche, politische und freundschaftliche Abkommen zu treffen und im Mittelmeerraum einen gemeinsamen Block zu schaffen.

Wörtlich erklärte Sforza: „Ich richte einen Appell an Marschall Tito, das Kriegsbeil mit Italien zu begraben und Verhandlungen aufzunehmen für ein umfassendes Uebereinkommen, das die Unabhängigkeit Jugoslawiens sowohl von der Sowjetunion als auch von den USA nicht beeinträchtigen würde. **Die europäische Bedeutung einer Verständigung zwischen Italien und Jugoslawien steht an zweiter Stelle nach einer Verständigung zwischen Deutschland und Frankreich.** Als ersten Schritt für ein allgemeines Uebereinkommen mit Jugoslawien schlage ich vor, über die Zukunft Triests direkte Verhandlungen zu beginnen.

Das Problem Triest

Außenminister Graf Sforza kam dann noch einmal auf das Problem Triest zu sprechen und macht der jugoslawischen Regierung klar, daß Triest ein integrierender Bestandteil Italiens war, ist und bleiben müßte. Italien aber sei bereit mit Jugoslawien zu einem direkten Uebereinkommen zu gelangen, die italienisch-jugoslawische Grenze zu berichtigen, Jugoslawien einen Freihafen in Triest einzuräumen, ein Zoll-, Eisenbahn- und Schulabkommen mit Jugoslawien zu treffen und eine tiefe Freundschaft mit der Belgrader Regierung einzugehen. Abschließend sagte Graf Sforza: „Wir sind zu der kühnsten Initiative auf diesem Gebiet bereit und wären glücklich, wenn Jugoslawien mit uns der Welt ein Beispiel geben würde, das von Europa als entscheidender Schritt zu seiner Einigung angesehen werden könnte."

Das Echo in Belgrad

Die jugoslawische Presse reagierte auf den Appell Sforzas allgemein ablehnend. Zu einem Vertreter der Londoner „Times" sagte aber Marschall Tito (vor der Rede Sforzas), die Triester Frage müsse und werde gelöst werden, und zwar in einer Form, die die Zusammenarbeit für beide Seiten möglich mache. Diese Angelegenheit sei jedoch augenblicklich nicht von großer Bedeutung.

Diese Woche weiter drunten!

Aktionen und Vorbereitungen in und
Indochina, von denen wir letztes Mal
n, haben nun eine Ergänzung in dem
gelegenen Insulinde und zwar auf der
Celebes gefunden. In einer blitzartigen
besetzten meuternde Verbände die
südlich des Aequators liegende Haupt-
Makassar. Der Befehlshaber der
ischen Territorialarmee wurde ge-
genommen.

Revolte steht unter Führung des
gen Hauptmannes Andi Abdul
, der früher der 1. britischen Fall-
springer-Division „Rote Teufel" ange-
atte. Er erklärte, daß diese Aktion
ommen werden mußte, um zu ver-
, daß „durch die Landung republi-
er Truppen auf Djakarta in Ostindo-
Unruhen entständen". Der Staatsstreich, der um sechs Uhr morgens begann, erfolgte eine Stunde bevor zwei Truppentransporter mit Regierungstruppen in Makarar hätten landen sollen. Ueber Funk wies der bisherige indonesische Befehlshaber die Schiffe an, auf eine Landung zu verzichten.

Wenige Stunden nach Beginn der Revolte schlossen sich den Rebellen verschiedene Verbände der niederländisch-indischen Armee an und erklärten sich bereit, von nun an in der Streitmacht Ostindonesiens zu dienen.

Gleichzeitig mit diesem erneuten Ausbruch revolutionärer Unruhen wurde in der Hauptstadt Indonesiens die Verhaftung des Ministers ohne Portefeuille Sultan Hamid II. von Pontianak bekanntgegeben, der beschuldigt wird, in die Aufstandsaffäre Westerlings vom Jänner verwickelt zu sein.

Hausierunwesen

von Sekretär Herbert Dachauer

Nicht von den wenigen noch bestehenden Hausierberechtigungen soll hier die Rede sein (bekanntlich dürfen seit 2. November 1934 neue Hausierpässe nicht mehr erteilt werden), sondern von jenen Gelegenheitsmachern, welche, ohne im Besitze einer behördlichen Bewilligung zu sein, in Stadt und Land den Käufer in seiner Wohnung und auch auf dem Arbeitsplatz aufsuchen, um ihn zum Ankauf der Hausierware — meistens eines Anzug-, Mantel- oder Kleiderstoffes — zu überreden.

Wenn einer glaubt, daß dies besonders schwierig sei, so irrt er. Der Hausierer braucht nur mit ein wenig Phantasie begründen, warum gerade dieser „Original-Schafwollstoff" zu einem „unerhört billigen" Preis abgegeben wird. Solche Erklärungen klingen meistens ebenso abenteuerlich, wie einfältig; sie werden aber gerne geglaubt, wie folgende Beispiele beweisen:

Ein Hausierer besuchte die Frau eines Fixangestellten. Erzählte ihr, daß aus der CSR. ein Waggon Kammgarn durch Oberösterreich (!) nach Bayern geliefert werden sollte. Die bayrischen Zollbeamten ließen aber den Wagen nicht passieren. (?) Es soll daher die kostbare Ladung im Innviertel verkauft werden. Gutgläubig kaufte die Frau den Anzugstoff, obwohl sie sich einen Teil des Kaufpreises von der Nachbarin ausleihen mußte. Später erwies sich der einmalige Gelegenheitskauf nicht als Kammgarn, sondern als Zellwolle. Das war gewiß eine einmalige Gelegenheit, nur nicht für die Käuferin, sondern für den Hausierer.

In einem anderen Falle erzählte der Verkäufer seinem Opfer, daß er „durch Zufall" einen verlagerten „Original englischen" Stoff abzugeben habe: eine „nie wiederkehrende" Gelegenheit, prima Friedensware, so etwas Gutes werde gar nicht mehr erzeugt. Natürlich wurde der Stoff zum „spottbilligen" Preis von 140 Schilling pro Meter gekauft. Der Herr Hausierer hatte ihn zwei Stunden vorher bei einem hiesigen Kaufmann erstanden. Nicht „spottbillig", aber preiswert, um 62 Schilling das Meter. — Gewiß, die Phantasie allein macht es nicht, der Hausierer muß auch Menschenkenner sein. Er muß genau abschätzen können, wem er solche Märchen aufbinden darf, ohne das Hinausfliegen zu riskieren. Aber diese Menschenkenntnis macht sich immer gut bezahlt.

Die großen Erfolge dieser Einzelgänger scheinen sich sehr weit herumgesprochen zu haben. Also beschlossen die arbeitslosen „Repräsentanti" von Neapel, in Oesterreich ein Gastspiel zu geben. Sie schmuggelten große Lirebeträge nach Tirol, verkauften sie im Schleichhandel gegen Schilling und kauften dafür bei verschiedenen Detaillisten Stoffe in billigen Preislagen. In Stücken zu drei Metern natürlich. Mit hunderten solchen drei Metern Abschnitten bewaffnet, eroberten sie Teile der österreichischen Bundesländer und drangen motorisiert bis in das Zentrum des Innviertels vor. Dort erzählten sie den Bauern von „echten ausländischen Stoffen", und den Frauen in den Dörfern und Märkten ungereimtes Zeug über die Schikanen der Devisenbewirtschaftung und die Erschwerungen der Einfuhren ausländischer Spitzenqualitäten. Auf diese verhältnismäßig einfache Weise erzielten sie für denselben Stoff, den jeder bodenständige Kaufmann in einer billigen Preislage feilhält, das Dreifache. Bis man sie erwischte, und mit ihrer Ausweisung nach dem sonnigen Süden bedrohte. In einem Falle allerdings bat eine junge Dame die Behörden, ihr doch den Vater ihres künftigen Kindes zu belassen.

Nunmehr flog der Generalstab dieser wilden neapolitanischen Handelsgesellschaft auf. Viele Stoffe und noch vielmehr Geld verfielen der Beschlagnahme. Die tüchtigen Wanderkaufleute aber wurden bestraft und des Landes verwiesen.

Wir alle können aus diesen Vorfällen einiges lernen. Zunächst die Binsenwahrheit, daß es keine kaufmännischen Wunder gibt. Wenn ein Fremder eine Ware mit besonderer Findigkeit anpreist, ist irgend etwas daran faul. Der bodenständige Kaufmann garantiert mit seinem Namen und seinem Ansehen dafür, daß Preis und Qualität der Ware in einem angemessenen Verhältnis zueinander stehen. Drum ist auch die Firmen-